मैंगो मिलियनेयर

राधिका गुप्ता आज भारत की वित्तीय सेवाओं की दुनिया में सबसे प्रेरणादायक और प्रभावशाली आवाज़ों में से एक हैं। एडेलवाइस म्यूचुअल फ़ंड की मैनेजिंग डायरेक्टर और सीईओ के रूप में उन्होंने एसेट मैनेजमेंट में नेतृत्व को एक ऐसी सोच में ढाला है, जो कुछ अलग करने, साथ मिलकर आगे बढ़ने और स्थायी प्रभाव छोड़ने में विश्वास रखती है। एक वैश्विक नागरिक होने के बावजूद, राधिका की जड़ें भारत में गहराई से जुड़ी हैं। उन्होंने माइक्रोसॉफ़्ट, मैक्किंज़े ऐंड कंपनी और एक्युआर कैपिटल जैसी अनेक संस्थाओं में काम किया और बाद में फ़ोरफ़्रंट कैपिटल मैनेजमेंट की सह-स्थापना की, जिसे 2014 में एडेलवाइस फ़ाइनैंशियल सर्विसेज़ ने अधिग्रहित कर लिया। मात्र 34 वर्ष की उम्र में उन्होंने एडेलवाइस म्यूचुअल फ़ंड की सीईओ की ज़िम्मेदारी सँभाली और इस क्षेत्र की सबसे युवा लीडर्स में शामिल हो गईं।

एसोसिएशन ऑफ़ म्यूचुअल फ़ंड्स इन इंडिया (AMFI) की पूर्व वाइस चेयरपर्सन और वर्तमान बोर्ड सदस्य के रूप में राधिका, निवेशक जागरूकता और वित्तीय साक्षरता में अपने योगदान के लिए व्यापक रूप से जानी जाती हैं। उनकी अभिव्यक्ति का सच्चा और सहज अंदाज़–जिसे उनके वायरल TEDx टॉक 'द गर्ल विद अ ब्रोकन नेक' ने बख़ूबी दर्शाया–उन्हें देशभर के युवा प्रोफ़ेशनल्स और महिला लीडर्स के लिए एक विश्वसनीय रोल मॉडल बनाता है। 2023 में *शार्क टैंक इंडिया* सीज़न 3 में उनकी भागीदारी के बाद वे एक जाना-पहचाना नाम बन गईं, जहाँ उनके निवेश कौशल और उद्यमशीलता के जुनून ने उन्हें व्यापक दर्शकों तक पहुँचा दिया।

राधिका ने यूनिवर्सिटी ऑफ़ पेनसिल्वेनिया के प्रतिष्ठित जेरोम फ़िशर प्रोग्राम इन मैनेजमेंट ऐंड टेक्नोलॉजी से कंप्यूटर साइंस (इंजीनियरिंग) और इकोनॉमिक्स (फ़ाइनैंस और मैनेजमेंट) में ड्यूल डिग्री के साथ स्नातक किया है। बोर्डरूम और स्क्रीन से परे, वे आत्म-विकास और मानसिक दृढ़ता को प्रोत्साहित करती हैं।

उनकी बेस्टसेलर किताब *लिमिटलेस* (2022) उनकी अपनी ज़िंदगी की उस यात्रा को दर्शाती है, जिसमें उन्होंने चुनौतियों का सामना करते हुए अपनी ताक़त पहचानी और उसे आगे बढ़ाया–यही मूल्य *मैंगो मिलियनेयर* में भी झलकते हैं, जहाँ वे पाठकों को साफ़ सोच और आत्मविश्वास के साथ अपने वित्तीय भविष्य की कमान सँभालने के लिए प्रेरित करती हैं।

उनके उल्लेखनीय योगदानों को अनेक पुरस्कारों और सम्मानों के माध्यम से व्यापक रूप से मान्यता मिली है, जिनमें शामिल हैं: *फ़ॉर्च्यून इंडिया* 50 मोस्ट पावरफुल वीमेन इन बिज़नेस (2020), *इकोनॉमिक टाइम्स* 40 अंडर 40 बिज़नेस लीडर्स अवॉर्ड (2021), वर्ल्ड इकोनॉमिक फ़ोरम द्वारा यंग ग्लोबल लीडर (2022), *बिज़नेस टुडे* मोस्ट पावरफुल वीमेन इन इंडियन बिज़नेस (2019, 2021, 2022, 2023 और 2024), *फ़ोर्ब्स* डब्ल्यू पावर सेल्फ़-मेड वीमेन अवॉर्ड (2022), और जीक्यू मोस्ट इनफ़्लुएंशियल 30 यंग इंडियंस (2023)।

• • •

वित्तीय सेवाओं के क्षेत्र में दो दशक से ज़्यादा का अनुभव रखने वाले निरंजन अवस्थी इस इंडस्ट्री के एक अनुभवी और विश्वसनीय लीडर हैं, जिन्हें म्यूचुअल फ़ंड्स, निवेशकों के व्यवहार और मार्केट ट्रेंड्स की गहरी समझ के लिए जाना जाता है। 2017 से वे एडेलवाइस म्यूचुअल फ़ंड में प्रोडक्ट्स, मार्केटिंग और डिजिटल जैसे अहम क्षेत्रों में रणनीतिक पहलों का नेतृत्व कर रहे हैं, जहाँ वे इस समय सीनियर वाइस प्रेसिडेंट की भूमिका निभा रहे हैं।

निरंजन एक कॉस्ट ऐंड मैनेजमेंट अकाउंटेंट (ICAI) और एमकॉम स्नातक हैं। साथ ही, उन्होंने पुणे यूनिवर्सिटी से पीजीडीएमएम (PGDMM) में शीर्ष स्थान प्राप्त किया है। उनकी शैक्षणिक पकड़ और व्यावहारिक समझ ने उन्हें पर्सनल फ़ाइनैंस की दुनिया में एक भरोसेमंद नाम बना दिया है। वे अक्सर *इकोनॉमिक टाइम्स*, *मिंट* जैसी प्रमुख वित्तीय प्रकाशनों में नज़र आते हैं और सीएनबीसी टीवी18, ईटी नाउ और ज़ी बिज़नेस जैसे न्यूज़ चैनलों पर भी नियमित रूप से दिखाई देते हैं, जहाँ वे आम निवेशकों को मार्केट की जटिल हलचलें आसान भाषा में समझाते हैं। *मैंगो मिलियनेयर* में निरंजन अपने अनुभव और समझ के ज़रिए आसान और असरदार वित्तीय आदतें अपनाने, म्यूचुअल फ़ंड्स को समझने और आत्मविश्वास के साथ धन निर्माण की दिशा में आगे बढ़ने में पाठकों की मदद करते हैं।

मैंगो मिलियनेयर

शानदार ज़िंदगी के लिए स्मार्ट मनी मैनेजमेंट

निरंजन अवस्थी के साथ

राधिका गुप्ता

अनुवाद : असीम चाँदना

MANJUL

मंजुल पब्लिशिंग हाउस

MANJUL

मंजुल पब्लिशिंग हाउस

कॉरपोरेट एवं संपादकीय कार्यालय

• द्वितीय तल, उषा प्रीत कॉम्प्लेक्स, 42 मालवीय नगर, भोपाल-462 003

विक्रय एवं विपणन कार्यालय

• सी-16, सेक्टर 3, नोएडा, उत्तर प्रदेश, 201301

वेबसाइट : www.manjulindia.com

वितरण केन्द्र

अहमदाबाद, बेंगलुरू, कोच्चि, कोलकाता, चेन्नई,
हैदराबाद, मुम्बई, नई दिल्ली, पुणे

राधिका गुप्ता और निरंजन अवस्थी द्वारा लिखित मूल अंग्रेजी पुस्तक
मैंगो मिलियनेयर का हिन्दी अनुवाद

Mango Millionaire–Smart Money Management for a Sweeter Life
by Radhika Gupta and Niranjan Avasthi – Hindi Edition

अंग्रेजी संस्करण सर्वप्रथम 2025 में मैकामिलन बिज़नेस
(पैन मैकमिलन पब्लिशिंग इंडिया प्राइवेट लि. का प्रभाग)
द्वारा प्रकाशित

यह हिन्दी संस्करण 2025 में पहली बार प्रकाशित

ISBN 978-93-7317-940-7

अनुवाद : असीम चाँदना

आवरण सज्जा : हैटेनलो सेमी

मुद्रण व जिल्दसाज़ी : थॉमसन प्रेस (इंडिया) लिमिटेड

यह किताब उन सभी भारतीयों के लिए है,

जो एवोकैडो टोस्ट की बजाय दाल-चावल खाना पसंद करते हैं।

अनुवादक की ओर से

जब मैंने *मैंगो मिलियनेयर* का हिंदी रूपांतरण शुरू किया, तो मेरा एक ही उद्देश्य था–इस किताब को ऐसा बनाना कि यह हमारे हिंदी पाठकों के लिए अपनी ही भाषा में सहज, जीवंत और असरदार लगे। मैंने कोशिश की है कि जहाँ ज़रूरी हो, वित्तीय शब्दों के सही और स्पष्ट हिंदी रूप मिलें और जहाँ अंग्रेज़ी शब्द ज़्यादा प्रचलित या स्वाभाविक हैं, वहाँ उन्हें उसी रूप में रखा गया है, ताकि पढ़ते समय प्रवाह बना रहे।

किताब की आत्मा, उसकी शैली और लेखकों का भाव ज्यों का त्यों रखते हुए, मैंने इसमें कुछ अतिरिक्त अध्याय भी जोड़े हैं–जैसे कि शब्दावली और यह 'अनुवादक की ओर से'। शब्दावली में न केवल प्रमुख शब्दों को शामिल किया गया है, बल्कि उनके अर्थ और संदर्भ भी स्पष्ट किए गए हैं, ताकि यह किताब आपके लिए एक संपूर्ण फ़ाइनैंशियल–यानी वित्तीय–मार्गदर्शिका बन सके।

आशा है, यह किताब आपको वित्तीय दुनिया को एक नए नज़रिए से देखने, समझने और अपनाने के लिए प्रेरित करेगी–वह भी बिना किसी डर या झिझक के। जैसे-जैसे आप इन पन्नों में आगे बढ़ेंगे, उम्मीद है कि आपको इन पन्नों में अपनी कहानियों, सपनों और अनुभवों की झलक भी मिलेगी और यह यात्रा आपको आपके वित्तीय सफ़र में सफलता की ओर ले जाएगी।

शुभकामनाओं सहित,

असीम चाँदना

“पैसे से ख़ुशी नहीं ख़रीदी जा सकती, लेकिन ख़ुशी के सामान ज़रूर ख़रीदे जा सकते हैं।”

– *मैंगो मिलियनेयर* की एक समझ

विषय-सूची

भूमिका

पैसा भ्रमित करता है। हमने इसे सुलझाने की कोशिश की है।

कुछ महीने पहले मैं डॉ. बाबासाहेब आंबेडकर इंटरनेशनल एयरपोर्ट, नागपुर पर थी। मैं सुरक्षा जाँच से निकलने की जल्दी में थी–लैपटॉप, बोर्डिंग पास और हैंडबैग को एक साथ सँभालते हुए–तभी मैंने देखा कि लाइन में मेरे पीछे खड़ा एक आदमी मुझे ध्यान से देख रहा है, जैसे कुछ कहना चाहता हो। मैंने उसकी ओर देखा और उसे बोलने का इशारा किया।

"मैडम, *आप म्यूचुअल फ़ंड्स में हो?"* उसने पूछा।

मैंने सिर हिलाया। शायद वह मुझे सोशल मीडिया पर फ़ॉलो करता होगा या *शार्क टैंक इंडिया* सीज़न 3 में टीवी पर देखा होगा, जहाँ मैं वित्तीय सुझाव देती नज़र आई थी।

"पिछले तीन महीने से रिटर्न्स कुछ ख़ास नहीं आए," उसने अपनी आवाज़ धीमी करते हुए कहा, जैसे हम कोई राज़ की बात कर रहे हों। "क्या करना चाहिए?"

मैं कुछ कह पाती, उससे पहले ही एक और पैसेंजर–जो अपनी बेल्ट से जूझ रहा था–बोल पड़ा, "हाँ, बताइए न! क्या बैंक निफ़्टी अभी ख़रीदना चाहिए?"

और इस तरह, सुबह 6 बजे एयरपोर्ट की सिक्योरिटी लाइन में ही एक अनौपचारिक स्टॉक मार्केट सेमिनार शुरू हो गया। ओह, म्यूचुअल

फ़ंड प्रोफेशनल की ज़िंदगी! मैं कहीं भी रहूँ–शादी में, डॉक्टर के क्लिनिक में या साड़ियाँ ख़रीदने गई हूँ–जैसे ही लोगों को पता चलता है कि मैं कौन हूँ, बस समझो पूछताछ शुरू हो जाती है।

जैसे मेरी चचेरी बहन की शादी का क़िस्सा लीजिए। चारों तरफ़ फ़ेयरी लाइट्स की चमक थी, डीजे लंदन *ठुमकदा* बजा रहा था और मैं चैन से पनीर टिक्का खा रही थी, उस एकमात्र सच्ची वजह के लिए शुक्रगुज़ार–जो लोगों को शादियों में खींच लाती है–खाना। तभी एक लंबे समय से ग़ायब चाचा जी अचानक सामने आ गए, ऐसे मुस्करा रहे थे, जैसे स्टॉक मार्केट का सबसे बड़ा राज़ अभी-अभी उन्हें पता चला हो।

"बेटा, सोच रहा हूँ कि एसआईपी शुरू करूँ या एकमुश्त निवेश करूँ..."

एक और गुलाब जामुन अपनी प्लेट में रखते हुए उन्होंने कहा, "ऑफ़िस में किसी ने कहा कि मार्केट क्रैश करने वाला है, इसलिए म्यूचुअल फ़ंड रिस्की है।"

मैं मुस्कराई, "तो फिर मुझसे क्यों पूछ रहे हैं, चाचा जी?"

वो झेंपते हुए बोले, "बस, कंफ़र्म कर रहा था!"

अब आप समझ रहे हैं ना मेरी बात? ज़्यादातर लोग वित्तीय टिप्स चाहते हैं–बस उतना ही। बहुत कम लोग साफ़-साफ़ कह पाते हैं कि वे सच में पैसे को समझना चाहते हैं, जबकि उनके हर सवाल के पीछे असली जिज्ञासा यही होती है। ऐसे ही कई अनगिनत छोटे-छोटे पल और क़िस्से इस किताब को लिखने की वजह बने। हम चाहते हैं कि लोग समझें कि पैसे को सँभालना एक व्यक्तिगत, उलझा हुआ और भावनात्मक अनुभव है। और इतने सारे स्टॉक मार्केट ऐप्स, यूट्यूब वीडियो और वॉट्सऐप यूनिवर्सिटी के मैसेजों के बावजूद, आज भी ज़्यादातर लोग नहीं जानते कि उन्हें करना क्या है।

हम म्यूचुअल फ़ंड इंडस्ट्री में काम करने वाले पेशेवर हैं। इस किताब के सह-लेखक और मेरे सहयोगी, निरंजन अवस्थी, और मैं यानी हमसे अक्सर ऐसे वित्तीय सवाल पूछे गए हैं, जो कभी बेहद समझदारी भरे

होते हैं, तो कभी पूरी तरह उलझा देने वाले। ये सवाल कामकाजी लोगों से आते हैं, अमीर कारोबारियों से, सरकारी अफ़सरों से, गृहिणियों से–हर किसी से! हर सवाल के पीछे कोई न कोई कहानी होती है–कभी जीत की ख़ुशी से जन्मी, तो कभी असफलता की निराशा से, लेकिन हर एक सवाल हमें कुछ अनमोल सिखा जाता है।

एक कहानी मुझे आज भी याद है। मृदुला, जो अब दोस्त से कहीं बढ़कर, परिवार जैसी लगती है–हमेशा एक परफ़ेक्ट ज़िंदगी जीती दिखती थी। एक बड़े कॉर्पोरेट एग्ज़ीक्यूटिव की पत्नी होने के नाते, उसके पास ऐशो-आराम की हर चीज़ थी–मुंबई में ऊँची बिल्डिंग वाला फ़्लैट, शानदार गाड़ियाँ, विदेशी छुट्टियाँ, लेकिन अक्सर परफ़ेक्ट दिखने वाली ज़िंदगियाँ भी अचानक बिखर जाती हैं।

एक शाम, उसके पति को सीने में दर्द हुआ। शुरुआत में मामूली लगने वाली बात कुछ ही देर में गंभीर हो गई। घबराई हुई मृदुला ने एंबुलेंस को फ़ोन किया। अस्पताल में डॉक्टरों और नर्सों की जल्दबाज़ी ने उसकी बेचैनी और बढ़ा दी। जब डॉक्टर सामने आए, तो उनके चेहरे की गंभीरता ने सब कुछ कह दिया–उसके पति को दिल का ज़ोरदार दौरा पड़ा था और अब वो इस दुनिया में नहीं थे।

मृदुला की ज़िंदगी एक झटके में बदल गई। जो इंसान उसकी ताक़त था, वो अब नहीं रहा। दुख असहनीय था, लेकिन यह उसकी ज़िंदगी में आया अकेला तूफ़ान नहीं था। घर के पैसों की ज़िम्मेदारी हमेशा उसके पति ने सँभाली थी, और अब वही ज़िम्मेदारी उसके सामने एक अनजानी दुनिया की तरह खड़ी थी। बैंक स्टेटमेंट, इंश्योरेंस के काग़ज़, निवेश की फ़ाइलें–जिन्हें उसने पहले कभी ठीक से देखा भी नहीं था–अब उसे घेरने लगीं। सब कुछ बस नंबरों और अनजाने शब्दों का बोझ बन गया। उसे समझ नहीं आ रहा था कि कहाँ से शुरू करे, यह भी नहीं पता था कि उसके पति कितना कुछ छोड़ गए हैं, और अपने अकाउंट में जो पैसे हैं, उनका कैसे इस्तेमाल करे। मन डर और चिंता में डूब गया–*कहीं पैसे कम तो नहीं पड़ जाएँगे? बच्चों का क्या होगा? मैं ये सब कैसे सँभालूँगी?*

शुरुआत में मृदुला बेहद चिंतित थी, लेकिन जल्द ही मैंने, और वित्तीय रूप से उसके कुछ जागरूक दोस्तों व परिवार के सदस्यों ने मिलकर, योजनाबद्ध तरीक़े से उसके और उसके पति के खातों की समीक्षा की। तब पता चला कि उसके पति उसके लिए एक अच्छा-ख़ासा फ़ंड छोड़ गए थे। उनके पास तरह-तरह की संपत्तियाँ थीं–म्युचुअल फ़ंड्स, फ़िक्स्ड डिपॉज़िट्स (एफ़डी), रियल एस्टेट और बीमा पॉलिसियाँ। यह जानकर मृदुला को राहत मिली, लेकिन इसके साथ एक ग्लानि भी–उसके पास इतनी दौलत थी, फिर भी उसे उसका इस्तेमाल करना तक नहीं आता था। उसने कभी सीखने की ज़रूरत ही नहीं समझी थी, जब तक कि ज़िंदगी में संकट ने दस्तक नहीं दी।

निरंजन के पास भी ऐसे कई अनुभव हैं। इनमें से एक बहुत यादगार घटना उनके मँझले भाई रोहित की है, यानी एक ऐसा व्यक्ति, जो हमेशा किसी बड़े निवेश के मौक़े की तलाश में रहता था। हाल ही में उसका ध्यान क्रिप्टोकरेंसी की तरफ़ गया था। उस समय सोशल मीडिया पर एक से एक कहानियाँ तैर रही थीं कि कैसे लोगों ने रातों-रात क्रिप्टो में निवेश करके करोड़ों कमा लिए थे। जैसे-जैसे रोहित ने अपने आस-पास के लोगों को क्रिप्टो से कमाई के क़िस्से सुनाते देखा, उसकी दिलचस्पी धीरे-धीरे जुनून में बदल गई। अब वो भी उस कमाई का हिस्सा बनना चाहता था। निरंजन ने बार-बार उसे सावधानी से क़दम रखने को कहा, लेकिन वो सुनने को तैयार नहीं था।

"क्रिप्टो मार्केट बेहद उतार-चढ़ाव वाला है," निरंजन ने उसे समझाया था, लेकिन ऊँचे रिटर्न के वादों और पीछे छूट जाने के डर (FOMO) ने रोहित को बहका दिया। क्रिप्टो के एक नए, चर्चित कॉइन में उसने अपनी बचत का एक बड़ा हिस्सा लगा दिया। हर तरफ़ यही चर्चा थी कि इस कॉइन में पैसा लगाने से एक महीने के अंदर निवेश दुगुना हो जाएगा।

जब मैंने इस बारे में सुना, तो मेरे फ़िल्मी दिमाग़ में *'फिर हेरा फेरी'* (2006) का अक्षय कुमार गूँजने लगा–जब उसका किरदार चिट-फ़ंड

योजना बेचते हुए दावा करता है, '*पच्चीस दिन में पैसा डबल!*' शुरुआत में तो रोहित का फ़ैसला सही लग रहा था। उस कॉइन की क़ीमत बढ़ गई और उसके साथ ही रोहित का आत्मविश्वास भी। निरंजन बार-बार उसे समझाता रहा कि निवेश में विविधता (Diversification) ज़रूरी है और मुनाफ़ा सुरक्षित कर लेना चाहिए, लेकिन रोहित ने उसकी एक नहीं सुनी।

फिर वही हुआ, जिसका डर था। उस क्रिप्टो कॉइन के डेवलपर्स ने 'रग पुल' किया–यानी सारी रक़म अचानक निकाल ली–और निवेशकों के पास रह गए सिर्फ़ बेकार के डिजिटल टोकन। रोहित की पूरी रक़म एक झटके में डूब गई और उसके साथ ही उसके जल्दी अमीर बनने के सपने भी। निरंजन की बातें उसके दिमाग़ में गूँज रही थीं, लेकिन तब तक बहुत देर हो चुकी थी। दुर्भाग्यवश, उसे यह सबक़ कड़वे अनुभव से सीखना पड़ा।

असल बात यह है कि मृदुला और रोहित जैसे लोग अकेले नहीं हैं। ज़्यादातर लोग पैसों को लेकर इसलिए संघर्ष करते हैं, क्योंकि उन्हें यह समझ नहीं आता कि पैसा उनके लिए कैसे काम कर सकता है। हमारी ज़िंदगी वैसे ही थकाने वाली होती है–हफ़्ते में 70 घंटे तक की लंबी नौकरी, थकाने वाले सफ़र, बढ़ती महँगाई, कम सैलरी और ऊँचे ब्याज वाले लोन... ऐसे में पर्सनल फ़ाइनैंस एक और बोझ जैसा लगता है। हमें लगता है कि ये सब बहुत जटिल है।

लेकिन सच्चाई यह है कि हम भारतीय दुनिया के सबसे मेहनती लोगों में आते हैं। और अगर हम समझदारी से काम लें, तो हमारा पैसा भी हमारी तरह–या शायद हमसे भी ज़्यादा मेहनत कर सकता है, ताकि हम अपने सपनों की दुनिया को साकार कर सकें।

इस किताब का उद्देश्य

तो फिर लोग पर्सनल फ़ाइनैंस से इतना क्यों कतराते हैं? हमें लगता है, इसकी वजह है–इसका पेचीदा लगना, भारी-भरकम शब्दों का डर और

जानकारी की बाढ़। इतना कुछ देखकर डर लगना स्वाभाविक है। इसी वजह से यह किताब लिखी गई है, ताकि हम इन सब बातों को आसान भाषा में समझा सकें और पैसों की दुनिया आपके लिए खोल सकें।

भले ही वैल्यू इन्वेस्टिंग या स्टॉक मार्केट स्ट्रैटेजी जैसे विषयों पर कई किताबें लिखी जा चुकी हैं, लेकिन उनमें से बहुत कम ऐसी हैं, जो एक आम भारतीय निवेशक की ज़रूरतों को ध्यान में रखकर लिखी गई हों। भारत में पैसे का खेल बिलकुल अलग है। जो बातें वॉल स्ट्रीट पर चलती हैं, वो बोरीवली, वसंत कुंज या जयानगर में ज़रूरी नहीं कि काम करें। हमारे पैसे से जुड़ी दुनिया की अपनी उलझनें, ख़तरे और मौक़े हैं। इसलिए आपको अपने ढंग से समझाई गई सलाह की ज़रूरत है–न कि कोई ऐसी वैश्विक रणनीति, जो यह न समझे कि *आप* ख़र्च कैसे करते हैं और निवेश कैसे करते हैं। और सबसे बड़ी बात–पर्सनल फ़ाइनैंस हमें स्कूलों में सिखाई ही नहीं जाती। ज़्यादातर लोग इसे ट्रायल और एरर यानी अपनी ग़लतियों से सीखते हैं और कई बार इसकी क़ीमत अपनी बचत गँवाकर चुकाते हैं–जो कि ठीक नहीं है।

तो पेश है हमारी किताब–एकदम सरल, दोस्ताना और गर्व से देसी।

कोविड-19 महामारी के बाद से बहुत से लोगों ने डिमैट अकाउंट खोलना, शेयर ख़रीदना और मोबाइल पर कुछ टैप्स के ज़रिए एसआईपी शुरू करना सीख लिया है, लेकिन निवेश करने में आई यह आसानी, हमेशा बेहतर फ़ैसलों और नतीजों में नहीं बदली है। यही अंतर भरने के लिए यह किताब है–जानकारी और उपलब्धता के बीच की खाई को पाटने के लिए।

यह किताब क्या है (और क्या नहीं है)

यह न तो स्टॉक टिप्स देने वाली कोई 'हॉटलाइन' है और न ही जल्दी अमीर बनने वाली कोई गाइड। यह कोई भारी-भरकम शब्दों से भरी पाठ्यपुस्तक भी नहीं है, जो आपकी अलमारी में धूल फाँकती रहे। इसे एक स्मार्ट, सीधी-सादी 'पर्सनल फ़ाइनैंस' गाइड की तरह समझिए–जिसे

आप आराम से पढ़ सकें, इस्तेमाल कर सकें और ज़रूरत पड़ने पर बार-बार पलट कर देख सकें।

हमने इसमें ज़रूरी बुनियादी बातें आसान भाषा में समझाई हैं और आपकी ही तरह आम लोगों की असली कहानियों से जोड़कर पेश किया है, ताकि आप आत्मविश्वास और समझदारी के साथ निवेश की शुरुआत कर सकें।

आप चाहें तो इस किताब को अलग-अलग हिस्सों में पढ़ सकते हैं– उन अध्यायों और विचारों पर ध्यान देते हुए, जो आपके लिए सबसे ज़्यादा मायने रखते हैं, लेकिन हमने इस किताब को तीन हिस्सों में बाँटा है:

- पहला हिस्सा पैसों के बुनियादी विचारों पर है, जैसे बचत और निवेश का फ़र्क़, जोखिम और रिटर्न।
- दूसरा हिस्सा उन मुख्य 'संपत्ति वर्ग' को समझाता है, जो किसी भी इन्वेस्टमेंट पोर्टफ़ोलियो के बिल्डिंग ब्लॉक्स होते हैं–जैसे इक्विटी, गोल्ड, डेट वग़ैरह। हमारा मक़सद है कि आप हर संपत्ति वर्ग की बारीकियों को गहराई से समझ सकें।
- तीसरा हिस्सा इन सबको एक साथ जोड़ता है और हमारे अनुभव से निकले बेहतरीन सुझाव साझा करता है, ताकि आप अपने पैसे को इस तरह काम में लगा सकें कि वह आपके लक्ष्यों और ज़रूरतों को पूरा कर सके।

मुझसे और निरंजन से बेहतर फ़िल्म-प्रेमी शायद ही कोई हो, इसलिए इस किताब में आपको जगह-जगह बॉलीवुड फ़िल्मों के ज़िक्र मिलेंगे।

एक सीन याद आता है *लव आज कल* (2009) का–आख़िरी हिस्से में सैफ़ अली ख़ान का किरदार दीपिका पादुकोण से कहता है कि रोमियो-जूलियट, हीर-रांझा, लैला-मजनूँ जैसे लोग सिर्फ़ कहानियों में होते हैं। आम लोग–यानी 'मैंगो पीपल'–ऐसे किसी महान प्रेम की ख़्वाहिश नहीं रखते, वो बस उस इंसान के साथ एक अच्छी ज़िंदगी जीना चाहते हैं, जिससे वो प्यार करते हैं।

जैसे प्यार में हर कोई कोई बड़ी कहानी नहीं चाहता, वैसे ही पैसों के मामले में भी ज़्यादातर लोग बस एक आरामदायक ज़िंदगी चाहते हैं, जहाँ कमाया गया पैसा उनके लिए काफ़ी हो और ज़िंदगी चैन से कटे। हर किसी का सपना 'बड़ा निवेशक' (Legendary Investor) बनना नहीं होता।

तो प्यारे 'मैंगो पर्सन', क्या आप 'मैंगो मिलियनेयर' बनने के लिए तैयार हैं?

चलिए शुरू करते हैं!

भाग 1

पैसों की बुनियादी समझ

1

पैसे से आपका रिश्ता

प्यार, नफ़रत या कुछ उलझा सा?

एक अलग-सी कॉफ़ी

ज़रा कल्पना कीजिए: आप एक बेहद आरामदायक कैफ़े में बैठे हैं। ताज़ा एस्प्रेसो (कॉफ़ी) की महक, ताज़ा बेक्ड पेस्ट्रीज़ की भीनी-सी मिठास के साथ मिलकर हवा में घुल रही है। बैकग्राउंड में हल्का संगीत बज रहा है और आपने अपनी पसंदीदा ड्रेस पहनी हुई है, लेकिन यहाँ एक ट्विस्ट है-आप इस वक़्त *पैसे* के साथ डेट पर हैं।

आप पूरी तरह बातचीत में खोए हैं, पैसे से वो सारे सवाल पूछते हुए जो आप हमेशा से पूछना चाहते थे: "तुम्हें क्या अच्छा लगता है? क्या चीज़ें तुम्हें परेशान करती हैं? तुम्हारी कहानी क्या है? तुम्हारे सपने क्या हैं?" आपकी हैरानी के लिए, पैसा बड़े मज़े से अपनी कॉफ़ी पीते हुए सब कुछ बता रहा है। वो बताता है कि उसे अच्छा लगता है, जब आप उसकी क़द्र करते हैं, जैसे उस वक़्त जब आपने अपनी सपनों की छुट्टी के लिए बचत की, या कोई शानदार निवेश किया, लेकिन वो नाराज़ भी होता है, जब आपने बेवजह उन चीज़ों पर ख़र्च किया, जिनकी ज़रूरत नहीं थी, या अपने फ़ाइनैंस की पूरी तरह अनदेखी की, जिससे पैसा ख़ुद को अनचाहा और उपेक्षित महसूस करता है।

बातचीत ज़ोर पकड़ चुकी है और आप पूरी दिलचस्पी से सुन रहे हैं, लेकिन सोचिए–अगर आप ध्यान ही न दें? अगर आप ध्यान देने की बजाय बार-बार कहीं खो जाएँ, या हर कुछ मिनट में बस एक रटी-रटाई *'और बताओ'* कहकर टाल दें, जैसे उसकी कोई भी बात आपको दिलचस्प ही न लग रही हो?

पैसा यही सोचेगा कि आपको उसमें दिलचस्पी नहीं है। वो डेट फ़्लॉप हो जाएगी। अपने फ़ाइनैंस की अनदेखी करना कुछ वैसा ही है, जैसे आपका डेट कोई दिलचस्प कहानी सुना रहा हो और आप ऊबकर जम्हाई ले रहे हों। इसका अंजाम कभी अच्छा नहीं होगा, लेकिन जब आप ध्यान लगाते हैं और बातचीत में सचमुच शामिल होते हैं, तभी ऐसा रिश्ता बनता है, जो ज़िंदगी को बेहतर बना सके। तो अगली बार जब आप पैसे के साथ उस काल्पनिक डेट पर हों, याद रखिए–हर रिश्ते की तरह, अगर आपने उसमें वह ध्यान और मेहनत नहीं लगाई, जिसका वह हक़दार है, तो हालात बिगड़ सकते हैं। मेरे एक दोस्त ने यह बात कड़वे अनुभव से सीखी।

पैसे के साथ एक सफ़र

एक दिन ऑफ़िस में मैं एक प्रोजेक्ट पर विचार-मंथन कर रही थी, तभी फ़ोन बजा। देखा–अजय का कॉल था, एक ऐसा दोस्त, जिससे बात हुए ज़माना हो गया था। मैंने सोचा, हल्की-फुल्की बातचीत होगी, लेकिन नहीं–वो पैसों की परेशानी में था और मदद चाहता था।

पहले के दिनों में अजय हमेशा वो *लड़का* था, जो स्टाइल में मारुति एस्टीम में बैठकर स्कूल आता था। जब बाक़ी लोग रिक्शेवाले से किराए पर झिकझिक कर रहे होते या बस से लटक कर स्कूल पहुँचते, तब एस्टीम वाले बच्चे धूप का चश्मा पहनकर किसी फ़िल्मी हीरो की तरह उतरते थे। एस्टीम उस दौर की सबसे स्टाइलिश कार थी–और अजय के घर के कार कलेक्शन की सिर्फ़ एक झलक।

बड़ा होकर भी उसकी पसंद वही रही–इंपोर्टेड घड़ियाँ, महँगे रेस्टोरेंट। 90 के दशक की दिल्ली में, बर्कोज़ (Berco's) जाना बड़ी बात थी। वहाँ का चिली चिकन और हॉट ऐंड सॉर सूप विलासिता मानी जाती थी। अगर आपको अपने स्कूल के दोस्त के जन्मदिन पर वहाँ बुलाया जाता था, तो आपको पता चल जाता था कि वह दोस्त वाक़ई बहुत अमीर है। अजय ने अपनी सारी जन्मदिन पार्टियाँ यहीं मनाई थीं।

लेकिन उसकी ख़्वाहिशें कभी रुकी नहीं–पहले एस्टीम, फिर लांसर, और उसके बाद और भी चमकदार चीज़ें। उसकी चाहतों की लिस्ट कभी ख़त्म नहीं हुई। अब लौटते हैं आज पर–जिस लड़के के पास कभी सब कुछ था, आज वही पैसों के लिए परेशान था। और दिलचस्प बात यह कि हमारे कुछ और दोस्त, जो साधारण पृष्ठभूमि से आए थे, आज ठोस आर्थिक स्थिति में थे।

भले ही मैं अजय की समस्या फ़ोन पर हल नहीं कर सकती थी, लेकिन उसकी कहानी ने मुझे सोचने पर मजबूर कर दिया–हमारे पैसों से जुड़े व्यवहार हमारे बचपन के माहौल से कैसे बनते हैं। मेरे माता-पिता हमेशा कहते थे, "जो चीज़ आप वहन नहीं कर सकते, उसके पीछे मत भागो। जब उसे वहन करने लायक़ बन जाओ, तब लेना।" उनका मक़सद मेरा उत्साह कम करना नहीं था–बस यह सुनिश्चित करना था कि मैं ज़रूरत से ज़्यादा की चाह में न पड़ूँ और क़र्ज़ में न डूबूँ।

सच कहूँ तो, आज मुझे ख़ुशी है कि मैंने उनकी बात मानी। ये सीख भारतीय मध्यमवर्गीय सोच में गहराई से बसी है – *'सस्ता, सुंदर, टिकाऊ (SST)'*। SST मेरी माँ का पसंदीदा संक्षिप्त रूप है। उनका दूसरा है VFM–'वैल्यू फ़ॉर मनी'।

VFM से YOLO तक

जब मैं छोटी थी, तो मेरे माता-पिता हमेशा मुझे एक साइज़ बड़े कपड़े दिलाते थे। कहते थे, "बड़ी होगी, तो आ जाएँगे।" यह एक तरह का

जुगाड़ू जीवन-मंत्र था, जिसे मैं आज भी अपनाए हुए हूँ। इसके साथ ही, एक और उसूल जो हमेशा साथ रहा–हर चीज़ में 'वैल्यू फ़ॉर मनी' यानी VFM ज़रूरी है। VFM दरअसल, उस समय की भारतीय मिडिल क्लास का अनौपचारिक सिद्धांत था–ख़ासतौर पर Gen X और Gen Y के लिए। यही सोच थी–बच्चों के स्कूल चुनने से लेकर, घर ख़रीदने और नया सोफ़ा लेने तक। मक़सद साफ़ था: जितना हो सके, उतने में ज़्यादा पाना, फ़िज़ूलख़र्ची से बचना और हर चीज़ इतनी टिकाऊ हो कि एक छोटा प्रलय भी उसे हिला न सके।

लेकिन यह सोच हवा में नहीं बनी थी। ये उस भारत की ज़मीनी सच्चाइयों से निकली थी, जो 90 के दशक के आर्थिक उदारीकरण (Liberalisation) से पहले का था। उस समय सरकार का हर चीज़ पर सख़्त नियंत्रण था और बिज़नेस शुरू करना ऐसा लगता था, जैसे आँखों पर पट्टी बाँधकर रुबिक क्यूब सुलझाना–हर चीज़ के लिए लाइसेंस, हर मोड़ पर परमिट। यह वो दौर था, जिसे आज हम 'लाइसेंस राज' के नाम से जानते हैं। उद्यमिता (Entrepreneurship) ज़्यादातर लोगों के लिए एक सपना भर थी और उपभोक्ता विकल्प उतने ही सीमित थे, जितना टीवी पर मनोरंजन। तब हमारे पास बस ब्लैक-व्हाइट टीवी होता था, जिसमें केवल दूरदर्शन का एक ही चैनल आता था।

यह झलक पॉप कल्चर में भी साफ़ दिखती थी। सोचिए 1970 के दशक के उस मशहूर 'एंग्री यंग मैन' के बारे में। सलीम-जावेद की फ़िल्मों, जैसे *ज़ंजीर* (1973) और *दीवार* (1975) में अमर हो चुका यह हीरो ग़ुस्से से भरा हुआ था, सिस्टम से निराश और लगातार लड़ाई के लिए तैयार। वह पेड़ों के इर्द-गिर्द नाचता-गाता नहीं था, न ही मज़ाक़ करता था। उसका हर पल सिर्फ़ सोचने, लड़ने और उस सिस्टम के ख़िलाफ़ ग़ुस्से में रहने में बीतता था, जहाँ लालफीताशाही हर ख़्वाब को दबा देती थी।

फिर आया 1990 का दशक। बैलेंस ऑफ़ पेमेंट्स (विदेशी भुगतान संतुलन) के एक बड़े संकट ने वित्तमंत्री डॉ. मनमोहन सिंह को, प्रधानमंत्री

पीवी नरसिंह राव की अगुआई में, देश में बड़े आर्थिक सुधारों की शुरुआत करने के लिए मजबूर किया। एक झटके में देश एक बंद और लाइसेंस-आधारित अर्थव्यवस्था से एक खुली, उदारीकृत व्यवस्था बन गया। आयात शुल्क घटा दिए गए, बाज़ार नियंत्रण बंद किया गया और विदेशी निवेश का खुले दिल से स्वागत किया गया।

अचानक भारत दुनिया की सबसे तेज़ी से बढ़ती अर्थव्यवस्थाओं में शामिल हो गया। इस आर्थिक बदलाव ने एक अधिक समृद्ध समाज को जन्म दिया। जनरेशन Z और जनरेशन अल्फ़ा इसी नए भारत में पैदा हुईं और एक चकाचौंध भरी YOLO (You Only Live Once) की दुनिया में पली-बढ़ीं। आज का दौर है 'अपनी बेस्ट लाइफ़' जीने का–इंस्टाग्राम पर दिखने योग्य अनुभवों पर ख़र्च करना, विलासिता भरी छुट्टियाँ और महँगी टेक्नोलॉजी लेना। भविष्य के लिए बचत? वो क्या होता है? वो तो 'फ़्यूचर यू' की समस्या है, लेकिन इस YOLO दौर में भी एक कोमल सी आवाज़ ज़रूरी है, जो याद दिलाती रहे कि हाँ, आज को खुलकर जीओ, पर ये भी पक्का करो कि कल का दिन आर्थिक रूप से सुदृढ़ हो।

मुझे यह बात तब गहराई से समझ आई, जब मेरे बेटे का दूसरा जन्मदिन था। वो अपने सभी दोस्तों की जन्मदिन पार्टियों में जा चुका था और सब देख चुका था–थीम वाली सजावट, बड़े-बड़े कार्टून कैरेक्टर, टैटू कॉर्नर और पिंटरेस्ट (Pinterest) जैसे डेज़र्ट टेबल। हमारी पहली प्रतिक्रिया भी यही थी कि वैसी ही पार्टी करें। बढ़िया केक हो, जादूगर हो, डीजे हो–क्यों नहीं?

मेरी मिडल क्लास परवरिश और आज की हक़ीक़तों के बीच खींचातानी बन गई। आख़िरकार, मैंने हार मान ली और क़रीब ₹30,000–40,000 ख़र्च कर दिए। कोई बहुत बड़ी रक़म नहीं, लेकिन छोटी भी नहीं थी। जैसे-जैसे पार्टी चलती रही, मैं वहीं खड़ी देख रही थी और मेरा मन बचपन की अपनी सालगिरह की तरफ़ चला गया। तब तो बस कुछ गुब्बारे दीवार पर चिपकाए जाते थे, घर का बना केक होता था और वो मोमबत्तियाँ, जिन्हें हम पूरी ख़ुशी और जोश के साथ बुझाते थे।

सब कुछ बहुत सादा होता था, हाँ, लेकिन उस समय जो प्यार और ख़ुशी हमें मिलती थी, वो बिलकुल सच्ची होती थी।

उस समय और आज के बीच यह टकराव सिर्फ़ एक भावनात्मक याद नहीं है–यह इस बात का भी आईना है कि एक समाज के रूप में हमारा पैसे से रिश्ता किस तरह बदला है, तो फिर चाहे आप 'SST टीम' के हों या 'YOLO टीम' के, ये याद रखिए: पैसा एक ज़रूरी माध्यम है। यह आपकी भौतिक ज़रूरतों और चाहतों को पूरा करने के लिए ज़रूरी है और हमारी ये ज़रूरतें और चाहतें उस समाज के हिसाब से बदलती रहती हैं, जिसमें हम रहते हैं। अच्छी बात यह है कि अब पैसे के खेल में क़ाबिलियत की भी अहमियत है।

मूलमंत्र: *आप तभी YOLO जी सकते हैं, जब आप अकेले हों। अगर आपके परिवार की ज़िम्मेदारी आप पर है, तो किसी भी पैसे से जुड़ा फ़ैसला लेते समय उनकी आर्थिक सुरक्षा को ज़रूर ध्यान में रखना होगा।*

पैसे के खेल में क़ाबिलियत का महत्त्व: दो दिग्गजों की कहानी

जब बात पैसे के खेल की होती है, तो राधाकिशन दमानी और विजय माल्या की कहानियाँ इसकी ऊँच-नीच को बख़ूबी दर्शाती हैं। पहले बात करते हैं राधाकिशन दमानी की, जो भारतीय रिटेल जगत का एक दिग्गज नाम हैं। दमानी का बचपन बेहद साधारण था। वे बीकानेर, राजस्थान के एक मारवाड़ी परिवार में जन्मे थे। उन्होंने सबसे पहले स्टॉकब्रोकर के रूप में काम शुरू किया और बाद में रिटेल की दुनिया में क़दम रखा। 2002 में उन्होंने मुंबई के उपनगर में पहला डी-मार्ट स्टोर खोला। उनका गेम

प्लान बेहद साधारण, लेकिन असरदार था–चीज़ों को सरल रखना, अच्छी क्वालिटी वाले प्रोडक्ट्स सस्ते दामों पर बेचना और फ़ालतू तामझाम से बचना। उनकी यह साफ़-सुथरी सोच भारत के मिडिल क्लास ग्राहकों को खूब पसंद आई, जो बिना क्वालिटी से समझौता किए अपने पैसों की पूरी क़ीमत वसूल करना चाहते थे।

जब बाक़ी सब लोग तेज़ी से आगे बढ़ने की होड़ में लगे थे, दमानी ने शांति से 'धीमी, लेकिन स्थिर' बढ़त की रणनीति अपनाई। वह नए स्टोर खोलने के मामले में बहुत चयनशील थे। उन्होंने ऐसे इलाक़ों को चुना, जहाँ घनी आबादी हो, जिससे ग्राहक आना तय रहे। डी-मार्ट ने धीरे-धीरे अपनी पकड़ मज़बूत की, वह भी तब, जब बड़े-बड़े ब्रांड उसके सामने मौजूद थे। दमानी भारतीय उपभोक्ता को भली-भाँति समझते थे–उन्हें पता था कि भारी छूट और आकर्षक सौदे केवल अतिरिक्त लाभ नहीं, बल्कि असली आकर्षण का कारण हैं। उन्होंने बिचौलियों को हटा दिया और माल-सूची (Inventory) पर सख़्त नियंत्रण रखा, जिससे डी-मार्ट अपने ग्राहकों को किफ़ायती दामों पर सामान दे सका। आज के समय में, डी-मार्ट भारत का एक रिटेल दिग्गज बन चुका है और राधाकिशन दमानी देश के सबसे अमीर लोगों में से एक हैं।

अब विजय माल्या की कहानी देखिए, जो एक विरासत के साथ शुरू हुए, लेकिन आगे चलकर एक चेतावनी भरी मिसाल बन गए। धनी माल्या परिवार में जन्मे विजय माल्या ने महज़ 28 साल की उम्र में यूनाइटेड ब्रुअरीज ग्रुप (UB Group) की कमान सँभाली। उन्होंने इसे एक ग्लोबल ब्रांड बना दिया–ख़ासकर किंगफ़िशर बीयर के साथ, जो जल्द ही भारत की सबसे पसंदीदा बीयर बन गई, लेकिन बीयर की दुनिया में राज करना माल्या के लिए काफ़ी नहीं था। 2005 में उन्होंने किंगफ़िशर एयरलाइंस की शुरुआत की, एक ऐसे सपने के साथ कि भारत में *लक्ज़री* एयर ट्रैवल का पर्याय यही ब्रांड बनेगा। शुरुआत ज़ोरदार थी और ब्रांड ने बाज़ार में चमक पैदा कर दी–लेकिन पर्दे के पीछे चीज़ें बिगड़ने लगी थीं।

एयरलाइंस का बिज़नेस बेहद मुश्किल होता है–मुनाफ़ा बेहद कम, मुक़ाबला ज़्यादा। किंगफ़िशर एयरलाइंस का ख़र्चा बेक़ाबू होता गया और कमाई टिक नहीं पाई। ऊपर से, माल्या की निजी चमक-दमक वाली ज़िंदगी ने उनके कारोबारी फ़ैसलों को धुँधला कर दिया। क़र्ज़ बढ़ते गए और 2012 तक एयरलाइंस पूरी तरह बंद हो गई। इसके बाद उनकी वित्तीय हालत बिगड़ती चली गई। उन पर लोन न चुकाने और मैनेजमेंट में गड़बड़ी के आरोप लगे। 2016 में वे इंग्लैंड पलायन कर गए और अब भी उन पर क़ानूनी कार्रवाई और प्रत्यर्पण की कोशिशें चल रही हैं। कभी 'किंग ऑफ़ गुड टाइम्स' कहलाने वाले माल्या का साम्राज्य बिखर चुका था–पीछे रह गए थे अधूरे क़र्ज़ और लंबी क़ानूनी लड़ाइयाँ।

ये दोनों कहानियाँ एक-दूसरे से बिलकुल अलग हैं, लेकिन पैसे के खेल को लेकर दोनों एक ही बात समझाती हैं–अनुशासन जीतता है। असली पैसा वहाँ मिलता है, जहाँ अनुशासन हो, रणनीति हो और सीखने की चाह हो। इस खेल में आपका शुरुआती बिंदु ज़्यादा मायने नहीं रखता। सिर्फ़ अमीरी में जन्म लेना काफ़ी नहीं है–अगर आप पैसे के खेल में माहिर नहीं हैं, तो आपको इसका इनाम नहीं मिलेगा, लेकिन इसी के साथ आता है एक बड़ा सवाल: आख़िर कितना पैसा काफ़ी होता है?

अपना 'काफ़ी' ढूँढना

मेरे लिए पैसा हमेशा एक निजी विषय रहा है। ये किसी दौड़ जैसा नहीं है, जहाँ पहले नंबर पर पहुँचना ही सब कुछ हो। मेरे लिए यह एक टूलकिट जैसा है, जो ज़िंदगी की ऊबड़-खाबड़ राहें थोड़ा आसान कर देता है, बिना मुझे तनाव में डाले। 90 के दशक में, एक आम भारतीय मिडल-क्लास परिवार में पली-बढ़ी, मैंने अपने माता-पिता को हर महीने का ख़र्च बड़ी समझदारी से आख़िरी रुपये तक चलाते हुए देखा। हम हमेशा किसी तरह निभा ही लेते थे। शायद इसीलिए, मेरे मन में हमेशा यह सवाल रहा है–आख़िर कितना पैसा काफ़ी होता है?

बुनियादी ज़रूरतें होती हैं – *रोटी, कपड़ा और मकान*। अगर ये ज़रूरतें पूरी हो जाएँ, तो इंसान ज़िंदगी में बाक़ी चीज़ों की ओर बढ़ सकता है। इसलिए मेरे लिए 'पर्याप्त' का मतलब है–इतना पैसा होना कि इन ज़रूरतों का ध्यान रख सकूँ, अपने परिवार के भविष्य के लिए निवेश कर सकूँ, आपात स्थितियों से निपट सकूँ और अपनी सेहत को बनाए रख सकूँ। इसके बाद का हिस्सा तो बस कपकेक पर सजाए मीठे दानों की तरह है–सुंदर, पर ज़रूरी नहीं।

मैं अमेरिका में स्कॉलरशिप पर कॉलेज गई थी और ज़्यादातर अंतरराष्ट्रीय छात्रों की तरह मेरे पास पैसों की कमी रहती थी। हर डॉलर की गिनती होती थी। बाहर खाना विलासिता लगता था और बजट बनाना अनिवार्य, लेकिन अमेरिका में मेरी पहली दो नौकरियों–पहले मैक्किंज़े में और फिर वॉल स्ट्रीट पर एक एनालिस्ट के तौर पर–ने ये सब बदल दिया। मैं अचानक उतना कमा रही थी, जितना कभी सोचा भी नहीं था। और भले ही उस समय मुझे निवेश की समझ नहीं थी, लेकिन मैं बचत के मामले में बेहद अनुशासित थी। और मेरा मतलब है–बेहद *अनुशासित*।

साल 2009 में मैंने एक ऐसा क़दम उठाया, जो उस वक़्त कई लोगों को समझ नहीं आया। मैंने एक ऊँची सैलरी वाली नौकरी छोड़कर उद्यमिता का रास्ता चुना–एक ऐसा फ़ैसला, जो उस समय आर्थिक रूप से ठीक नहीं लग रहा था, लेकिन जिसने मेरी ज़िंदगी की दिशा ही बदल दी। मैं ऐसा कर पाई, क्योंकि, सबसे पहले, मेरे पास इतने पैसे थे कि मैं अपने सपने को अपने बलबूते आगे बढ़ा सकूँ। मुझे अपने परिवार से मदद माँगने की ज़रूरत नहीं पड़ी। न मुझे किसी से क़र्ज़ माँगना पड़ा, और न ही अपने फ़ैसलों को लेकर हिचकिचाहट महसूस हुई, क्योंकि मेरी बचत ने मुझे जोखिम लेने की आज़ादी दी। ऐसे फ़ैसले लेने की क्षमता ही पैसे को असल मायने देती है। आख़िरकार, पैसा सिर्फ़ बैंक अकाउंट में पड़ा हुआ एक नंबर नहीं होता, लेकिन जैसे नंबर कभी ख़त्म नहीं होते, वैसे ही हमारी इच्छाएँ भी अनंत होती हैं।

जो किसी एक इंसान के लिए 'काफ़ी' हो सकता है, वही किसी और के लिए कम या ज़्यादा भी हो सकता है। आपका 'काफ़ी' हमेशा व्यक्तिगत होगा। और जिस पल आप इसकी तुलना किसी और से करना शुरू करते हैं, आप ख़ुद को निराशा की ओर ले जाते हैं। मैं वित्तीय सेवा क्षेत्र में काम करती हूँ, जहाँ वेतन ज़्यादातर छुपा नहीं रहता। हमारे पुराने सहपाठी और बाक़ी लोग कितना कमाते हैं, इसकी ख़बर आमतौर पर सबको रहती है–क़ानूनी नियमों, नौकरी दिलाने वालों (Head Hunters) और व्हाट्सऐप ग्रुप्स के चलते। अगर आप अपनी सफलता की तुलना दूसरों से करने लगें, तो पैसा बहुत जल्दी नाख़ुशी का कारण बन सकता है।

हालाँकि मैंने अपने करियर में ठीक-ठाक प्रदर्शन किया है, लेकिन मेरे कॉलेज में एक बेहद प्रसिद्ध समकालीन भी था। अंदाज़ा लगाइए कौन? मार्क ज़ुकरबर्ग। क्या मैं कभी उतनी अमीर बन पाऊँगी, जितने वो हैं? बिलकुल नहीं, लेकिन मेरे लिए मुद्दा कभी यह था ही नहीं। मेरी 'काफ़ी' की परिभाषा कभी किसी अरबपति की नेट वर्थ से मेल खाने की नहीं थी। मेरे लिए ज़्यादा मायने इस बात के थे कि मैं जो कर रही हूँ, उसमें आनंद आए, मैं अच्छा कमा सकूँ और उन लोगों के साथ एक संतुष्ट जीवन जी सकूँ, जो मुझे ख़ुश रखते हैं।

हमेशा कोई न कोई आपसे ज़्यादा अमीर होगा और कोई न कोई आपसे कम। दुनिया ऐसे ही चलती है। अगर आप हमेशा ऊपर ही देखते रहेंगे, तो शायद ख़ुद को कभी भी 'काफ़ी' नहीं मानेंगे।

और अगर आप सिर्फ़ नीचे देखते रहेंगे, तो शायद संतुष्ट होकर आगे बढ़ना छोड़ देंगे। इसलिए, पैसे का खेल अपने हिसाब से खेलिए–अपनी शर्तों पर।

कैसे? शुरुआत होती है पैसे को लेकर सीखने से–जितना हो सके, जानिए।

मुख्य सीख

- पैसे के साथ अपना रिश्ता बनाइए और उसे सहेजिए।
- YOLO (You Only Live Once) और VFM (Value For Money) के बीच सही संतुलन खोजिए, ताकि आपका भविष्य सुरक्षित रहे।
- पैसे के खेल में योग्यता का महत्त्व है। इस बात पर भरोसा रखिए।

2

पैसा 101

ज़िंदगी के पाठ्यक्रम का हिस्सा

एक रविवार की सुबह, मेरी माँ बाज़ार से सब्ज़ियों से भरे थैले लेकर ऐसे मुस्कराते हुए घर में दाख़िल हुईं, जैसे कोई जंग जीतकर आई हों। उन्होंने थैले किचन काउंटर पर रखे और आँखों में चमक लिए बोलीं, ''टमाटर दस रुपए कम में मिल गए और सब्ज़ीवाले ने थोड़ा धनिया भी मुफ़्त में दे दिया!''

क्लासिक! यही है मिडिल-क्लास इंडिया–जहाँ सब्ज़ी मंडी में छोटी-छोटी जीतों पर जश्न मनाया जाता है... और बड़ी वित्तीय तसवीर अक्सर नज़रअंदाज़ हो जाती है। हम सब्ज़ियों पर कुछ रुपए बचाकर बहुत ख़ुश हो जाते हैं, लेकिन महँगाई से बचाव या रिटायरमेंट की प्लानिंग करना हमें साफ़ आसमान में दूर कहीं बादल देखने जैसा लगता है, यानी कुछ ऐसा जो अभी सोचने की ज़रूरत नहीं है।

मैंने कई बार माँ से म्यूचुअल फ़ंड्स, एफ़डी, स्टॉक्स और बॉन्ड्स के बारे में बात करने की कोशिश की है, लेकिन हर बार उन्हें लगता है कि मैं किसी दूर की, समझ से बाहर की चीज़ की बात कर रही हूँ। आख़िर, इन सबका क्या मुक़ाबला उस तुरंत मिलने वाली ख़ुशी से हो सकता है, जो सब्ज़ियों पर कुछ रुपये बचाकर मिलती है, है ना? लेकिन सच ये है–जब

हम एक किलो टमाटर के दाम पर उलझे होते हैं, तभी हमारे भविष्य को सुरक्षित करने वाले असली मौक़े चुपचाप हाथ से निकल जाते हैं।

ज़रा सोचिए, अगर हम वही ऊर्जा निवेश को समझने में लगाएँ? तो हम पैसा कमाने के लिए मेहनत नहीं कर रहे होते, बल्कि हमारा पैसा हमारे लिए काम कर रहा होता है, लेकिन सिर्फ़ ऊर्जा से बात नहीं बनेगी। वित्तीय समृद्धि के हाइवे पर चलना आसान नहीं होता, यह रास्ता घुमावदार और चुनौतीपूर्ण हो सकता है। इस सफ़र में सही दिशा दिखाने के लिए ज़रूरी है वित्तीय ज्ञान (Financial Knowledge) की हेडलाइट्स। और इन हेडलाइट्स को जलाए रखने के लिए, हमें पैसों के बारे में लगातार सीखते रहना होगा।

अज्ञानता की क़ीमत

कोलकाता के एक स्कूल टीचर राकेश वर्षों से अपने बच्चों के सुरक्षित भविष्य के लिए पैसे बचा रहे थे। तभी आया शारदा ग्रुप–जो हर साल 15 से 50 प्रतिशत तक के हाई रिटर्न का वायदा कर रहा था। यह किसी भी सामान्य निवेश (Investment) से कहीं ज़्यादा था। राकेश को यह आइडिया बहुत भाया और उन्होंने अपनी पूरी जमा पूँजी इसमें लगा दी। शुरुआत में सब कुछ सही लग रहा था–वादे के अनुसार रिटर्न मिला, तो उन्होंने अपने दोस्तों और परिवार को भी इसमें निवेश करने के लिए कह दिया।

शारदा ग्रुप के साथ बड़े-बड़े सेलिब्रिटी और नेता जुड़े हुए थे, जिससे सब कुछ असली और भरोसेमंद लगता था। ऐसे ही राकेश जैसे लाखों लोग इस जाल में फँसते चले गए, लेकिन असली कहानी तो कुछ और थी–शारदा ग्रुप एक बहुत बड़ी फ़र्जी निवेश योजना (Ponzi Scheme) निकली। वे पुराने निवेशकों को रिटर्न देने के लिए नए निवेशकों के पैसे का इस्तेमाल कर रहे थे। जैसे ही नए पैसे आना कम हुए, पूरी स्कीम 2013 में भरभराकर गिर गई। परिणाम? राकेश और उनके जैसे लाखों लोगों के लिए यह एक भयानक वित्तीय (Financial) संकट बन गया।

अगर उनमें फ़र्जी निवेश योजना की पहचान करने की वित्तीय समझ (Financial Awareness) होती, तो वे इस धोखे से बच सकते थे। ऐसी स्कीम की पहली पहचान होती है–**अवास्तविक रूप से ज़्यादा रिटर्न का वादा।**

भारत में वित्तीय घोटाले (Financial Scams) तो जैसे एक खेल बन चुके हैं। इसलिए पैसे की समझ होना कोई अच्छा-सा हुनर भर नहीं है–यह एक बुनियादी कौशल है, जो हमें आर्थिक बर्बादी से बचा सकता है। कुछ चौंकाने वाले आँकड़ों पर ध्यान दीजिए: भारतीय रिज़र्व बैंक (RBI) के अनुसार, साल 2020–21 में हर दिन औसतन 229 बैंकिंग धोखाधड़ी के मामले सामने आए। और अगस्त 2022 में, तमिलनाडु पुलिस की इकोनॉमिक ऑफ़ेंसेज़ विंग की रिपोर्ट के अनुसार, 2,00,000 से ज़्यादा जमाकर्ताओं से फ़र्जी नॉन-बैंकिंग कंपनियों ने 8,624 करोड़ से ज़्यादा की ठगी की–ये सभी कंपनियाँ फ़र्जी निवेश योजनाओं (Ponzi Schemes) के ज़रिए लोगों को धोखा दे रही थीं। साफ़ बात यह है–पैसे के मामले में समझदार न होना आपको गंभीर रूप से नुक़सान पहुँचा सकता है, और इसके लिए बहुत सारे सबूत मौजूद हैं, जिन्हें नज़रअंदाज़ नहीं किया जा सकता।

डिजिटल प्लेटफ़ॉर्म्स पर वित्तीय लेनदेन का बढ़ता इस्तेमाल इस समस्या को और बढ़ा सकता है। पिछले चार वर्षों में भारत में साइबर क्राइम के मामलों में ज़बरदस्त उछाल आया है और ठगी करने वालों ने कुल 33,165 करोड़ की ठगी की। गृह मंत्रालय के तहत आने वाले नेशनल साइबर क्राइम रिपोर्टिंग पोर्टल (NCRP) के अनुसार, साल 2021 में 551 करोड़, 2022 में 2,306 करोड़, 2023 में 7,496 करोड़ और 2024 में 22,812 करोड़ की साइबर ठगी दर्ज की गई–और सरकारी आँकड़ों के मुताबिक़, टियर-2 और टियर-3 शहरों को साइबर अपराध के मुख्य केंद्र के रूप में चिह्नित किया गया है।

साठ साल के मिस्टर वर्मा, जो हमारे दोस्त हैं, पुणे में अपनी सेवानिवृत्त ज़िंदगी शांति से बिता रहे थे। उनकी वित्तीय ज़रूरतें बहुत

साधारण थीं और उनका ध्यान रखने के लिए कोई और नहीं था। एक दिन बैंक के नियमित दौरे पर, उनका रिलेशनशिप मैनेजर मीठी-मीठी बातों में लगाकर उन्हें एक महँगी जीवन बीमा पॉलिसी लेने के लिए मना लेता है। रिलेशनशिप मैनेजर ने उन्हें ऊँचे रिटर्न और पूरी सुरक्षा का भरोसा दिलाया। उस चिकनी-चुपड़ी बातों पर भरोसा कर मिस्टर वर्मा ने पॉलिसी ले ली, लेकिन कुछ महीनों तक भारी प्रीमियम भरने के बाद उन्हें समझ में आया कि ये पॉलिसी उनके जैसे व्यक्ति के लिए पूरी तरह बेकार थी। ऊँचे रिटर्न बस 'शायद' मिलें–और ये योजना उन लोगों के लिए बेहतर थी, जिन पर कोई निर्भर हो। उन्हें एहसास हुआ कि उनको एक बेकार योजना थमा दी गई है। अगर वे उस वित्तीय उत्पाद को पूरी तरह समझते, तो शायद ऐसा नहीं होता और इसके लिए वित्तीय साक्षरता एक ज़रूरी कौशल है।

भारतीय अक्सर भावनाओं को छू लेने वाली बिक्री रणनीतियों के जाल में फँस जाते हैं। ये रणनीतियाँ डर और चिंता जैसी भावनाओं को उभारती हैं, ताकि आप जल्दी फ़ैसला लें। विक्रेता अक्सर दबाव बनाते हैं और बताते हैं कि अगर आपने अभी फ़ैसला नहीं लिया, तो क्या-क्या खो देंगे। और जब वे जटिल शब्दों की बौछार करते हैं, तो हर बात को समझने से आसान लगता है कि बस मान लो। इसका उपाय यह है कि हम इन तकनीकों के प्रति जागरूक बनें, ताकि समझदारी से फ़ैसला ले सकें और धोखा खाने से बच सकें।

एक बार बातचीत मेरी एक रिटायर्ड सीनियर नौकरशाह से हुई, जो मानते थे कि स्टॉक मार्केट एक बड़ा धोखा है। सरकार में ऊँचे पद पर होने के बावजूद, उन्हें मार्केट के कामकाज पर गहरा शक था। मैं यह विरोधाभास नज़रअंदाज़ नहीं कर पाई। मैंने मुस्कराते हुए कहा, "अंकल, आप भारत *सरकार* के लिए काम करते हैं। और यही भारत सरकार हमारी अर्थव्यवस्था चलाती है, जो उन कंपनियों से बनी है, जो स्टॉक मार्केट में लिस्टेड हैं। ये कंपनियाँ ही तो हमारे विकास और प्रगति की रीढ़ हैं।" आख़िरकार, स्टॉक मार्केट कोई जुआघर या सट्टा बाज़ार नहीं

है। यह एक नियंत्रित प्लेटफ़ॉर्म है, जहाँ बिज़नेस को आगे बढ़ने के लिए पूँजी मिलती है और निवेशकों को मुनाफ़े में हिस्सेदारी का अवसर। जो कंपनियाँ आपको स्टॉक एक्सचेंज पर दिखाई देती हैं, वही हमारे देश की जीडीपी में योगदान दे रही हैं, नौकरियाँ पैदा कर रही हैं और इनोवेशन (Innovation) को बढ़ावा दे रही हैं।

इसीलिए, वित्तीय साक्षरता (Financial Literacy) ज़रूरी है, ताकि पैसे से जुड़ी कुछ आम ग़लतफ़हमियाँ दूर की जा सकें। भारत में हम दो सिरों के बीच झूलते रहते हैं–या तो हमें लगता है कि स्टॉक मार्केट पूरी तरह से सेटिंग से चलता है, या फिर यह एक चमत्कारी रास्ता है झटपट अमीर बनने का। हाँ, पहले घोटाले हुए हैं, लेकिन पूरी तसवीर उतनी निराशाजनक नहीं है। सच्चाई कहीं बीच में है–और अगर आप जानने को तैयार हों, तो यही सच्चाई आपको आज़ादी भी दे सकती है।

अविश्वास ज़्यादातर उन कहानियों से उपजता है, जो भारी नुक़सान या तेज़ उतार-चढ़ाव को लेकर होती हैं, क्योंकि ऐसी कहानियाँ चटपटी होती हैं और न्यूज़ में छा जाती हैं, पर ये कहानियाँ उन लोगों के अनुभवों को दबा देती हैं, जो सोच-समझकर निवेश करके लंबी अवधि में धन निर्माण का रास्ता बना रहे हैं। जब आप पैसे की समझ विकसित करते हैं, तब आप अपने फ़ैसले तथ्यों के आधार पर लेते हैं–न कि भड़काऊ ख़बरों, अफ़वाहों या भावनात्मक दबाव के चलते।

पैसों से जुड़ी बुनियादी बातें जो आपको ज़रूर जाननी चाहिए

यह 2018 की बात है। हमारे दोस्त राज ने एक दिन हमें घबराहट में फ़ोन किया। अच्छी-ख़ासी सैलरी कमाने के बावजूद, वह क़र्ज़ में डूब चुके थे। उन्होंने शेयर बाज़ार में पैसा लगाने के लिए एक बहुत बड़ा पर्सनल लोन ले लिया था–अपने उन 'दोस्तों' की बातों में आकर, जो आसान और तेज़ कमाई का सपना दिखा रहे थे। राज के पास लोन चुकाने के लिए कोई बैकअप प्लान नहीं था। उन्हें पूरा भरोसा था कि शेयर बाज़ार ही

उन्हें इस मुश्किल से बाहर निकाल देगा। अब ऐसे 'दोस्तों' का क्या ही कहना... आप समझ ही गए होंगे।

चेतावनी: बाज़ार धराशायी हो गया। कैश के ढेर की जगह, राज बैंक वालों की धमकियों से घिर गए। रिकवरी एजेंट्स की लगातार कॉल्स और मैसेजेस ने उनके दिमाग़ पर गहरा असर डाला। हर बार जब फ़ोन बजता या कोई चिट्ठी आती, उनकी घबराहट और बढ़ जाती। उनका मानसिक संतुलन और आत्म-सम्मान दोनों गिरते चले गए। धीरे-धीरे उन्होंने सब लोगों से दूरी बना ली–इतने शर्मिंदा हो गए कि न दोस्तों से मिलते थे, न परिवार से बात करते थे।

हमारी कोशिश थी कि किसी तरह राज की मदद करें। हमने उन्हें सही वित्तीय सुझाव दिया और जितना संभव हो सका, उतना भावनात्मक सहारा भी दिया। एजेंसियों से ख़ुद बात की, एक ऐसी क़र्ज़ चुकाने की योजना तैयार की, जो राज की स्थिति के हिसाब से मुमकिन थी–और धीरे-धीरे चीज़ें सँभलने लगीं। राज का अनुभव इस बात का एक और उदाहरण था कि पैसे कमाने, ख़र्च करने, बचाने और उधार लेने में समझदारी कितनी ज़रूरी है। बस, एक ग़लत फ़ैसला आपकी ज़िंदगी को पूरी तरह उल्टा कर सकता है।

पर्सनल फ़ाइनेंस पाँच बुनियादी पहलुओं पर टिका होता है: **कमाई, ख़र्च, बचत, निवेश और ऋण।** समझदारी से ख़र्च करना यानी यह समझना कि आपका पैसा किस चीज़ पर लगाना चाहिए और किस पर नहीं। सँभल कर ख़र्च करना कंजूसी करना नहीं होता। **बचत** करना आपकी सुरक्षा है–चाहे ज़रूरत के समय के लिए हो या फिर भविष्य के किसी लक्ष्य के लिए। **निवेश** वही जगह है, जहाँ पैसा असल में आपके लिए काम करता है और बढ़ता है। और **ऋण**–अगर सोच-समझकर लिया जाए, तो फ़ायदेमंद हो सकता है, लेकिन अगर हद से ज़्यादा हो जाए, तो वही क़र्ज़ आपके लिए बोझ बन सकता है।

इन सभी चीज़ों के बीच संतुलन बनाए रखना जेंगा (Jenga) गेम खेलने जैसा है–हर हिस्सा अपनी सही जगह पर होना चाहिए। अच्छा

कमाना ज़रूरी है, लेकिन यह सिर्फ़ 40–50 प्रतिशत हिस्सा है। असली समझदारी तो ख़र्च, बचत, निवेश और उधारी को ठीक से सँभालने में है।

समय अब है

तो पैसे के बारे में सीखना कब शुरू करना चाहिए? जितना जल्दी शुरू करें, उतना बेहतर। स्कूल में हमें वित्तीय प्रबंधन से जुड़ी कोई जानकारी नहीं दी जाती, इसलिए ज़्यादातर लोग ज़िंदगी में जैसे-जैसे ज़रूरतें सामने आती हैं, वैसे-वैसे ख़ुद से सीखते हैं। हममें से कई लोगों को लगता है कि अगर कोई विषय हमें हमारी पसंद की नौकरी नहीं दिला सकता, तो उसे सीखने का कोई फ़ायदा नहीं, लेकिन सोचिए अगर आपने स्कूल में पढ़ना-लिखना नहीं सीखा होता, तो क्या होता? शेक्सपियर बनने की कोई ज़रूरत नहीं है, लिखना एक बुनियादी कौशल है, जो हर किसी को आना चाहिए। पैसे को समझना भी ऐसा ही है। वित्तीय साक्षरता सिर्फ़ भविष्य के अर्थशास्त्रियों के लिए नहीं, बल्कि हर आम आदमी के लिए ज़रूरी है।

साथ ही, सही जगह से सीखना भी उतना ही ज़रूरी है। नेशनल सेंटर फ़ॉर फ़ाइनैंशियल एजुकेशन (NCFE) के एक सर्वे के अनुसार, 2019 में भारत में सिर्फ़ 27 प्रतिशत वयस्क ही वित्तीय रूप से साक्षर थे। इसकी तुलना में पश्चिमी देशों के आँकड़े काफ़ी बेहतर हैं–अमेरिका में यह दर लगभग 57 प्रतिशत है और जर्मनी में 66 प्रतिशत के आस-पास। 2016 की नोटबंदी के बाद, भारत सरकार ने डिजिटल वित्तीय साक्षरता को बढ़ावा देना शुरू किया। भारतीय रिज़र्व बैंक (RBI) हर साल वित्तीय साक्षरता सप्ताह भी मनाता है, ताकि पैसों से जुड़ी अहम बातों पर जागरूकता फैलाई जा सके। 2023 का प्रमुख विषय था–'अच्छा वित्तीय व्यवहार–आपकी सुरक्षा।' अनन्या की तरह, आप भी सेबी इन्वेस्टर पोर्टल और दूसरी विश्वसनीय ऑनलाइन व ऑफ़लाइन जगहों से वित्तीय उत्पादों के बारे में जानकारी ले सकते हैं।

कुछ साल पहले, मेरी दोस्त अनन्या–जो एक व्यस्त वर्किंग माँ हैं–अपनी वित्तीय ज़िम्मेदारियों को समझना और सँभालना सीखना चाहती

थीं। मैंने उन्हें सुझाव दिया कि शुरुआत छोटे क़दमों से करें–हर दिन सिर्फ़ चौदह मिनट। उन्होंने बच्चों को सुलाने के बाद छोटे-छोटे वित्तीय लेख पढ़ना, बजटिंग पर वीडियो देखना और निवेश से जुड़े पॉडकास्ट सुनना शुरू किया।

सिर्फ़ एक महीने में ही अनन्या को फ़र्क़ महसूस होने लगा। अब उन्हें अपने पैसों को लेकर ज़्यादा नियंत्रण और आत्मविश्वास महसूस होने लगा था। हर दिन थोड़ा-थोड़ा समय निकालकर उन्होंने इमरजेंसी फ़ंड, चक्रवृद्धि ब्याज और कम लागत वाले इंडेक्स फ़ंड्स जैसी ज़रूरी बातें सीख ली थीं। एक साल में, अनन्या ने कुल 85 घंटे से ज़्यादा की वित्तीय जानकारी हासिल कर ली थी। अब वे न सिर्फ़ अपने पैसों को बेहतर तरीक़े से सँभाल रही थीं, बल्कि अपनी दौलत भी बढ़ा रही थीं और अपने बच्चों के लिए एक बेहतरीन वित्तीय रोल मॉडल बन गई थीं।

मैंने जो सुझाव अनन्या को दिया था, वह 'रूल ऑफ़ 100' पर आधारित था। इसका मतलब है कि अगर आप हर हफ़्ते 100 मिनट किसी एक चीज़ को सीखने में लगाते हैं, तो समय के साथ आपको उसमें ज़बरदस्त सुधार दिखेगा, यानी सिर्फ़ रोज़ाना 14 मिनट। ये बहुत ही आसान, व्यावहारिक और टिकाऊ तरीक़ा है–और ये सच में असरदार भी है! छोटे-छोटे क़दम मिलकर बड़ी वित्तीय समझ में बदल जाते हैं।

अनन्या की कहानी दिखाती है कि पैसों के बारे में सीखना कोई बहुत समय लेने वाला या थका देने वाला काम नहीं है। छोटे-छोटे, लेकिन लगातार किए गए प्रयास बहुत बड़ा बदलाव ला सकते हैं। जब आप पैसों को समझना शुरू करते हैं, तो अपने सपनों का पीछा करने की ताक़त भी मिलने लगती है। मान लीजिए, आप सैलरी पर काम कर रहे हैं और एक घर ख़रीदना चाहते हैं–आज के ज़माने में रियल एस्टेट की ऊँची क़ीमतें देखकर यह सपना नामुमकिन सा लग सकता है, लेकिन सच्चाई यह है कि समझदारी से बचत और निवेश करने से आप इस सपने को हक़ीक़त बना सकते हैं। यही तो है वित्तीय समझदारी (Financial Literacy) का जादू–यह उस हवा की तरह है, जो आपकी जीवन-नैय्या को समृद्धि के किनारों की ओर आगे बढ़ाती है।

मूलमंत्र: *वित्तीय साक्षरता, आर्थिक समृद्धि का प्रवेशद्वार है।*

ग़ैर-ज़रूरी बातें, जिन्हें सीखने की ज़रूरत नहीं है

अच्छी ख़बर यह है: आपको सब कुछ जानने की ज़रूरत नहीं है।

मेरे पापा और भाई को शेयर ट्रेडिंग में बहुत दिलचस्पी है, लेकिन मेरी मम्मी और भाभी आमतौर पर इससे दूरी बनाकर रखती हैं। एक शाम जब पापा और भाई अपने हालिया ट्रेड्स पर चर्चा में डूबे थे, मम्मी और भाभी एक तरफ़ चुपचाप बैठी थीं–जैसे उन्हें कुछ समझ ही न आ रहा हो। पापा किसी मार्केट ट्रेंड की बारीकियों में जा रहे थे और भाई किसी टेक स्टॉक पर अपनी राय दे रहा था।

उसी वक़्त मम्मी ने बीच में कहा, "इसीलिए मैं पैसों के झँझट में नहीं पड़ती। मेरे पास हर दिन शेयर बाज़ार देखने का टाइम नहीं है।"

इसी सोच के चलते कई लोग, ख़ासकर महिलाएँ, अपने पैसों की ज़िम्मेदारी लेने से हिचकिचाती हैं। उन्हें लगता है कि उन्हें रोज़ाना न्यूज़ पर नज़र रखनी होगी और स्टॉक ट्रेडिंग सीखनी होगी, लेकिन सच्चाई ये है: पैसे सँभालना जटिल नहीं होना चाहिए। आपको शेयर बाज़ार का विशेषज्ञ बनने या रोज़ अपने निवेशों पर नज़र रखने की ज़रूरत नहीं है। ख़ासतौर पर महिलाओं को इस सोच को पीछे छोड़ना होगा कि फ़ाइनैंस बहुत कठिन या समय लेने वाला है। पर्सनल फ़ाइनैंस यानी व्यक्तिगत वित्त की बुनियादी बातें आसान हैं और इन्हें समझने के लिए विशेषज्ञ बनने की ज़रूरत नहीं है।

शुरुआत कहाँ से करें? बजट बनाना, बचत करना और चक्रवृद्धि ब्याज के जादू को समझना–यही असली बदलाव लाने वाले कारक हैं। आर्थिक रूप से आत्मनिर्भर बनना बस कुछ आसान और समझदारी

भरे फ़ैसले लेने की बात है, न कि एक झटके में एक्सपर्ट बनने की। आख़िरकार, पेट भरने के लिए मास्टरशेफ़ बनने की ज़रूरत नहीं होती– बस बुनियादी बातें आनी चाहिएँ।

अब आप पहला क़दम उठाने के लिए तैयार हैं: बचत।

मुख्य सीख (Key Learnings)

- पर्सनल फ़ाइनैंस के पाँच पहलू होते हैं: **कमाई, ख़र्च, बचत, निवेश और ऋण।**
- आपको विशेषज्ञ बनने की ज़रूरत नहीं है: बजट बनाना, बचत करना और चक्रवृद्धि ब्याज को समझना जैसी **सरल चीज़ें सीखकर भी आप समझदारी से वित्तीय फ़ैसले लेना शुरू कर सकते हैं।**
- रूल ऑफ़ 100 अपनाएँ और हर दिन सिर्फ़ 14 मिनट निकालकर पैसों से जुड़ी बुनियादी बातें सीखना शुरू करें।

संदर्भ

- अशोक उपाध्याय, "2020-21 में रोज़ाना 229 बैंकिंग धोखाधड़ी के मामले, वसूली दर 1% से कम, आरबीआई ने आरटीआई के जवाब में कहा", *इंडिया टुडे*, 15 दिसंबर 2021। उपलब्ध: https://www.indiatoday.in/business/story/229-banking-frauds-day-2020-21-recovery-rate-rbi-rti-reply-1888096-2021-12-15.
- आर. शिवरमन, "पोंज़ी योजना में 2 लाख से अधिक जमाकर्ताओं से 8,640 करोड़ रुपये की ठगी", द हिंदू, 10 अगस्त 2022। उपलब्ध: https://www.thehindu.com/news/cities/chennai/

over-2-lakh-depositors-cheated-of-8640-crore-in-ponzi-scheme/article65754001.ece.

- महेंद्र सिंह मनराल, "साइबर धोखाधड़ी में 4 साल में 900% उछाल: देवघर, नूंह, मथुरा जैसे छोटे शहर बने नए ठगी के गढ़", द इंडियन एक्सप्रेस, 5 फ़रवरी 2025। उपलब्ध: https://*indianexpress.com*/article/india/cybercrime-sharp-rise-complaints-2024-govt-data-9816845/.

सहायक स्रोत

- सेबी इन्वेस्टर पोर्टल: https://investor.sebi.gov.in

3

बचत बनाम निवेश

सफ़र पर निकलने से पहले ईंधन भरना ज़रूरी

मोटरस्पोर्ट की दुनिया में राजवीर सिंह या जैसा कि लोग उन्हें कहते थे, आरवी–रफ़्तार का दूसरा नाम था। हर रेस में पोडियम फ़िनिश, सपनों से भी ज़्यादा कमाई–ट्रैक पर और ट्रैक के बाहर, उनकी ज़िंदगी हाई स्पीड में चल रही थी। शानदार गाड़ियाँ, आलीशान घर, एक परफ़ेक्ट परिवार–उनके पास सब कुछ था। अपने लक्ष्यों तक पहुँचने के लिए उनकी वित्तीय रणनीति एकदम सरल थी: अभी उधार लो, बाद में चुकाओ। उनकी ज़िंदगी का हर हिस्सा ईएमआई यानी मासिक क़िस्तों के ज़रिए चल रहा था। जब भी उनकी पत्नी प्रिया उन्हें सावधानी बरतने को कहतीं, तो आरवी अपने एक हाथ की हथेली पर दूसरे हाथ से काल्पनिक चाकू की तरह काटने का अभिनय करते–ये दिखाने के लिए कि कैसे वो ख़र्चों को ईएमआई में 'बाँट' रहे हैं।

रेसिंग करियर ने उनके ख़र्च करने के अंदाज़ को हवा दी, लेकिन क़िस्मत ने कुछ और ही तय कर रखा था। एक दिन, जब आसमान में बादल छाए थे, एक पल की चूक ने उनकी कार को ट्रैक से बाहर फेंक दिया। आरवी का करियर उसी पल ख़त्म हो गया। कमाई का स्रोत लगभग रातों-रात सूख गया। धीरे-धीरे उन पर आर्थिक बोझ बढ़ता गया और आख़िरकार उन्हें दिवालिया घोषित होना पड़ा। जिन क़र्ज़ों को वो कभी आराम से सँभालते थे, वही अब असहनीय हो गए। जिन चीज़ों को उन्होंने ईएमआई पर ख़रीदा था–कारें, घड़ियाँ, यहाँ तक कि उनका

परिवार का घर–सब कुछ नीलाम करना पड़ा, ताकि बक़ाया क़र्ज़ चुकाया जा सके।

"लेकिन वे हमारा घर नीलाम नहीं कर सकते!" आरवी ने विरोध किया।

प्रिया ने सिर हिलाया–और बस इतना ही इशारा काफ़ी था यह बताने के लिए कि वे ऐसा कर सकते हैं। और उन्होंने किया। आरवी ने यह अंदाज़ा नहीं लगाया था कि अगर वित्तीय ज़िम्मेदारियाँ पूरी न हो पाएँ, तो उसके नतीजे कितने गंभीर हो सकते हैं। उनका परिवार उजड़ गया और उन्हें अपने सपनों के घर से निकलकर एक झुग्गी में रहना पड़ा। प्रिया को दो वक़्त की रोटी जुटाने के लिए कई जगहों पर काम करना पड़ा। आरवी को अपनी हिम्मत दोबारा हासिल करने और ज़िंदगी को पटरी पर लाने में बहुत मेहनत लगी–और लगभग एक चमत्कार हुआ, तभी वह संभव हो पाया।

जाना-पहचाना सा लग रहा है न? यह 2007 की फ़िल्म *तारा रम पम* की कहानी है, जिसमें सैफ़ अली ख़ान और रानी मुखर्जी ने अभिनय किया था। यह एक कम आँकी गई बॉलीवुड फ़िल्म है, जो मनोरंजन के बीच एक ज़रूरी वित्तीय सबक़ देती है।

सीख: वित्तीय स्थिरता कोई विकल्प नहीं, बल्कि ज़रूरत है–आज के लिए जीना जितना ज़रूरी है, उतना ही ज़रूरी है कल की योजना बनाना। समझदारी से की गई वित्तीय योजना **बचत** और **निवेश**–दोनों हिस्सों को संतुलित करने का काम है। इन दोनों के बीच के फ़र्क़ और महत्त्व को समझना आपको आरवी जैसी स्थिति में जाने से बचा सकता है।

बचत बनाम निवेश

एक कम उम्र की लड़की, जो मुश्किल से अपनी किशोरावस्था में पहुँची थी, क्रिकेट ग्राउंड पर अभ्यास कर रही थी। उसकी शॉट्स की प्रैक्टिस भारत के पूर्व दिग्गज कप्तान एमएस धोनी की निगरानी में हो रही थी।

थाला–जैसा उन्हें प्यार से कहा जाता है–बड़े धैर्य से यह सुनिश्चित कर रहे थे कि लड़की का स्टांस सही हो और शॉट मारते समय उसकी कोहनी की पोज़िशन ठीक हो। लड़की का पिता दूर खड़ा यह सब देख रहा था। उसका सीना गर्व से चौड़ा हो गया, जब एक और क्रिकेट दिग्गज, सचिन तेंदुलकर, वहाँ आए और लड़की की प्रतिभा की तारीफ़ की। लड़की का पिता उनके पास गया और बोला, "वो बड़ी होकर इंडिया के लिए खेलना चाहती है... मैं अभी से उसके भविष्य के लिए बचत कर रहा हूँ।"

"अगर लक्ष्य बच्चे का भविष्य सुरक्षित करना है," सचिन बोले, "*तो मैदान में उतरना होगा।*"

पिता थोड़े हैरान नज़र आए, तब धोनी ने बात समझाई। वह मैदान क्रिकेट का नहीं, बल्कि निवेश का था। "बचत ज़रूरी है, लेकिन सिर्फ़ बचत से काम नहीं चलेगा। आपकी जमा की गई राशि बस ठहर जाती है, बढ़ती नहीं। इसके बजाय, म्यूचुअल फ़ंड्स में निवेश करें और अपने पैसे को बढ़ने का मौका दें।" फिर वे लड़की के पिता को समझाने लगे कि प्रोफ़ेशनल क्रिकेट कोचिंग एक महँगा सपना है। अगर वे केवल फ़िक्स्ड डिपॉज़िट्स में बचत करते हैं, जो सिर्फ़ 6–7 प्रतिशत सालाना बढ़ती है, तो वे अंततः 5–6 प्रतिशत की महँगाई दर और उस पर लगने वाले टैक्स से हार जाएँगे, लेकिन अगर वे अपने पैसे को बाज़ार से जुड़े निवेश साधनों में लगाते हैं, तो उनके पास अपने मुद्रास्फीति की गति से मेल खाने या उसे पार करने का एक बेहतर मौक़ा होगा।

जिस तरह मैच जीतने के लिए क्रिकेटरों को मैदान में उतरना पड़ता है, उसी तरह अपनी बचत का कम से कम एक हिस्सा निवेश में लगाना ज़रूरी है, ताकि असली बढ़ोतरी देखी जा सके।

यह दृश्य दरअसल म्यूचुअल फ़ंड्स पर जागरूकता बढ़ाने के लिए एसोसिएशन ऑफ़ म्यूचुअल फ़ंड्स इन इंडिया (AMFI) के एक विज्ञापन की स्क्रिप्ट का हिस्सा था। यह बचत और निवेश के बीच का फ़र्क़ बेहद असरदार तरीक़े से समझाता है। सिर्फ़ पैसे बचा लेना काफ़ी नहीं होता, निवेश करना ज़रूरी है, लेकिन निवेश करने के लिए पूँजी चाहिए। और

पूँजी के लिए बचत ज़रूरी है। तो सवाल यह है–पैसे बचाने का सबसे अच्छा तरीक़ा क्या है?

बचत की रूपरेखा

हाल ही में पुणे में हुए एक निवेशक कार्यक्रम में मुझे बोलने के लिए बुलाया गया था। कार्यक्रम के दौरान पच्चीस साल का एक युवा प्रोफ़ेशनल खड़ा हुआ और उसने मुझसे वही सवाल पूछा, जो अक्सर सोशल मीडिया पर या पैसों से जुड़ी सामान्य बातचीत में उठता है–"मैं पैसे बचाऊँ तो कैसे?" उसकी आवाज़ पूरे हॉल में गूँज उठी। "*घर के लोन, फ़ूड डिलीवरी ऐप्स और एक्सॉटिक वेकेशन के बीच भला कोई पैसे बचाए भी तो कैसे?*"

हॉल में मौजूद बाक़ी लोग भी उसके हालात से जुड़ पा रहे थे। सभी ने हामी में सिर हिलाया।

मैंने मुस्कराते हुए कहा, "अगर क्रिकेट में बेहतर होना है, तो नेट प्रैक्टिस करनी होगी।"

वो थोड़ा चौंका, "नेट्स में प्रैक्टिस?"

"बिलकुल" मैंने समझाया। "बचत करना नेट प्रैक्टिस जैसा है–यह आपको पैसे मैनेज करने की आदत सिखाता है। वहीं निवेश करना असली मैच खेलने जैसा है। ज़ाहिर है, बिना नेट प्रैक्टिस के मैदान में अच्छे से नहीं खेला जा सकता। रन भी तभी बनते हैं, जब आप प्रैक्टिस से मैच तक की यात्रा तय करें।"

बचत की इस प्रैक्टिस की शुरुआत करने के लिए, मैंने उसे **10-30-50** की रूपरेखा अपनाने का सुझाव दिया।

बीस से तीस साल की उम्र के बीच, आप निश्चिंत होकर अपनी आय का कम से कम **10 प्रतिशत** बचाने का लक्ष्य रख सकते हैं। मैं समझ सकती हूँ कि सुनने में यह थोड़ा उबाऊ लग सकता है। जो युवा और बे-फ़िक्र होते हैं और जिन्होंने अभी-अभी कमाना शुरू किया होता है, उनके लिए बचत हमेशा प्राथमिकता नहीं होती। करियर के शुरुआती दौर

में आमदनी भी अपेक्षाकृत कम होती है, और मॉल्स में ब्रांडेड जींस और जूते शो-केस में देखकर दिल मचल जाता है। कुछ फ़िल्में तो थिएटर में *देखनी* ही होती हैं, जहाँ पॉपकॉर्न की क़ीमत टिकट से ज़्यादा होती है। हाँ, जब तक मौक़ा मिले, ज़िंदगी का आनंद ज़रूर लेना चाहिए, लेकिन साथ ही, यह भी याद रखना चाहिए कि बीस से तीस की उम्र के बीच अगर आप थोड़ी समझदारी से योजना बनाएँ, तो भविष्य के लिए एक मज़बूत नींव रख सकते हैं।

इसे ऐसे सोचिए कि आप अपने भविष्य के ख़ुद के लिए निवेश कर रहे हैं–और यक़ीन मानिए, भविष्य का 'आप' इसके लिए दिल से शुक्रगुज़ार होगा। एक ऐसा आपातकालीन कोष (इमरजेंसी फ़ंड) बनाएँ, जिसमें छह महीने से एक साल तक के ख़र्चों की पूर्ति हो सके। अल्पकालिक लक्ष्यों के लिए भी योजना बनाएँ–चाहे वह सिर्फ़ वे महँगे स्नीकर्स ही क्यों न हों, जिन पर आपकी नज़र है।

तीस से चालीस की उम्र के बीच, आपकी आमदनी बढ़ेगी। आपको वो प्रमोशन मिलेगा, जिसका आपको इंतज़ार था (या आप नौकरी बदलेंगे, अच्छी सैलरी के लिए–है ना?), या फिर आपका कारोबार बढ़ेगा। इस समय से अपनी आय का कम से कम 30 प्रतिशत बचाना शुरू कर दें। संभव है कि आप शादीशुदा हों या शादी की योजना बना रहे हों, या आपने किसी घर की डाउन पेमेंट कर दी हो–या ऐसा कुछ करने की सोच रहे हों। यही वह समय है, जब आपको अपने दीर्घकालिक लक्ष्यों के लिए निवेश शुरू कर देना चाहिए।

जब आप ज़िंदगी के उस बड़े 'F'–यानी चालीस की उम्र–के पार पहुँचते हैं, तब आप आमतौर पर अपनी कमाई की चरम सीमा पर होते हैं। अब बच्चों की ऊँची पढ़ाई और अपनी रिटायरमेंट जैसी बड़ी ज़िम्मेदारियाँ आपके मन में आने लगती हैं। इस समय आप इन लक्ष्यों के लिए योजना बनाना शुरू कर सकते हैं। इस चरण में कोशिश करें कि आप अपनी आय का **कम से कम 50 प्रतिशत** बचाएँ।

10-30-50 की यह बचत रूपरेखा (Savings Framework)

10 प्रतिशत की बचत दर से शुरू होती है, जो तब के लिए एकदम उपयुक्त है, जब आपने कमाना शुरू ही किया हो, लेकिन फिर भी, शुरुआत में घबराहट महसूस होना स्वाभाविक है। अगर 10 प्रतिशत का आँकड़ा आपको परेशान करता है, तो सिर्फ़ 1 प्रतिशत से शुरुआत करें और समय के साथ इसे धीरे-धीरे बढ़ाते जाएँ।

मूलमंत्र: *बचत एक आदत-आधारित तरीक़ा है। शुरुआत में आप कितनी राशि बचा रहे हैं, उससे ज़्यादा ज़रूरी है कि आप बचत करने की आदत डालें।*

एक आसान सेविंग हैक

कोई भी सिस्टम जो ऑटोमैटेड या अनिवार्य होता है, उसे टालना मुश्किल हो जाता है। उदाहरण के लिए, टैक्स डिडक्टेड ऐट सोर्स (TDS) की प्रक्रिया को लें–यह करदाता के लिए टैक्स से बचना कठिन बना देती है, क्योंकि यह पैसा आपके खाते में आने से पहले ही काट लिया जाता है। सरकार टैक्स आपकी इनकम से सीधे काट लेती है, इसलिए आप कभी देर से टैक्स नहीं भरते।

अब सोचिए, अगर आप अपनी सेविंग्स के लिए भी यही तरीक़ा अपना सकें तो? कल्पना कीजिए एक ऑटोमैटेड सेविंग सिस्टम की, जिसे हम सेविंग्स डिडक्टेड ऐट सोर्स (**SDS**) कह सकते हैं–जो आपकी कमाई में से एक तय रक़म को अपने-आप काटकर सिस्टेमैटिक इन्वेस्टमेंट प्लान (**SIP**), रेकरिंग डिपॉज़िट (**RD**) या फ़िक्स्ड डिपॉज़िट (**FD**) में डाल दे, इससे पहले कि आपको उस पैसे को ख़र्च करने का मौक़ा मिले।

जब आपकी आमदनी का एक हिस्सा अपने आप बचत में चला जाता है, तो न तो आपको उसकी कमी महसूस होती है और न ही आप उसे बिना सोचे-समझे ख़र्च करते हैं। यह एक तरह का फ़ाइनैंशियल

ऑटोपायलट है, जो आपको आपके लक्ष्यों की ओर ले जाता है। क्या यह एक आसान और असरदार तरीक़ा नहीं है?

सैलरी पाने वालों के लिए

अगर आपकी आमदनी नियमित और तय है, तो बचत का बजट ऑटोमेट करना बहुत आसान है। पहले तय करें कि आप हर महीने कितनी बचत करना चाहते हैं और फिर उस रक़म को अपने **SDS** सिस्टम में स्वतः ट्रांसफ़र होने की व्यवस्था कर दें।

क़र्ज़ से सावधान रहें

क़र्ज़ और क्रेडिट कार्ड्स आपकी सेविंग्स की योजना को पटरी से उतार सकते हैं। अगर आपका क्रेडिट कार्ड हमेशा आपके वॉलेट में रहता है, तो उसे बिना सोचे-समझे स्वाइप कर देना आसान हो जाता है–ख़ासकर जब आप ख़रीदारी के उस आकर्षण का विरोध करने में असमर्थ हों।

क्रेडिट लिमिट ज़्यादा होने से झूठा भरोसा मिलता है कि अब आपके पास ख़र्च करने की ज़्यादा क्षमता है। लेकिन अगर आपकी क्रेडिट लिमिट ₹2 लाख है, तो इसका मतलब यह नहीं कि आपके पास ₹2 लाख ख़र्च करने के लिए हैं–इसका मतलब सिर्फ़ इतना है कि आप ₹2 लाख तक का बिल बना सकते हैं, जिसे आपको महीने के अंत में बैंक को चुकाना ही पड़ेगा।

इसलिए एक अच्छी सामान्य सुझाव यह है कि क्रेडिट कार्ड से उतना ही ख़र्च करें, **जितना आप अपने बिलिंग साइकल के अंत में पूरी तरह और आराम से चुका सकें–वो भी बिना अपने सेविंग्स डिडक्टेड ऐट सोर्स (SDS) सिस्टम को बाधित किए।**

उद्यमियों, फ्रीलांसर्स और गिग वर्कर्स के लिए

अगर आपकी आय नियमित नहीं है, तो बजट बनाना बेहद ज़रूरी हो जाता है। आपकी स्थिति में बचत को ऑटोमैटिक, यानी कि स्वचालित बनाना व्यावहारिक नहीं हो सकता। ऐसे में ये सुझाव आपकी मदद कर सकते हैं:

- **मैनुअल लक्ष्य तय करें,** यानी कि स्वयं निर्धारित किए गए लक्ष्य: मासिक लक्ष्य की बजाय तिमाही या अर्धवार्षिक बचत लक्ष्य तय करें, जो आपकी आमदनी के अनुसार उचित हो।
- **बफ़र महीने बनाएँ:** यानी कि ऐसे महीने निर्धारित करें, जिनमें आप ज़्यादा बचत कर सकें। ऐसा उन महीनों में करें, जब आपकी आय औसत से अधिक हो–इससे आप अतिरिक्त राशि जमा कर पाएँगे, जो कम आय वाले महीनों की कमी पूरी करने में काम आएगी।
- **नियमित समीक्षा करें और आवश्यकतानुसार बदलाव करें:** अपनी आमदनी पर नियमित रूप से नज़र रखें और ज़रूरत के अनुसार अपने बचत लक्ष्यों को समायोजित करें।

अब निवेश की ओर

हाल ही में मेरी माँ और मुझे एक पारिवारिक शादी में आमंत्रित किया गया, जहाँ मुझे यह देखने का अवसर मिला कि बीते कुछ दशकों में हमारे ख़र्च करने के तरीक़े कितने बदल चुके हैं। जब माँ तैयार हो गईं, तो उन्होंने सोने की एक चूड़ी पहनी, जो उन्होंने कई साल पहले ख़रीदी थी। उन्होंने एक साधारण सी बात कही, जो पूरी रात मेरे ज़हन में बनी रही। उन्होंने कहा, "हमारे समय में तो हर कोई आसानी से सोने के सेट ख़रीद लेता था। अब तो एक चूड़ी ख़रीदना भी मुश्किल हो गया है।"

जब हम समारोह स्थल पर पहुँचे, तो साफ़ दिख रहा था कि दूल्हे के परिवार ने, जिन्होंने हमें आमंत्रित किया था, कोई कसर नहीं छोड़ी थी।

प्रवेश द्वार पर ऊँचे-ऊँचे फूलों की भव्य सज़ावट थी। रेशमी कपड़ों से सजी मेज़ों पर क्रिस्टल के झूमर हल्की रोशनी बिखेर रहे थे। एक जीवंत संगीत मंडली जैज़ की धुनें बजा रही थी और वेटर स्वादिष्ट नाश्ते और तरह-तरह के पेय लिए इधर-उधर घूम रहे थे। भोजन के काउंटरों पर सुशी (एक जापानी व्यंजन) से लेकर 250 से अधिक देसी व्यंजन परोसे जा रहे थे। फ़िल्मी सितारे, सोशल मीडिया पर प्रसिद्ध चेहरे और बड़े उद्योगपति आपस में घुल-मिल रहे थे, और उनकी डिज़ाइनर पोशाकें रोशनी में चमक रही थीं। अंतिम प्रस्तुति किसी भव्य दृश्य से कम नहीं थी।

अपनी शादी को याद करते हुए माँ ने कहा, "तुम्हारे पापा और मैंने एक तंग गली के छोटे से पार्क में शादी की थी। आज के समय में तो यह सोचना भी मुश्किल है।"

और तभी मुझे अहसास हुआ–माँ बिलकुल ठीक कह रही थीं। **आर्थिक महँगाई** (Inflation) की वजह से सिर्फ़ सोने, खाने या विवाह स्थल की क़ीमतें ही नहीं बढ़ी हैं, बल्कि हमारी इच्छाएँ भी बढ़ गई हैं–हम अपने और अपने परिवार के लिए पहले से कहीं ज़्यादा चाहने लगे हैं, ताकि अपनी क्रय-शक्ति बढ़ा सकें। इसे **आकांक्षात्मक महँगाई** (Aspirational Inflation) कहा जा सकता है–इससे बचना मुश्किल है, ऊपर से यह तेज़ी से बढ़ती है और इसे समझना या मापना बेहद मुश्किल होता है।

अगर आपकी आकांक्षाएँ बढ़ रही हैं और चीज़ों की क़ीमतें भी, तो आपकी बचत भी उसी अनुपात में बढ़नी चाहिए। अगर महँगाई बढ़ती रहे लेकिन हमारी आमदनी न बढ़े, तो हमारी कमाई और हमारी चाहतों के बीच का फ़ासला और गहराता जाता है। सौभाग्य से, हमें सैलरी, बोनस, बिज़नेस डील्स और संपत्ति की बिक्री से नक़द आय मिलती रहती है। अगर सही तरह से निवेश किया जाए, तो हम न सिर्फ़ आर्थिक महँगाई को मात दे सकते हैं, बल्कि अपनी आकांक्षात्मक महँगाई की रफ़्तार से भी क़दम मिलाकर चल सकते हैं।

निवेश करने से आप अपनी बचत से और ज़्यादा पैसे कमा सकते हैं

और लंबे समय में संपत्ति (Wealth) बना सकते हैं। अगर समझदारी से किया जाए, तो यह पक्का तरीक़ा है, जिससे आप अपने सपनों को साकार कर सकते हैं–चाहे वह सोना ख़रीदना हो, भव्य शादी करना हो या फिर एक ऐसा जीवन जीना हो, जिसमें पैसों की चिंता न हो।

तो, शुरुआत कहाँ से करें?

निवेश की रूपरेखा

निवेश एक बहुत ही व्यक्तिगत यात्रा है और कोई एक समाधान हर निवेशक के लिए एक जैसा काम नहीं करता। एक और सम्मेलन में, जहाँ मैं गेस्ट स्पीकर थी, मुझसे निवेश से जुड़े सवाल लिए जा रहे थे। एक श्रोता ने पूछा कि क्या उसे **एसआईपी** शुरू करनी चाहिए या सोने में निवेश करना चाहिए। सवाल पूछने की मंशा सही थी, लेकिन बुनियादी रूप से यह सवाल ही ग़लत था। यह वैसा ही है, जैसे कोई माता-पिता यह सोचें कि उनके बच्चे को हॉर्वर्ड यूनिवर्सिटी में दाख़िला लेना चाहिए या पुणे के फ़िल्म ऐंड टेक्नोलॉजी इंस्टिट्यूट में–बिना यह समझे कि बच्चे की पढ़ाई में रुचि क्या है, उसके करियर के लक्ष्य क्या हैं और उनकी ख़ुद की आर्थिक क्षमता क्या है।

निवेश से जुड़े फ़ैसले व्यक्तिगत होते हैं, क्योंकि ये हमारे निजी लक्ष्यों, व्यक्तित्व और परिस्थितियों का प्रतिबिंब होते हैं। हर व्यक्ति की रणनीति उसके जीवन के अनुभवों, मूल्यों और आकांक्षाओं से आकार लेती है।

ज़रा इस उदाहरण पर ग़ौर कीजिए: मेरे एक दोस्त ने अपने पिता का व्यापार एक ऊँचे ब्याज वाले क़र्ज़ के नीचे डूबते देखा था। इस अनुभव ने उसे क़र्ज़ से हमेशा के लिए दूरी बना लेने पर मजबूर कर दिया। दूसरी ओर, मेरे लिए क़र्ज़ कोई बड़ी दिक़्क़त नहीं है, क्योंकि मेरा पेशा मुझे एक स्थिर आय देता है, जिससे मुझे यह बेहतर समझ आता है कि मैं कितना क़र्ज़ सँभाल सकती हूँ। इसलिए, कोई भी निवेश योजना सभी के लिए एक जैसी और प्रभावशाली नहीं हो सकती। अपने पैसे को इस तरह

निवेश करना कि वह आपकी ज़रूरतों और परिस्थिति के अनुकूल हो–यही सबसे ज़रूरी बात है।

निवेश के विकल्प चुनने से पहले, आपको उन तीन मुख्य पहलुओं को समझना चाहिए, जो इन फ़ैसलों को प्रभावित करते हैं। और इन्हें याद रखने का मज़ेदार तरीक़ा है ऑस्कर जीतने वाला गाना–'नाटू नाटू'।

RRR: रनवे, रिस्क, रिटर्न्स

- **रनवे (Runway):** इसका मतलब है कि आपको अपने पैसों की ज़रूरत पड़ने में कितना वक़्त बाक़ी है। निवेश साधन चुनते समय समय (टाइम) एक बेहद अहम पहलू होता है, क्योंकि यही तय करता है कि आप बाज़ार के उतार-चढ़ाव को कितनी समझदारी से पार कर सकते हैं। इसलिए सबसे पहले यह सोचिए कि किसी वित्तीय लक्ष्य को पाने के लिए आपको अपनी राशि कितनी जल्दी चाहिए। छोटे सगय के लिए, यानी जब पैसों की ज़रूरत एक-दो साल के भीतर पड़ने वाली हो, तो ज़्यादा तरलता (Liquidity) वाले निवेश ज़्यादा बेहतर होते हैं। ऐसे समय में ज़्यादा जोखिम और ज़्यादा रिटर्न वाले उत्पादों से बचना ही समझदारी है, ताकि आपकी मूल राशि सुरक्षित रहे। इसके उलट, जब लक्ष्य लंबी अवधि के हों–जैसे रिटायरमेंट जो कई साल या कई दशक दूर हो–तो आप ज़्यादा जोखिम ले सकते हैं और बेहतर रिटर्न भी पा सकते हैं। इस विषय को आगे के अध्यायों में विस्तार से समझाया गया है।

मूलमंत्र: *अगर आपको लगता है कि आपको तय समय से पहले पैसे निकालने पड़ सकते हैं, तो अपनी राशि को लंबे समय के निवेश में फँसाने से बचें।*

- **रिस्क (Risk):** रिटर्न को लेकर जो अनिश्चितता होती है, उसे जोखिम या रिस्क कहते हैं। हर निवेश में किसी न किसी स्तर का रिस्क ज़रूर होता है, लेकिन यह अलग-अलग निवेश विकल्पों में काफ़ी हद तक भिन्न होता है। रिस्क को बेहतर ढंग से समझने के लिए तीन मुख्य बातों को जानना ज़रूरी है:

  – *रिस्क टॉलरेंस (Risk Tolerance):* यह आपकी भावनात्मक क्षमता और बाज़ार के उतार-चढ़ाव को सहने की इच्छा दर्शाता है। यह आपके पिछले अनुभवों, उम्र और वित्तीय समझ पर निर्भर करता है। आमतौर पर, युवा निवेशकों की रिस्क टॉलरेंस अधिक होती है, क्योंकि उनके पास संभावित नुक़सान से उबरने के लिए ज़्यादा समय होता है।

  – *रिस्क कैपेसिटी (Risk Capacity):* यह आपकी आय, बचत और अन्य संपत्तियों के आधार पर जोखिम उठाने की वित्तीय क्षमता होती है। भले ही आप मानसिक रूप से ज़्यादा जोखिम लेने के लिए तैयार हों, आपकी वित्तीय स्थिति ऐसा करने की इजाज़त न भी दे।

  – *डाइवर्सिफ़िकेशन (Diversification):* इसका मतलब है कि आप अलग-अलग प्रकार के निवेश साधनों में पैसे लगाते हैं, ताकि अगर किसी एक निवेश का प्रदर्शन अच्छा न हो, तो उसका असर आपके पूरे पोर्टफ़ोलियो पर न पड़े। एक संतुलित पोर्टफ़ोलियो आमतौर पर स्टॉक्स, बॉन्ड्स और अन्य संपत्तियों का मिश्रण होता है।

  अपने मूलधन को सुरक्षित रखने के लिए कम रिस्क वाले विकल्पों को चुनना समझदारी होती है। साथ ही, अपने निवेश को अलग-अलग निवेश श्रेणियों (Asset Classes) में बाँटना भी एक अच्छा तरीक़ा है, ताकि जोखिम कम किया

जा सके। अगर कोई अत्यधिक जोखिम वाले निवेश आपकी वित्तीय स्थिरता को प्रभावित करते हैं, तो उनमें ज़रूरत से ज़्यादा पैसा लगाना ठीक नहीं।

- **रिटर्न (Return):** रिटर्न आपके निवेश निर्णयों का नतीजा होते हैं, जो आपके समय की उपलब्धता (रनवे) और जोखिम सहने की क्षमता पर निर्भर करते हैं। अधिक रिटर्न की चाह रखना स्वाभाविक है, लेकिन अक्सर यह आपको ज़रूरत से ज़्यादा जोखिम उठाने की ओर ले जाता है, जिससे नुक़सान हो सकता है। अधिक रिटर्न तब मिलते हैं, जब आपके पास निवेश के लिए पर्याप्त समय हो और आप कुछ हद तक जोखिम उठाने को तैयार हों। **अपनी रिटर्न की उम्मीदें हक़ीक़त के आधार पर तय करें**–पिछले प्रदर्शन और मौजूदा बाज़ार की स्थितियों को ध्यान में रखते हुए। साथ ही, यह भी ज़रूरी है कि आप **अपनी रिटर्न संबंधी अपेक्षाओं को अपनी जोखिम सहनशीलता के साथ संतुलित रखें**।

संक्षेप में:

- यदि लक्ष्य अल्पकालिक है–जैसे कि कोई नई ख़रीदारी करना या जीवनशैली में अपग्रेड करना–तो कम अवधि, कम जोखिम और मध्यम रिटर्न वाले विकल्प चुनें, ताकि आपकी तरलता (Liquidity) बनी रहे। इससे आपका पैसा सुरक्षित भी रहेगा और ज़रूरत पड़ने पर आसानी से उपलब्ध भी होगा।
- यदि लक्ष्य दीर्घकालिक है–जैसे कि रिटायरमेंट की योजना बनाना–तो लंबी अवधि, ज़्यादा जोखिम और उच्च रिटर्न देने वाले विकल्पों को चुनना बेहतर होता है। इससे आप अपनी पूँजी को बेहतर तरीक़े से बढ़ा सकते हैं और बाज़ार के छोटे-मोटे उतार-चढ़ाव से होने वाले नुक़सानों की चिंता किए बिना आगे बढ़ सकते हैं।

इस रूपरेखा को अपनाकर आप ज़्यादा सोच-समझकर निवेश से जुड़े निर्णय ले पाएँगे और अपने वित्तीय लक्ष्यों को पाने की संभावना को बेहतर

बना सकेंगे। निवेश कोई एक जैसा सबके लिए काम आने वाला तरीक़ा नहीं है। RRR–अर्थात् रनवे, रिस्क, रिटर्न्स–की समझ आपको अपनी ज़रूरत के अनुसार एक मज़बूत रणनीति बनाने की ताक़त देती है।

और शायद अब 'नाटू नाटू' सुनना और भी मज़ेदार लगे! आख़िरकार, यही वह नक़्शा है, जो आपको निवेश की सबसे अहम कुंजी तक ले जाता है: रनवे, रिस्क और रिटर्न्स।

अपने पैसे की यात्रा कब शुरू करें?

आप कोई भी हों, कहीं भी हों–निवेश की शुरुआत करने का सबसे सही समय अभी है। जब मैं स्कूल में थी, तो हम हर दिन राष्ट्रगान गाया करते थे, भले ही मुझे उसके शब्दों का मतलब कभी ठीक से समझ नहीं आया। वह मूल रूप से बांग्ला में रचा गया था, जिसमें संस्कृत के शब्द भी थे–जो हमारी उम्र के बच्चों की समझ से परे थे, फिर भी, मैं उसे पूरे जोश और भाव से गाया करती थी। रोज़-रोज़ दोहराने से वह ज़बान पर चढ़ गया–वह एक आदत बन गई।

पैसे बचाना भी कुछ वैसा ही है–एक बुनियादी स्तर पर यह आदत बनाने की बात है। इस तरह की ज़रूरी समझ को अपने जीवन में शामिल करने के लिए समय, नियमितता और अभ्यास चाहिए। शोध से पता चलता है कि कोई भी नई आदत डालने में लगभग इक्कीस दिन लगते हैं, लेकिन हम में से ज़्यादातर लोग बचत को मासिक काम की तरह देखते हैं, इसलिए यह सुझाव दिया जाता है कि आप इक्कीस महीनों तक लगातार बचत करें, ताकि यह आपकी जीवनशैली का हिस्सा बन जाए।

आप कितनी राशि से शुरुआत करते हैं, यह मायने नहीं रखता–बचत एक अनुशासन है और इसमें पारंगत होने के लिए इसे नियमित रूप से करना ज़रूरी है। जितना ज़्यादा आप इसे निभाएँगे, यह आदत उतनी ही मज़बूत होगी–और इसका फल भी उतना ही बेहतर मिलेगा!

इस बात को संत कबीर का एक दोहा बख़ूबी दर्शाता है, जो यह समझने में मदद करता है कि कैसे लगातार अभ्यास से कोई भी आदत हमारे स्वभाव का हिस्सा बन जाती है:

करत-करत अभ्यास के, जड़मति होत सुजान।
रसरी आवत-जावत ते, सिल पर पड़त निशान।

(लगातार अभ्यास से जड़ बुद्धि वाला भी समझदार बन सकता है। जैसे बार-बार आने-जाने वाली रस्सी भी पत्थर पर निशान छोड़ देती है।)

मुख्य सीख (Key Learnings)

- निवेश के ज़रिए आप महँगाई को मात दे सकते हैं।
- निवेश शुरू करने के लिए पहले पूँजी जुटानी होती है। यह आप 10-30-50 रूपरेखा अपनाकर कर सकते हैं।
- आप एसडीएस (SDS) सिस्टम के ज़रिए बचत को अपने आप चालू भी कर सकते हैं।
- जब बचत करना आ जाए, तो अगला क़दम है–उसी बचत को निवेश करना।
- यह समझने के लिए कि कौन-सा निवेश उत्पाद आपकी ज़रूरतों के लिए सही है, RRR रूपरेखा अपनाएँ।
- याद रखें: बचत एक आदत है, जिसे अनुशासन के साथ विकसित करना होता है।

4

क़र्ज़

ज़रूरत में दोस्त, लालच में दुश्मन

क़र्ज़ एक ऐसा छेद है, जो किसी भी जहाज़ को डुबो सकता है। इसका एक बड़ा उदाहरण है बिग बाज़ार, जो कभी रिटेल की दुनिया की कामयाब कहानी माना जाता था। 2001 में शुरू हुआ यह ब्रांड जल्दी ही भारतभर के ग्राहकों के लिए पहली पसंद बन गया। इसकी दुकानों में लोकल बाज़ारों जैसी चहल-पहल और अपनापन था, जिसने लोगों से गहरा जुड़ाव बना लिया। फ़्यूचर ग्रुप के दूरदर्शी संस्थापक किशोर बियानी भारतीय ख़ुदरा बाज़ार का एक बड़ा नाम बन गए। उन्होंने 400 से ज़्यादा शहरों में फैले 1,500 से अधिक स्टोर्स के ज़रिए 1.2 करोड़ वर्गफ़ुट की रिटेल स्पेस में 30,000 से ज़्यादा लोगों को रोज़गार दिया। 2019 में, महामारी से ठीक पहले, फ़्यूचर ग्रुप ने ₹30,524 करोड़ का राजस्व दर्ज किया था।

लेकिन इसके बाद हालात बिगड़ने लगे। जहाँ दूसरी भारतीय रिटेल कंपनियों ने छोटे क़र्ज़ों से दूरी बनाकर मुनाफ़े को दोबारा कारोबार में लगाया, वहीं बियानी ने तेज़ी से विस्तार और अलग-अलग क्षेत्रों में घुसने के लिए शॉर्ट-टर्म क़र्ज़ पर बहुत ज़्यादा निर्भरता बना ली। बड़ी कंपनियों से मिल रही कड़ी टक्कर, ख़ुद की आक्रामक उधारी की नीति और फिर कोरोना महामारी–इन सबके चलते फ़्यूचर ग्रुप लड़खड़ा गया। बिक्री गिर

गई, बैंक अपना पैसा वापस माँगने लगे, विदेशी निवेश पूरी तरह से थम गया और बिग बाज़ार को अपने स्टोर बंद करने पड़े।

कई साल बाद, एक पॉडकास्ट पर गेस्ट के तौर पर अपने अनुभव साझा करते हुए बियानी ने अफ़सोस ज़ाहिर किया कि उस समय की एफ़डीआई नीतियाँ उन्हें उतना विदेशी पूँजी लाने की इजाज़त नहीं देती थीं, जितनी वह लाना चाहते थे। जब कोविड-19 महामारी आई, तो उन्हें लगभग ₹7,000 करोड़ का नुक़सान हुआ–जिससे उबरना लगभग नामुमकिन था। पूरा कारोबार बैंक क़र्ज़ पर चल रहा था, और वो पहले ही एक मुश्किल स्थिति में थे। बियानी ने कहा, "फिर हमने तय किया कि अब कोई और रास्ता नहीं है–समझौता करना होगा और कारोबार बेचना पड़ेगा।"

बिग बाज़ार को सबसे बड़ा झटका क़र्ज़ (Debt) ने ही दिया, लेकिन कई सालों तक यही क़र्ज़ उसका सबसे प्रभावशाली हथियार भी रहा, जिसने उसे ऊँचाइयों तक पहुँचाया। थोड़ा उलझा लग रहा है–है ना? आइए, इसे समझने की कोशिश करते हैं।

क़र्ज़: एक दोधारी तलवार

1957 में, भारत के एक दूर-दराज़ गाँव में एक सिंचाई नहर के पूरा होने का जश्न मनाया जा रहा था, जो समृद्धि की उम्मीद का प्रतीक था। गाँव की सम्मानित मातृ-शक्ति राधा को इसका उद्घाटन करने के लिए बुलाया गया। इस ख़ास मौक़े पर उन्होंने अपने अतीत को याद किया–श्यामू से उनका भव्य विवाह, जो लोभी महाजन सुखीलाल से लिए गए 500 रुपये के क़र्ज़ से हुआ था। उसकी बेरहम शर्तों और लालच ने इस युवा जोड़े को अपनी ज़्यादातर फसल गिरवी रखने पर मजबूर कर दिया और भारी क़र्ज़ के बोझ तले दबा दिया। महबूब ख़ान की प्रसिद्ध फ़िल्म *मदर इंडिया* (1957) में सुखीलाल की शोषणकारी प्रवृत्ति भारतीय सिनेमा में क़र्ज़ के भयावह असर को दिखाने वाली सबसे प्रभावशाली छवियों में से एक है।

दशकों तक, क़र्ज़ भारतीय सिनेमा में दुख और संघर्ष का स्थायी विषय रहा–ख़ासतौर पर 90 के दशक तक। हमने परदे पर सब कुछ देखा–घरों की नीलामी, गाड़ियों की ज़ब्ती और कारोबारों का बर्बाद होना–सब कुछ इस एक '*क़र्ज़*' नाम की बला की वजह से। एक तरह से आज भी हम क़र्ज़ को कुछ ऐसा ही मानते हैं।

क़र्ज़ आपकी आमदनी से हर महीने होने वाला एक ऐसा ख़र्च है, जो अपने साथ दो अनचाहे मेहमान लेकर आता है: पहला है ब्याज, जो अक्सर बहुत ज़्यादा होता है। दूसरा है ऋण समझौते में छुपा हुआ टाइम बम–यानी चुकाने की निश्चित तारीख़।

क़र्ज़ उस छेद वाली बाल्टी की तरह है, जो हर महीने आपकी कमाई को धीरे-धीरे ख़ाली करती है; ईएमआई ऐसी तलवार की तरह होती है, जो हर वक़्त आपके सिर पर लटकती रहती है। जो भी पैसा आप इस रिसाव को भरने में लगाते हैं, वह आपकी बचत में नहीं जुड़ पाता। और अगर इसी बीच ज़िंदगी कोई मुश्किल मोड़ ले ले, तो यह आपके मानसिक तनाव को बढ़ा सकता है और आपके जीवन के स्तर को भी गिरा सकता है।

क़र्ज़ के गड्ढे पर दौलत का पहाड़ नहीं खड़ा किया जा सकता। अगर आप बार-बार क़र्ज़ लेकर अपनी ज़िंदगी चलाते रहेंगे, तो ख़ुद को हमेशा उस गड्ढे को भरने की कोशिश में ही पाएँगे। अब जब क़र्ज़ पाना पहले से भी आसान हो गया है, तो उस तरह की ज़िंदगी की चाह रखना आसान हो गया है, जो आपकी मौजूदा आमदनी से मेल नहीं खाती, लेकिन अगर आप उस रास्ते पर चल पड़े, तो यह आपको और गहरे क़र्ज़ में धकेल देगा। सच तो यह है कि अगर आप यह सब सिर्फ़ दूसरों को दिखाने के लिए कर रहे हैं, तो इसमें कोई शान नहीं–ख़ासतौर पर तब जब इसकी क़ीमत आपकी अपनी आर्थिक सेहत से चुकानी पड़े।

आज भारत में हर दस में से सात आईफ़ोन (iPhone) ईएमआई पर ख़रीदे जाते हैं। जैसा कि महान अमेरिकी हास्य लेखक विल रोजर्स ने कहा था –

"कई लोग वो पैसा ख़र्च कर देते हैं, जो उन्होंने अभी कमाया भी नहीं, उन चीज़ों को ख़रीदने के लिए जो उन्हें चाहिए भी नहीं, ताकि उन्हें प्रभावित कर सकें, जिन्हें वे पसंद भी नहीं करते।"

रोजर्स की सुनिए–उन लोगों में से एक मत बनिए।

अच्छा क़र्ज़ और बुरा क़र्ज़

तो क्या हमने आपको डरा दिया? सच में डरा ही दिया? बेशक, हमारा इरादा डराना नहीं था–हम तो बस आपको जागरूक और समझदार बनाना चाहते हैं। अब जब आप क़र्ज़ के ख़तरों को समझ चुके हैं, तो थोड़ी राहत की साँस ले सकते हैं, लेकिन अब कहानी में एक मोड़ आता है: हर क़र्ज़ बुरा नहीं होता!

अच्छा क़र्ज़ (जी हाँ, क़र्ज़ अच्छा भी होता है) आपके जीवन में विकास का ज़रिया बन सकता है। ऐसा क़र्ज़ आमतौर पर उन चीज़ों के लिए लिया जाता है, जिनकी क़ीमत समय के साथ बढ़ सकती है या जिनसे आपको आगे चलकर कमाई हो सकती है। जैसे, अगर आप ऐसा घर ख़रीदने के लिए लोन लेते हैं, जिसकी क़ीमत समय के साथ बढ़ेगी और जो आपको स्थिर रहने की जगह भी देगा, तो वह अच्छा क़र्ज़ कहलाएगा। ऐसे क़र्ज़ पर टैक्स में भी कुछ राहत मिलती है।

इसी तरह, अगर आप एक मुनाफ़े वाला बिज़नेस शुरू करने या उसे आगे बढ़ाने के लिए लोन या क़र्ज़ लेते हैं, तो वह भी अच्छा क़र्ज़ है–बस इतना ध्यान रखें कि आपकी पूँजी पूरी तरह से क़र्ज़ पर ही न टिकी हो। उच्च शिक्षा में निवेश करना–जैसे कि एमबीए करना–जो भविष्य में आपकी कमाई की क्षमता बढ़ा सकता है, वह भी अच्छा क़र्ज़ माना जाता है।

अच्छा क़र्ज़ आमतौर पर आपकी ज़रूरतों (Needs) को पूरा करने के लिए होता है और ऐसी ख़रीद या निवेश से जुड़ा होता है जो आपको लंबे समय में विकास और आर्थिक सुरक्षा दे सके।

बुरा क़र्ज़ आमतौर पर आपकी चाहतों (Wants) के लिए लिया जाता है। क्रेडिट कार्ड का बक़ाया सिर्फ़ 'न्यूनतम भुगतान' करके चुकाना, विदेश यात्रा या महँगे इलेक्ट्रॉनिक उपकरणों के लिए पर्सनल लोन लेना– ये सब बुरे क़र्ज़ की श्रेणी में आते हैं।

अच्छे और बुरे क़र्ज़ के बीच अंतर समझना, आपकी व्यक्तिगत वित्तीय समझ को मज़बूत करने के लिए बेहद ज़रूरी है।

रेट ढाँचा (RATE Framework)

यह एक आसान ढाँचा है, जो आपको अच्छे और बुरे क़र्ज़ के बीच फ़र्क़ करने में मदद करेगा:

- **R (ब्याज दर - Rate of Interest):** इसे क़र्ज़ की 'क़ीमत' समझिए। ब्याज जितना कम, सौदा उतना ही बेहतर। होम लोन और एजुकेशन लोन अक्सर कम ब्याज दरों पर मिलते हैं।
- **A (मूल्यवृद्धि की संभावना - Appreciation Potential):** अगर आप जिस चीज़ के लिए क़र्ज़ ले रहे हैं, उसका मूल्य समय के साथ बढ़ने वाला है, तो वो एक समझदारी भरा निवेश है। जैसे– वाणिज्यिक संपत्ति ख़रीदना। वहीं, एक महँगी कार लेना, जो शोरूम से निकलते ही अपनी क़ीमत खोने लगे, समझदारी नहीं है।
- **T (भुगतान की अवधि - Term of Repayment):** जितनी जल्दी आप क़र्ज़ चुका देंगे, उतना ही कम ब्याज आपको देना होगा। कम अवधि वाले क़र्ज़ शुरू में थोड़े भारी लग सकते हैं, लेकिन लंबे समय में बहुत पैसा बचाते हैं।
- **E (कमाई की संभावना - Earnings Potential):** अगर क़र्ज़ से आपकी कमाई बढ़ने वाली है, तो वह समझदारी भरा क़दम है, जैसे–काम के लिए ज़रूरी लैपटॉप के लिए लोन लेना। लेकिन सिर्फ़ बड़ी स्क्रीन वाला नया फ़ोन लेने के लिए ईएमआई पर जाना? उतना समझदारी भरा नहीं।

अगर आप किसी भी क़र्ज़ को लेने से पहले इन चार पहलुओं को ध्यान में रखें, तो आप इसे समझदारी से सँभाल सकते हैं। **याद रखिए: सबसे अच्छा क़र्ज़ भी आपके लिए मुसीबत बन सकता है अगर आप उस पर नियंत्रण नहीं रखते। अपने क़र्ज़ को अपनी आमदनी के साथ संतुलित करें, तयशुदा बजट पर टिके रहें और अपनी वित्तीय स्थिति को मज़बूती से सँभालें।** अब जब आपने अच्छे और बुरे क़र्ज़ के बीच का फ़र्क़ समझ लिया है, तो अगला क़दम है यह जानना कि क्या आप कोई क़र्ज़ लेने की स्थिति में हैं–भले ही वह अच्छा क़र्ज़ ही क्यों न हो।

क़र्ज़ वहन करने का ढाँचा

क़र्ज़ वहन करने का ढाँचा आपके लिए एक निजी मापदंड है, जिससे आप यह तय कर सकते हैं कि क्या आप क़र्ज़ को बिना अपनी वित्तीय स्थिति बिगाड़े सँभाल सकते हैं। दुर्भाग्यवश, इसके लिए कोई एक तय फ़ॉर्मूला या मापदंड नहीं है, लेकिन कुछ ज़रूरी संकेतक और अनुपात ज़रूर हैं, जो यह संकेत दे सकते हैं कि कोई क़र्ज़ आपकी योजना में अड़चन डाल सकता है। ऐसा ही एक टूल है–30:3:6 क़र्ज़ वहन करने का ढाँचा। इसमें तीन बातें शामिल हैं:

- **क़र्ज़ बनाम आय अनुपात** (Debt-to-Income Ratio): आपकी ईएमआई आपकी मासिक आय के 30 प्रतिशत से कम होनी चाहिए। अगर आपकी सैलरी का एक-तिहाई हिस्सा क़र्ज़ चुकाने में जा रहा है, तो अब ब्रेक लगाने का समय है।
- **कुल क़र्ज़:** आपका कुल क़र्ज़ आपकी वार्षिक आय से तीन गुना से ज़्यादा नहीं होना चाहिए। अगर यह आँकड़ा इससे ऊपर चला जाए, तो यह आपकी आर्थिक स्थिति को मुश्किल में डाल सकता है।
- **आपातकालीन निधि:** आपको आपातकाल के लिए इतनी राशि अलग रखनी चाहिए, जिससे कम से कम 6 महीनों की ईएमआई

चुकाई जा सके। अगर आपके पास क़र्ज़ से उबरने की कोई बचाव योजना नहीं है, तो नया क़र्ज़ लेना ठीक नहीं होगा।

बड़े क़र्ज़ जैसे होम लोन के लिए, एक बीमा पॉलिसी ज़रूर लें। अगर ज़िंदगी में कोई अनचाहा मोड़ आ जाए, तो आपका परिवार क़र्ज़ के चक्रव्यूह में फँसने से बच सकता है।

लेकिन क़र्ज़ वहन करने की क्षमता होने का यह मतलब नहीं है कि संस्थागत ऋणदाता आपको क़र्ज़ देने के लिए तैयार होंगे। क्या आपने कभी क़र्ज़ के लिए आवेदन किया है और पाया है कि आपका आवेदन अस्वीकृत हो गया? अगर हाँ, तो इसका कारण आपका क्रेडिट स्कोर हो सकता है।

आपका क्रेडिट स्कोर और उसे बेहतर कैसे करें

शार्क टैंक इंडिया के एक एपिसोड में, द सिनेमन किचन की प्रियशा सलूजा ने अपने ग्लूटन-फ्री उत्पादों के व्यवसाय के लिए निवेश जुटाने की प्रस्तुति दी। जैसे ही 'शार्क' अमन गुप्ता (boAt के सह-संस्थापक) इस सौदे से पीछे हटने ही वाले थे, प्रियशा ने अपना शानदार क्रेडिट स्कोर बताया: 838! और सोचिए क्या हुआ? उन्हें निवेश मिल गया!

जो भी युवा उद्यमी यह पढ़ रहे हैं, उन्हें यह बात ज़रूर समझनी चाहिए: एक अच्छा क्रेडिट स्कोर न केवल सही क़र्ज़ तक पहुँच दिला सकता है, बल्कि आपके व्यवसाय में निवेशकों को भी आकर्षित कर सकता है। अगर आप अपने स्कोर को अच्छे स्तर पर बनाए रखें, तो क्या पता किसी आने वाले सीज़न में मैं ही आपको आपके सपनों की डील सौंप दूँ!

क्रेडिट स्कोर क्या होता है?

आपका क्रेडिट स्कोर एक ऐसा अंक होता है, जो यह दर्शाता है कि आपने अब तक अपने पैसों और क़र्ज़ का प्रबंधन कितना ज़िम्मेदारी से किया

है–आपने समय पर **ईएमआई** चुकाई या नहीं, क्रेडिट कार्ड के बिल सही समय पर भरे या नहीं और आपने कितनी बार इनका उपयोग किया। यह जानकारी क्रेडिट ब्यूरो द्वारा तैयार की गई रिपोर्ट पर आधारित होती है और आपका स्कोर जितना ऊँचा होता है, उधार देने वालों की नज़र में आप उतने ही विश्वसनीय माने जाते हैं। इसे ऐसे समझिए जैसे आपने वित्तीय ज़िम्मेदारी में A+ ग्रेड हासिल कर लिया हो–जिससे बैंक और अन्य संस्थाएँ आपको आसानी से क़र्ज़ देने के लिए तैयार हो जाती हैं।

भारत में सबसे लोकप्रिय क्रेडिट स्कोर सिबिल स्कोर होता है, जो 300 से 900 के बीच होता है। इसके आधार पर व्यक्ति की स्थिति 'कमज़ोर' से लेकर 'उत्कृष्ट' तक मानी जाती है।

सिबिल स्कोर श्रेणियाँ	रेटिंग
300–499	कमज़ोर
500–649	औसत
650–749	अच्छा
750–900	उत्कृष्ट

आपके क़र्ज़ लेने और उसे चुकाने की आदतें आपके स्कोर को तय करने में अहम भूमिका निभाती हैं। कुछ अच्छी आदतें, जिनसे आप अपना स्कोर सुधार सकते हैं और अपना क़र्ज़ आवेदन आसानी से मंज़ूर करवा सकते हैं:

- क़र्ज़ और क्रेडिट कार्ड के बिल समय पर चुकाना।
- क्रेडिट सीमा के मुक़ाबले कम उपयोग करना।
- समय पर भुगतान का लंबा और भरोसेमंद रिकॉर्ड बनाना।
- क्रेडिट के अलग-अलग प्रकार (जैसे क्रेडिट कार्ड, कार लोन आदि) का संतुलित उपयोग करना, हालाँकि बहुत जल्दी-

जल्दी नए क़र्ज़ लेना स्कोर को थोड़े समय के लिए प्रभावित कर सकता है।

मूलमंत्र: *अपने क्रेडिट स्कोर को 750–900 की श्रेणी में बनाए रखें।*

अगर आप अपने बीसवें सालों (Twenties) में क्रेडिट कार्ड के बिल समय पर न भरने की बचकानी ग़लती कर चुके हैं, तो क्या किया जाए? अगर आपने उस महँगी कार की कई ईएमआई अब तक नहीं चुकाई है? तो यह साफ़ संकेत हैं कि आप अनजाने में **आर्थिक चक्रव्यूह** में फँस चुके हैं, लेकिन चिंता न करें–इससे बाहर निकलने का रास्ता भी है।

क़र्ज़ के चक्रव्यूह से बाहर कैसे निकलें

महाभारत में चक्रव्यूह एक ऐसा जटिल और घेराव वाला युद्ध-क्रम था, जिसमें जो एक बार दाख़िल हो जाए, वह फँस जाता था, लेकिन अर्जुन जैसे अनुभवी योद्धा उसे तोड़कर बाहर निकलने का तरीक़ा जानते थे। ठीक वैसे ही, आप भी सही समझ और योजना से इस आर्थिक चक्रव्यूह से बाहर निकल सकते हैं।

सबसे पहले, अपने सभी क़र्ज़ों पर एक नज़र डालें–क्रेडिट कार्ड बिल, पर्सनल लोन, एजुकेशन लोन, जो भी है, सबको जोड़कर देखें कि कुल कितना बक़ाया है, फिर, हर क़र्ज़ पर लगने वाली ब्याज दर देखें और जिन पर ब्याज सबसे ज़्यादा है, उन्हें पहले चुकाने पर ध्यान दें–यही सबसे ख़तरनाक होते हैं।

इसके बाद, हर ख़र्च का हिसाब रखने की योजना बनाएँ। इससे आपको पता चलेगा कि कहाँ-कहाँ कटौती की जा सकती है। क्या रोज़

की कॉफ़ी कुछ समय के लिए छोड़ी जा सकती है? फिर तय करें कि हर महीने कितनी राशि आप क़र्ज़ चुकाने में लगा सकते हैं। आप या तो सबसे ज़्यादा ब्याज वाले क़र्ज़ से शुरुआत करें, या सबसे छोटे क़र्ज़ से ताकि मनोबल बना रहे–दोनों ही तरीक़े असरदार हैं।

अगर अलग-अलग क़र्ज़ों को सँभालते हुए आपका सिर घूमने लगता है, तो उन्हें एकसाथ जोड़कर एक ऐसे लोन में समाहित करें, जिसकी ब्याज दर कम हो। अक्सर पर्सनल लोन की ब्याज दर क्रेडिट कार्ड के मुक़ाबले कम होती है, इसलिए आप क्रेडिट कार्ड का पूरा बक़ाया चुकाने के लिए पर्सनल लोन ले सकते हैं, फिर उस क्रेडिट कार्ड को कैंची से काट दें *(इस क़दम को बिलकुल न छोड़ें)* और अब केवल पर्सनल लोन चुकाने पर ध्यान दें।

जब आप अंततः सही रास्ते पर लौट आएँ, तो अपने बजट पर टिके रहें और नया क़र्ज़ लेने से बचें। आप जितना ज़्यादा सोच-समझकर पैसे ख़र्च करेंगे, अपनी आर्थिक स्थिति को उतना ही बेहतर ढंग से सँभाल पाएँगे। चलते रहिए और जल्दी ही आप आर्थिक रूप से मज़बूत ज़मीन पर खड़े होंगे।

याद रखिए, क़र्ज़ बुरा नहीं है–अगर वह आपके नियंत्रण में हो। जैसे जिम में आपको उतना ही वज़न उठाना चाहिए, जितना आप सँभाल सकें, उससे ज़्यादा उठाने की कोशिश में चोट लग सकती है। उसी तरह, ऐसा क़र्ज़, जिसे चुकाने की आपकी क्षमता न हो, आपको क़र्ज़ के चक्रव्यूह में फँसा सकता है। और वहाँ से बाहर निकलने में समय, अनुशासन और मेहनत लगती है, लेकिन सही सोच और तरीक़े से यह मुमकिन है। हर छोटी जीत का जश्न मनाना ज़रूरी है और उसी से आपको प्रेरणा मिलती है। और जब आप समय पर भुगतान करने लगें, तो वह लैटे (कॉफ़ी) मँगवाइए–एक मेरे लिए भी!

मुख्य सीख (Key Learnings)

- क़र्ज़ दो प्रकार के होते हैं–अच्छा क़र्ज़ और बुरा क़र्ज़। अच्छा क़र्ज़ आपकी ज़रूरतों को पूरा करता है, जबकि बुरा क़र्ज़ आपकी चाहतों के लिए होता है।
- अच्छे और बुरे क़र्ज़ का मूल्यांकन करने के लिए RATE फ्रेमवर्क का उपयोग करें।
- क़र्ज़ उठाने से पहले 30:3:6 क़र्ज़ क्षमता फ्रेमवर्क अपनाएँ।
- क़र्ज़ के जाल में फँसने से पूरी तरह बचें।
- अगर आप पहले से ही क़र्ज़ के जाल में फँसे हैं, तो ख़र्च करने की आदतें सुधारना ही बाहर निकलने का रास्ता है।

5

जोखिम

ग़लत साइड की टिकट न ख़रीदें

क्या आपने ध्यान दिया है कि विमान में बैठने से पहले आपके बोर्डिंग पास की कई बार जाँच होती है? एक बार सुरक्षा जाँच के समय, फिर प्रस्थान द्वार (बोर्डिंग गेट) पर–जहाँ पहले प्रवेश के समय और फिर एक बार विमान में चढ़ने से ठीक पहले दो बार और जाँच होती है। हमें यह सब कभी-कभी परेशान करने वाला ज़रूर लग सकता है, लेकिन इन सख़्त सुरक्षा प्रक्रियाओं की वजह से ही आज हम आसमान में सुरक्षित हैं।

हवाई यात्रा आज जितनी सुरक्षित है, पहले कभी नहीं थी। 1970 के दशक में हर दस लाख उड़ानों पर लगभग 4.2 विमान दुर्घटनाग्रस्त होते थे, लेकिन अब यह आँकड़ा घटकर सिर्फ़ 0.13 रह गया है, यानी लगभग 97% की गिरावट! आज, हवाई यात्रा करना सबसे सुरक्षित बातों में से एक माना जाता है। उड़ान के दौरान आपकी मौत की आशंका बेहद कम 1.1 करोड़ में सिर्फ़ 1 होती है। तुलना के लिए कहें, तो आपके ऊपर बिजली गिरने की आशंका विमान दुर्घटना में मरने की तुलना में ज़्यादा है।

तो फिर ऐसा क्या बदला, जिसने हवाई यात्रा को इतना सुरक्षित बना दिया? आपने बिलकुल ठीक सोचा– यही 'परेशानी पैदा करने वाली सुरक्षा जाँच प्रक्रियाएँ' इसकी सबसे बड़ी वजह रही हैं। समय के साथ ये नियम और भी बेहतर और सख़्त होते गए हैं।

लेकिन इतने कड़े सुरक्षा इंतज़ामों और शानदार आँकड़ों के बावजूद, कुछ लोग आज भी हवाई यात्रा से डरते हैं, पर आज के समय में हवाई यात्रा करना लगभग अनिवार्य-सा हो गया है। कम से कम एक बार तो हर किसी को करना ही पड़ता है। यह एक सुविधाजनक और आवश्यक यात्रा साधन बन चुका है। इसलिए बेहतर होगा कि हम अपने डर को समझें और उसे पार करें, क्योंकि अब हवाई यात्रा हमारे जीवन का हिस्सा बन चुकी है और आगे भी बनी रहेगी।

इसी तरह कुछ लोग निवेश से भी डरते हैं, सिर्फ़ इसलिए कि उन्हें जोखिम को लेकर एक अस्पष्ट-सा डर सताता है, लेकिन जैसे हवाई यात्रा आज के दौर में एक अनिवार्य साधन बन चुकी है–बिना जिसके दुनिया की रफ़्तार थम जाए–वैसे ही निवेश करना भी अब एक ज़रूरी जीवन-कौशल बन गया है।

इस डर से पार पाने का एकमात्र प्रभावी तरीक़ा है–जोखिम को समझना और उसे सँभालना सीखना।

जोखिम, सरल शब्दों में कहें तो, आपके पैसे खोने की संभावना के आगे खड़ा एक बड़ा प्रश्नचिह्न है। यह निवेश के खेल का एक अनिवार्य हिस्सा है, लेकिन अगर आप इसे सही तरीक़े से समझ लें, तो आप अपने कौशल का इस्तेमाल करके बेहतर लाभ भी कमा सकते हैं!

रोमांचक या डरावना? चुनाव आपका है

मनोरंजन पार्क की सवारी एकदम धीमी और हल्के झूले से शुरू होकर ज़ोरदार रोलरकोस्टर के तीखी मोड़ों और ख़तरनाक ढलानों तक क्यों जाती है? ताकि जो भी पार्क आए, वह वहाँ अच्छा समय बिता पाए।

मनोरंजन पार्क बनाने वाले जानते हैं कि 'अच्छा समय बिताना' हर किसी के लिए अलग-अलग मायने रखता है। इसलिए वहाँ हर तरह की राइड्स होती हैं, ताकि हर कोई अपने हिसाब से आनंद ले सके, लेकिन टिकट ख़रीद लेने के बाद, अपने अनुभव को कैसे डिज़ाइन करना है–ये पूरी तरह आपके हाथ में होता है।

आप चाहें तो कैरसेल (Carousel) जैसी धीमी और सुरक्षित राइड चुन सकते हैं–कम जोखिम, लेकिन कम रोमांच भी या फिर रोलरकोस्टर राइड का चुनाव कर सकते हैं–थोड़ी जोखिम भरी, थोड़ी चक्कर देने वाली, लेकिन ज़्यादा रोमांचक। इन दोनों के बीच एक और विकल्प होता है–फ़ेरिस व्हील–न ज़्यादा तेज़, न ज़्यादा धीमा–एक संतुलित अनुभव। कौन सी राइड चुननी है, यह पूरी तरह आपकी पसंद और सहजता पर निर्भर करता है।

ठीक यही सोच निवेश पर भी लागू होती है।

निवेश में आपको उतना ही जोखिम उठाना चाहिए, जितना आप सहजता से झेल सकें। सही मात्रा में जोखिम लेने से आप अपने लक्ष्य भी हासिल कर पाएँगे और चैन की नींद भी सो पाएँगे। दरअसल, समझदारी से पैसा सँभालने का मतलब है–सोच-समझकर जोखिम लेना।

जोखिम और रिटर्न के बीच का तालमेल यही है कि ज़्यादा लाभ पाने के लिए अक्सर ज़्यादा जोखिम उठाना पड़ता है, लेकिन जैसे मनोरंजन पार्क की हर राइड में कुछ न कुछ अनपेक्षित हो सकता है, वैसे ही हर निवेश में भी अनिश्चितताएँ होती हैं। हर उच्च जोखिम वाला निवेश ज़रूरी नहीं कि आपको ज़बरदस्त रिटर्न ही दे, और कई बार कम जोखिम वाले निवेश (धीमी राइड) भी उम्मीद से बेहतर प्रदर्शन कर सकते हैं।

वित्तीय भाषा में इसे 'जोखिम-समायोजित रिटर्न' (Risk-adjusted Returns) कहा जाता है। उदाहरण के लिए, अगर दो निवेश विकल्प आपको 10 प्रतिशत रिटर्न दे रहे हों, लेकिन उनमें से एक में जोखिम बहुत ज़्यादा हो और दूसरा अपेक्षाकृत सुरक्षित हो, तो दूसरा विकल्प बेहतर माना जाएगा।

और अच्छी बात यह है कि निवेश की दुनिया में ऐसे कई कारक होते हैं, जिनकी मदद से हम पहले से ही इन जोखिमों को पहचान सकते हैं।

__मूलमंत्र:__ जोखिम आग की तरह होता है–नियंत्रित हो, तो खाना पका सकता है, लेकिन अगर बेक़ाबू हो जाए, तो आपका घर जला सकता है। इसलिए इसे समझदारी से सँभालना ज़रूरी है।

निवेश में जोखिम के अलग-अलग प्रकार

जैसे मनोरंजन पार्क में अलग-अलग राइड्स हमें अलग-अलग वजहों से डराती हैं, वैसे ही निवेश में भी जोखिम एक समान नहीं होता। अक्सर हम जोखिम को एक ही तरह से देखने की भूल कर बैठते हैं, लेकिन ऐसा नहीं है। जोखिम के कई स्तर होते हैं और यह जानना ज़रूरी है कि हमें डर किस वजह से लगता है–क्या राइड बहुत तेज़ चलती है? बहुत ऊँचाई तक जाती है? या अँधेरी, सँकरी सुरंगों से होकर गुज़रती है?

मेरे लिए, तेज़ राइड्स उतनी डरावनी नहीं होतीं, जितनी ऊँचाई वाली। इसलिए मैं वही राइड चुनती हूँ, जिसमें मुझे अच्छा महसूस हो। इसी तरह, जब आप हर निवेश विकल्प में छिपे जोखिमों को पहचानना और विश्लेषण करना शुरू करते हैं, तो आपको बेहतर समझ आने लगती है कि किनसे दूर रहना है।

क्या आपने कभी किसी को यह कहते सुना है कि उन्हें अचानक पैसों की ज़रूरत पड़ी और प्रॉपर्टी बेचने में मुश्किल हो रही है? मैंने अपने तीन जानने वालों को इस स्थिति से जूझते देखा है। उनके पास बहुत सी रियल एस्टेट थी, लेकिन जब अचानक नक़दी की ज़रूरत पड़ी, तो वे मुश्किल में पड़ गए।

एक मामले में, किराएदार घर ख़ाली करने को तैयार नहीं हुए। दूसरे में, उस इलाक़े में बार-बार बाढ़ आने के कारण प्रॉपर्टी की क़ीमतें गिर चुकी थीं, जिससे उचित दाम पर बेच पाना मुश्किल हो गया। और तीसरे मामले में, ख़रीदार ज़्यादातर भुगतान नक़द में करना चाहता था।

जैसे प्रॉपर्टी, मशहूर कलाकारों की कलाकृतियाँ या फिर कॉरपोरेट फ़िक्स्ड डिपॉज़िट्स जो तय समय के लिए होते हैं–ये सभी संपत्तियाँ क़ीमती हो सकती हैं, लेकिन ज़रूरी नहीं कि इन्हें ज़रूरत पड़ने पर आसानी से नक़दी में बदला जा सके। ऐसे मामलों में जो जोखिम होता है, उसे **अ-तरलता का जोखिम (Illiquidity Risk)** कहा जाता है।

सोचिए आपने किसी ऐसी कंपनी में निवेश किया, जो ऊपर से तो काफ़ी सफल दिख रही थी, लेकिन बाद में पता चला कि वह अपने वित्तीय आँकड़े ग़लत तरीक़े से दिखा रही थी। ऐसी स्थिति में आपका पूरा निवेश ख़तरे में पड़ सकता है। उदाहरण के लिए, 2016 में गेनबिटकॉइन (GainBitcoin) भारत में काफ़ी मशहूर हुआ। इस स्कीम ने बिटकॉइन निवेश पर हर महीने 10 प्रतिशत रिटर्न देने का वायदा किया और दो साल तक हज़ारों निवेशकों को आकर्षित किया, लेकिन 2018 में इसका सच सामने आया और यह एक फ़र्जी निवेश योजना (Ponzi Scheme) निकली। इस घोटाले का कुल आकार लगभग ₹6,600 करोड़ आँका गया। अगर निवेशक **धोखाधड़ी के जोखिम** के प्रति सतर्क और जागरूक होते, तो शायद अपना पैसा बचा सकते थे।

एक और उदाहरण में मेरी एक दोस्त ने अमेरिका की यात्रा के लिए दो साल तक लगन से पैसे बचाए। उसने हर बात का हिसाब लगाकर अपनी योजनाएँ बनाई थीं और उसे पूरा विश्वास था कि उसकी बचत पर्याप्त है। उसके निवेश तीन साल में 6 प्रतिशत की दर से बढ़े और वह अपने सपनों की ट्रिप बुक करने के लिए तैयार थी, लेकिन महँगाई ने, जो चुपचाप उसकी बचत की दर से भी तेज़ी से बढ़ रही थी, उसकी सारी योजना बिगाड़ दी। तीन साल में उस यात्रा की लागत 50 प्रतिशत तक बढ़ चुकी थी! यानी कि 6 प्रतिशत रिटर्न होने के बावजूद, मूल्यवृद्धि (Inflation) ने उसकी क्रय शक्ति (Purchasing Power) को घटा दिया और अब उसके पास अपनी योजना पूरी करने के लिए पर्याप्त धन नहीं था। यही होता है **नकारात्मक वास्तविक रिटर्न** (Negative Real Return) का सच्चा असर।

निवेशों में उतार-चढ़ाव का जोखिम भी होता है। मान लीजिए, आपने किसी शेयर को 100 रुपये में ख़रीदा और अगले ही हफ़्ते उसका भाव 120 रुपये तक पहुँच गया। आपको अचानक हुए इस मुनाफ़े पर बहुत ख़ुशी होगी, लेकिन एक हफ़्ते बाद वही शेयर गिरकर 70 रुपये पर आ गया। अब आप इस अनपेक्षित घाटे को लेकर चिंतित हो सकते हैं, हालाँकि, यह समझना ज़रूरी है कि यह नुक़सान केवल काग़ज़ी (पेपर लॉस) है और जब तक आप इसे इस समय बेचने की कोशिश नहीं करते, तब तक यह आपको असल में नुक़सान नहीं पहुँचाता। एक अच्छा शेयर आमतौर पर ऐसे नुक़सानों से मध्यम या लंबी अवधि में उबर जाता है, बस धैर्य रखने की ज़रूरत होती है। आपके निवेशों में ऐसे उतार-चढ़ाव को **बाज़ार जोखिम** (Market Risk) कहा जाता है और ये अक्सर अस्थायी होते हैं।

इनमें से हर जोखिम हर निवेश पर लागू नहीं होता। जैसे एम्यूज़मेंट पार्क के हर झूले का अलग मज़ा और अलग डर होता है, वैसे ही हर निवेश साधन का अपना अलग जोखिम और रिटर्न का मेल होता है। इन जोखिमों के असर को कम करने के भी कई तरीक़े हैं। आने वाले अध्यायों में हम अलग-अलग निवेश श्रेणियों की बात करेंगे और उनके जोखिमों और संभावित रिटर्न का विश्लेषण करेंगे, ताकि आप अपने जीवन और पैसों के लिए सबसे उपयुक्त विकल्प चुन सकें।

जोखिम को कैसे सँभालें

जैसे विमानन क्षेत्र में उड़ान से पहले कई तरह की जाँचें की जाती हैं, ताकि जोखिमों को कम किया जा सके, वैसे ही निवेश में भी जोखिमों को सँभालने के तरीक़े होते हैं। इसका मतलब यह नहीं कि जोखिम पूरी तरह ख़त्म हो जाते हैं, लेकिन आप इनके असर को अपने पैसों पर कम ज़रूर कर सकते हैं।

उदाहरण के लिए, कई कंपनियाँ यह सुनिश्चित करती हैं कि उनके सभी सीनियर लीडर्स एक ही उड़ान में सफ़र न करें, ताकि अगर

दुर्भाग्यवश कभी कोई दुर्घटना हो जाए, तो भी कंपनी का कामकाज पूरी तरह ठप न पड़े।

अब थोड़ा पीछे चलते हैं–साल 2008 में। अगर उस समय आपके पूरे पोर्टफ़ोलियो में सिर्फ़ इक्विटी (शेयरों) में ही निवेश होता, तो आपके लिए यह बहुत अप्रिय अनुभव साबित होता। उस साल वैश्विक मंदी ने निवेशकों के पोर्टफ़ोलियो का औसतन 52 प्रतिशत हिस्सा गिरा दिया था!

लेकिन सोचिए, अगर आपने अपने निवेश को थोड़ी समझदारी से बाँटा होता, जैसे 60 प्रतिशत इक्विटी में, 20 प्रतिशत डेट इंस्ट्रूमेंट्स (ऋण साधनों) में और 20 प्रतिशत सोने में, तो आपके पैसों का क्या हाल होता? यहाँ नीचे दो विकल्प दिए गए हैं:

विकल्प 1

एसेट	2008 में रिटर्न (%)	पोर्टफ़ोलियो में हिस्सा (%)
इक्विटी	-52	60
डेट	8.80	20
गोल्ड	16	20
कुल रिटर्न		-26%

विकल्प 2

एसेट	2008 में रिटर्न (%)	पोर्टफ़ोलियो में हिस्सा (%)
इक्विटी	-52	100
डेट	8.80	0
गोल्ड	16	0
कुल रिटर्न		-52%

जैसा कि आप देख सकते हैं, विकल्प 1 को चुनना साफ़ तौर पर ज़्यादा समझदारी भरा फ़ैसला था–आपने अपनी पूरी पूँजी एक ही जगह नहीं लगाई। इस रणनीति को विविधता (Diversification) कहते हैं, और 2008 में यह रणनीति आपके बड़े नुक़सान को टाल सकती थी–आपकी हानि 52 प्रतिशत की जगह सिर्फ़ 24 प्रतिशत तक सीमित रह जाती।

विविधता के अलावा एक और महत्त्वपूर्ण बात यह है कि ज़रूरत पड़ने पर आप अपनी पूँजी आसानी से निकाल सकें। मेरे एक अंकल

2010 से अपनी बेटी की पढ़ाई के लिए निवेश कर रहे थे। 2019 तक उन्होंने 10 लाख रुपये की पूँजी जमा कर ली थी, लेकिन जैसे ही वे पैसे निकालने ही वाले थे, महामारी के कारण बाज़ार 38 प्रतिशत गिर गया और उनका निवेश घटकर 6.2 लाख रुपये रह गया, जो कि वाक़ई एक गंभीर संकट की स्थिति थी। क्या वे इससे बेहतर कर सकते थे?

यह वही जगह है, जहाँ **तरलता की योजना** (Liquidity Planning) काम आती। अगर उन्होंने 2020 के लक्ष्य से एक-दो साल पहले ही इक्विटी से पैसा निकालकर निश्चित आय वाले साधनों में लगा दिया होता, तो उनकी पूँजी बाज़ार के उतार-चढ़ाव से ज़्यादा सुरक्षित रहती और ज़रूरत पड़ने पर वे अपनी राशि तक तुरंत पहुँच भी सकते थे।

अंत में, आइए समय के जादू की बात करें, जो ख़ासकर बाज़ार के उतार-चढ़ाव भरे समय में आपका एक ताक़तवर साथी बन सकता है। जैसा कि पहले बताया गया है, लंबी अवधि में बाज़ार आमतौर पर छोटे-मोटे गिरावटों से उबर ही जाते हैं और यदि आप निवेश बनाए रखते हैं, तो इन उतार-चढ़ाव की लहरों पर सवार होकर आप बेहतर मुनाफ़े का लाभ उठा सकते हैं।

उदाहरण के तौर पर, अगर आपने शेयर बाज़ार में निवेश किया और उसे दस से बीस साल तक बनाए रखा, तो आप छोटी अवधि के उतार-चढ़ावों को पार करते हुए अपने निवेश को धीरे-धीरे बढ़ते हुए देख सकते हैं–जैसा कि आगे के अध्यायों में विस्तार से बताया गया है।

इससे पहले कि हम विभिन्न **निवेश वर्गों** (Asset Classes) की गहराई में जाएँ, एक बात याद रखें: अच्छी जोखिम प्रबंधन रणनीति का मतलब है–नुक़सान को सीमित रखते हुए अपने रिटर्न को अधिकतम करना।

मुख्य सीख (Key Learnings)

- यह समझें कि आपके निवेश विकल्पों से किस प्रकार का जोखिम जुड़ा हुआ है।
- केवल उतना ही जोखिम स्वीकार करें, जितना आप सहजता से सँभाल सकते हैं—और सीखें कि उसे कैसे प्रबंधित करें।
- अपने नुक़सान को कम करने के लिए निवेश को विविध बनाएँ (डाइवर्सिफ़ाई करें)।
- जहाँ तक संभव हो, अपने निवेश को लंबे समय तक बनाए रखें।

6

रिटर्न्स

ठीक-ठाक ही काफ़ी अच्छा होता है

एक बार मेरे सबसे प्रिय चाचा हमारे घर दोपहर के खाने पर आए। हमने उनके पसंदीदा पकवान बनाने में कोई कसर नहीं छोड़ी थी। वे हमेशा की तरह आए–वही चुटकुले सुनाते हुए, जिन्हें मैं बचपन से सुनती आ रही थी और जो अब भी मुझे उतने ही प्यारे लगते थे। जब हम सब मिलकर खाने की मेज़ पर बैठे, तो मेरे चाचा, जो हमेशा से सिर्फ़ **एफ़डी** में निवेश करते थे, ने एक नई बात का ज़िक्र छेड़ा।

"और हाँ," उन्होंने कहा, "मैंने अपनी **एफ़डी** से मिल रहे 7 प्रतिशत रिटर्न को छोड़कर म्यूचुअल फ़ंड्स में पैसा लगाया है–और अब मुझे पूरे 14 प्रतिशत का शानदार रिटर्न मिल रहा है। सोचो ज़रा, मेरे सारे वित्तीय लक्ष्य फिर से पटरी पर आ गए हैं!"

"अच्छी बात है," मेरे पापा ने शांत भाव से कहा। "मैं तो पिछले दो सालों से औसतन 43 प्रतिशत का रिटर्न कमा रहा हूँ।"

मेरे चाचा का काँटा हवा में ही थम गया। उसकी नोक पर लटका पनीर धीरे-धीरे फिसल रहा था और वह उसे एक टक देख रहे थे। ऐसा लग रहा था, जैसे अचानक उनकी भूख ही उड़ गई हो। उनका चेहरा उतरने लगा था। मुझे साफ़ दिख रहा था कि वह मन ही मन उन सारे मुनाफ़ों का हिसाब लगाने लगे थे, जो उनके हाथ से निकल चुके थे–सोच

रहे थे कि अगर उन्हें भी पापा जितना रिटर्न मिला होता, तो आज उनके पास कितनी दौलत होती। जो माहौल कुछ देर पहले तक हँसी-ख़ुशी से भरा था, वह अब सिर्फ़ एक आँकड़े के ज़िक्र से एकदम शांत हो गया।

"क्या? 43 प्रतिशत?!" चाचा बोले, "मेरे साथ तो धोखा हो गया!"

"एक सेकंड चाचा," मैंने कहा, "पालक पनीर गुलाब जामुन से बेहतर है?"

"*अरे बेटा*, इन दोनों की तुलना कैसे कर सकते हो? ये तो बिलकुल अलग-अलग तरह की चीज़ें हैं।"

"बिलकुल," मैंने कहा। "आपको 13–14 प्रतिशत का रिटर्न मिल रहा है–वो भी एक ऐसे पोर्टफ़ोलियो से जिसमें जोखिम कम है, क्योंकि आपने हाइब्रिड और डाइवर्सिफ़ाइड इक्विटी म्यूचुअल फ़ंड्स में निवेश किया है। वहीं पापा स्मॉल-कैप फ़ंड्स में निवेश कर रहे हैं, जहाँ जोखिम ज़्यादा है और मुनाफ़ा भी। आपके पोर्टफ़ोलियो की तुलना पापा के पोर्टफ़ोलियो से करना वैसा ही है, जैसे पालक पनीर की तुलना गुलाब जामुन से करना।"

मैंने किसी तरह चाचा को समझा-बुझाकर शांत तो कर दिया, लेकिन ये भावना बहुत आम है। कई बार लोग अपनी पसंद के निवेश साधनों से अच्छे-ख़ासे रिटर्न कमा लेते हैं, अपने लक्ष्य भी पूरे कर रहे होते हैं, लेकिन जैसे ही किसी और के ज़्यादा रिटर्न की बात सुनते हैं, उन्हें अचानक बेचैनी होने लगती है।

ये वाक़या मुझे फ़िल्म *थ्री इडियट्स* (2009) की एक सीन की याद दिला गया, जहाँ फ़रहान और राजू घबराते हुए नोटिस बोर्ड पर रिज़ल्ट देखने जाते हैं और लिस्ट में अपना नाम ढूँढते हैं। फ़रहान का चेहरा उतर जाता है, जब वह देखता है कि उसका नाम लिस्ट में नीचे है–वो बस पास हुआ है। राजू की हालत भी कुछ ऐसी ही है। दोनों को जब रणछोड़ यानी रैंचो का नाम आसपास नहीं दिखता, तो वे मान लेते हैं कि वो फेल हो गया, लेकिन जैसे ही उन्हें पता चलता है कि रैंचो तो क्लास में टॉप

कर गया है, उनका सारा ध्यान उसके लिए ख़ुशी महसूस करने की बजाय अपनी निराशा में डूब जाता है। *"दोस्त फेल हो जाए, तो दुख होता है, लेकिन दोस्त टॉप कर जाए तो और ज़्यादा दुख होता है।"*

क्या हम सभी ने अपने माता-पिता को अपने बच्चों की तुलना पड़ोसियों के बच्चों से करते नहीं देखा है? न जाने क्यों, *शर्मा जी के बेटे* की उपलब्धियाँ हमेशा सबसे ऊँचे पायदान पर रखी जाती हैं, लेकिन बात यह है कि आपकी निवेश योजना आपके निजी वित्तीय लक्ष्यों, जोखिम सहने की क्षमता और समय-सीमा से मेल खानी चाहिए–इसमें किसी दिखावे या प्रतियोगिता की कोई जगह नहीं होनी चाहिए। निवेश करते समय 'शर्माजी के बेटे' वाली तुलना के जाल से सावधान रहें!

कितना मिलेगा?

जब आप निवेश की दुनिया में क़दम रखते हैं, तो पहला सवाल जो आपके मन में आता है, वह अक्सर यही होता है – *'कितना मिलेगा?'* यानी, 'मेरे निवेश के बदले में मुझे कितना रिटर्न मिलेगा?'

यह सवाल स्वाभाविक तो है, लेकिन निवेश की शुरुआत करने के लिए यह सबसे उपयुक्त सवाल नहीं है। एक बेहतर सवाल होगा–'कितना चाहिए?' यानी, 'अपने लक्ष्य को पूरा करने के लिए मुझे कितना चाहिए?'

चलिए करण की बात करते हैं, जो एक घर ख़रीदना चाहता था– एक सपना, जो देश में बहुत से लोगों का होता है। करण अगले पाँच साल में डाउन पेमेंट के लिए 10 लाख रुपये इकट्ठा करना चाहता था। उसके पास पहले से ही 7.5 लाख रुपये थे और वह आत्मविश्वास से अपने लक्ष्य की ओर बढ़ रहा था।

एक दिन चाय पर करण ने अपनी योजना अपनी दोस्त नीना को बताई, जिसने तुरंत कुछ अनुमान लगाए।

"अगर सालाना महँगाई दर 5 प्रतिशत रही, तो तुम्हें पाँच साल बाद करीब 12.7 लाख रुपये चाहिए होंगे (10 लाख + 2.7 लाख महँगाई के

कारण),” नीना ने कहा। “और 7.5 लाख से उस लक्ष्य तक पहुँचने के लिए तुम्हें लगभग 11.21 प्रतिशत सालाना रिटर्न की ज़रूरत होगी।”

“तुम्हें ये कैसे पता चला?” करण ने पूछा।

नीना ने जो गणना की थी, उससे यह अनुमान लगाया गया था कि कितनी रिटर्न चाहिए होगी:

ज़रूरी रिटर्न = [(महँगाई के अनुसार समायोजित भविष्य की रक़म ÷ वर्तमान रक़म) * (1 ÷ वर्षों की संख्या)] – 1

अब बारी थी मज़ेदार हिस्से की।

“तो, तुम्हें कितने रिटर्न की ज़रूरत है?” नीना ने पूछा।

“क़रीब 12 प्रतिशत...” करण ने जवाब दिया।

“हाँ, और इतने रिटर्न तो कभी भी एफ़डी या डेट इंस्ट्रूमेंट्स से नहीं मिल सकते। तुम्हें ऐसे निवेश विकल्प चुनने होंगे, जो ज़्यादा रिटर्न दे सकें–जैसे इक्विटी या म्यूचुअल फ़ंड्स। अब बताओ, तुम्हारे पास कितना समय है?”

करण के पास अपना लक्ष्य पाने के लिए पाँच साल थे। इतने समय में वो इक्विटी में निवेश कर सकता था और मार्केट के छोटे-मोटे उतार-चढ़ाव झेल सकता था। अगर समय कम होता, तो ये रणनीति काम नहीं करती। अगर आप सोच रहे हैं कि इक्विटी में निवेश करके पाँच साल में औसतन 11–12 प्रतिशत सालाना रिटर्न मिल सकता है, तो जवाब है–हाँ, लेकिन थोड़ी सावधानी के साथ।

फिर नीना ने पूछा, “तुम कितना ड्रामा झेल सकते हो? ये मार्केट असल में रोज़ का एक जोखिम भरा खेल है।”

मार्केट स्वाभाविक रूप से अस्थिर होते हैं–आर्थिक घटनाओं और निवेशकों की भावनाओं पर तुरंत प्रतिक्रिया देते हैं, लेकिन जहाँ कम समय में रुझान अनिश्चित होते हैं, वहीं इतिहास बताता है कि लंबी अवधि में

मार्केट ऊपर ही जाते हैं। नीना ने करण को अच्छे से समझा दिया कि अगर वो ज़्यादा रिटर्न देने वाले निवेश साधनों को चुनेगा, तो उनके मूल्य में रोज़ बदलाव आएगा। कुछ लोगों की ऐसे उतार-चढ़ाव झेलने की क्षमता ज़्यादा होती है, कुछ की कम। करण पहले वाले समूह में आता था।

"मुझे लगता है, मैं इतना ड्रामा झेल सकता हूँ," उसने जवाब दिया।

"बहुत बढ़िया, क्योंकि मेरी पूँजी का 10% भी डूब जाए, तो मेरी रूह काँप जाती है।"

करण की समस्या का हल था–12% का रिटर्न, वो भी पाँच साल तक। यह इक्विटी या म्यूचुअल फ़ंड जैसे निवेश साधनों के ज़रिए संभव हो सकता था और साथ ही उसकी रिस्क सहने की क्षमता से मेल भी खाता था। क्या 20% रिटर्न पाने के लिए उसे अपनी पूँजी पर ज़्यादा जोखिम उठाना चाहिए था? उसके लक्ष्य को देखते हुए जवाब है–नहीं। इस स्थिति में, करण की रिटर्न की उम्मीद और समयावधि दोनों ही व्यावहारिक थीं, लेकिन अगर कोई कहे कि वह एक साल में अपनी पूँजी दोगुनी करना चाहता है? तो फिर उसे अपने लक्ष्य पर दोबारा सोचने की ज़रूरत है, क्योंकि ऐसा कोई वित्तीय साधन नहीं है, जो इतनी तेज़ी से पैसा बढ़ा दे। और अगर किसी तरह कोई ऐसा जादू मिल भी जाए, तो वह बहुत बड़े जोखिम या फिर धोखाधड़ी की ओर ले जा सकता है।

आपके मन में यह सवाल आ सकता है कि जब हम कह रहे हैं कि 12% रिटर्न व्यावहारिक है, तो फिर 30% क्यों नहीं? क्योंकि बहुत-से इन्वेस्टमेंट ऐप्स दिखाते हैं कि कुछ स्टॉक्स या म्यूचुअल फ़ंड्स ने पिछले कुछ सालों में 30–40% तक रिटर्न दिया है, लेकिन हर संपत्ति वर्ग (Asset Class) का एक वास्तविक दीर्घकालिक रिटर्न रेट होता है और एक समझदारी भरी समयावधि होती है, जिसके लिए उसमें निवेश किया जाना चाहिए। इक्विटी के मामले में यह दर होती है 10–12%।

और यह 12% के आसपास क्यों होती है? इसका जवाब शायद शुरू में मुश्किल लगे, लेकिन एक बार समझ आ जाए, तो इसकी सादगी

साफ़ दिखती है: यह आमतौर पर उस दर को दर्शाती है, जिस दर से अर्थव्यवस्था बढ़ती है और उसमें महँगाई की दर भी जुड़ी होती है।

यहाँ कुछ संपत्ति वर्ग (Asset Class) के अब तक के वास्तविक रिटर्न इस प्रकार रहे हैं:

समयावधि (Time Horizon)	संपत्ति वर्ग (Asset Class)	औसत रिटर्न (%) (Average Returns)	न्यूनतम रिटर्न (%) (Minimum Returns)	दिए गए समयावधि में नकारात्मक रिटर्न मिलने का जोखिम (Risk of Earning Negative Returns in the Given Time Horizon)
3 वर्ष तक	ऋण	6.94	2.26	कम
	इक्विटी	17.67	-9.02	अधिक
	सोना	12.52	-9.95	अधिक
5 वर्ष तक	ऋण	7.20	3.22	कम
	इक्विटी	16.66	-1.40	मध्यम
	सोना	12.48	-2.98	मध्यम
10 वर्ष तक	ऋण	7.48	4.91	कम
	इक्विटी	15.52	5.04	कम
	सोना	11.22	3.07	कम

उपरोक्त आँकड़े जनवरी 2005 से दिसंबर 2024 तक विभिन्न संपत्ति वर्गों (Asset Class) के रोलिंग रिटर्न पर आधारित हैं। इसमें इक्विटी को निफ़्टी 500 टीआरआई, ऋण को क्रिसिल कंपोज़िट बॉन्ड इंडेक्स और सोने को एलबीएमए एएम आईएनआर (LBMA AM INR) दरों के आधार पर दिखाया गया है। यह आँकड़ा एसीई एमएफ़ सॉफ़्टवेयर से लिया गया है। पिछले प्रदर्शन को भविष्य के प्रदर्शन का संकेत नहीं माना जाना चाहिए।

मूलमंत्र: 100 मीटर दौड़ने वाले धावक और मैराथन धावक की जीत की रणनीति अलग होती है। ठीक उसी तरह, निवेश भी अपने समयावधि (Time Horizon) के अनुसार ही करें।

अपनी सुपरपावर का इस्तेमाल करें

हम बार-बार समय के महत्त्व की बात करते हैं, लेकिन यह इतना ज़रूरी क्यों है? क्योंकि समय ही वह सुपरपावर है, जो आपकी पूँजी पर चक्रवृद्धि (Compounding) का जादू चलाता है और उसे बढ़ाता है। उलझन में हैं? आइए, अपने लिए एक ड्रिंक बनाइए और मैं इसके साथ बिलकुल सटीक जँचने वाली एक छोटी-सी कहानी सुनाती हूँ।

एक छुट्टी के दौरान मैं स्कॉटलैंड नाम के ख़ूबसूरत देश में एक डिस्टिलरी (Distillery) घूमने गई। उसकी पुरानी दीवारों पर लताएँ फैली हुई थीं। ताँबे की भट्ठियों और ओक की पंक्तिबद्ध पेटियों पर सुनहरी रौशनी चमक रही थी और पूरे माहौल में माल्ट और इतिहास की महक घुली हुई थी। वहाँ का रखवाला (Caretaker)–एक लंबा सा स्कॉट्समैन, भारी लहज़े और चमकती आँखों वाला–मुझे मुस्कराते हुए मिला।

"अब आप देखेंगे कि हम पानी, जौ और थोड़े से जादू को मिलाकर इसे दुनिया की सबसे बेहतरीन सिंगल माल्ट (एक तरह की शराब) में कैसे बदलते हैं," उसने अपने स्कॉटिश लहज़े में कहा।

वह मुझे ताँबे की भट्ठियों (Copper Stills) के पास से होते हुए लकड़ी के एक बड़े पीपे के सामने ले गया। उसने समझाया कि माल्ट तैयार करने में सिर्फ़ दस से पंद्रह दिन लगते हैं, लेकिन असली जादू तो उसके बाद शुरू होता है। एक बार माल्ट पीपे में चला जाए, फिर वो बस वहीं सालों तक पड़ा रहता है। साल दर साल। असल में, तीन साल तक तो उसे व्हिस्की कहकर बेचना भी मना है। इस समय के दौरान, यह पेय

हर मौसम को झेलता है, पीपे की ख़ुशबू को अपने अंदर समेटता है और समय के साथ उसका मूल्य बढ़ता जाता है।

मेरे अंदर की निवेशक (Financial Enthusiast) जाग गई। मैंने पूछा, "माल्ट के पुराना होने से इसकी क़ीमत कैसे बदलती है?"

वह मुस्कराया, जैसे उसे मेरे सवाल की पहले से उम्मीद हो।

"इस बारह साल पुरानी बोतल को देखो," उसने £40 की एक बोतल उठाते हुए कहा। "इसे अगर अठारह साल तक छोड़ दो, तो इसकी क़ीमत £80 हो जाती है।"

"आप कह रहे हैं कि आधे समय में इसकी क़ीमत दोगुनी हो जाती है?!"

"बिलकुल। और बात यहीं ख़त्म नहीं होती!" उसने कहा। "अगर इसे तेइस साल तक रहने दो, तो ये बोतल £400 की हो जाती है, लेकिन अगर आप सिर्फ़ दो साल और इंतज़ार कर लें, तो इसकी क़ीमत £2,000 हो जाती है! मतलब, शुरु की क़ीमत से 4,900 प्रतिशत तक का बढ़ोतरी!"

"तो जितना ज़्यादा आप इंतज़ार करते हैं, इसकी क़ीमत उतनी ही बढ़ती जाती है?"

"बिलकुल। समय के साथ इसकी क़ीमत कई गुना बढ़ जाती है।"

व्हिस्की (Whiskey), सबसे अच्छे निवेश की तरह समय माँगती है।

जब मैं डिस्टिलरी से बाहर निकली, तो उस रखवाले की बातें मेरे दिमाग़ में गूँज रही थीं।

निवेश किसी उम्दा व्हिस्की को परिपक्व करने जैसा ही है, जहाँ समय ही वह ज़रूरी चीज़ है, जो इसकी असली क़ीमत सामने लाता है।

शुरुआती वर्षों में, रिटर्न्स धीमे और सीमित से लग सकते हैं–जैसे किसी युवा व्हिस्की में धीरे-धीरे आने वाला स्वाद, लेकिन जब चक्रवृद्धि प्रभाव में आता है, तो निवेशों का मूल्य कई गुना बढ़ने लगता है।

इसी तरह, लंबे समय तक किए गए निवेश ऐसे फ़ायदे दे सकते हैं, जो शुरुआत में मिले लाभ से कहीं ज़्यादा होते हैं। नीचे दी गई तालिका में व्हिस्की और निफ़्टी (Nifty) निवेश की क़ीमत पर चक्रवृद्धि (Compounding) प्रभाव की तुलना की गई है:

व्हिस्की की उम्र	मूल्य (पाउंड में)
12 साल	40
18 साल	80
23 साल	400
25 साल	2,000

निफ़्टी 50 TRI में निवेश की अवधि	1 लाख रुपये का वर्तमान मूल्य (लाखों में)
5 साल	2.27
10 साल	2.91
15 साल	5.26
20 साल	13.24
25 साल	19.63

आँकड़ा मार्च 2025 तक का है। स्रोत: ACE MF। भूतकाल का प्रदर्शन भविष्य के प्रदर्शन का संकेत नहीं है।

याद रखिए, एक अच्छा निवेश एक मज़बूत रिश्ते की तरह होता है। यह तब फलता-फूलता है, जब आपकी अपेक्षाएँ वास्तविक होती हैं, जब आप उतार-चढ़ाव में साथ निभाने का इरादा रखते हैं और जब आप इसे सचमुच बढ़ने के लिए समय देते हैं। जैसे एक रिश्ता विश्वास और समर्पण से गहराता है, वैसे ही आपका निवेश भी तभी फलता है, जब आप उसे ध्यान और देखभाल देते हैं, जिसकी उसे ज़रूरत होती है।

चक्रवृद्धि ब्याज कैसे काम करता है

कल्पना कीजिए कि आप ₹10,000 की राशि 10% वार्षिक ब्याज दर पर निवेश करते हैं। हर साल का ब्याज आपके मौजूदा पूँजी में जुड़ता जाता है।

निवेश अवधि	10% पर कमाया गया ब्याज (₹)	साल के अंत में कुल निवेश पूँजी (₹)
1 साल	1,000	11,000
2 साल	1,100	12,100
3 साल	1,210	13,310

जैसा कि आप देख सकते हैं, हर साल आपको आपकी नई कुल पूँजी पर ब्याज मिलता है, जिससे आपकी राशि समय के साथ तेज़ी से बढ़ती है। इसलिए, जितनी देर तक आप अपनी पूँजी को बढ़ने का समय देंगे, चक्रवृद्धि ब्याज उतना ही अधिक होगा!

मुख्य सीख (Key Learnings)

- अपनी ज़रूरतों पर ध्यान दें, सिर्फ़ चाहतों पर नहीं।
- अपने रिटर्न की तुलना दूसरों से न करें – यह पालक पनीर की तुलना गुलाब जामुन से करने जैसा हो सकता है।
- धैर्य और समय आपके सबसे अच्छे साथी हैं।

7

कर

सीटीसी से हक़ीक़त तक – इस फ़र्क़ को समझिए

क्या आपने उस आम बेचने वाले के बारे में सुना है, जिसने अपने बच्चों को विदेश में बेहतरीन पढ़ाई करवाई?

कोंकण के एक गाँव में हर कोई राजन से ही हापुस आम ख़रीदता था, क्योंकि उसके आम सबसे अच्छे होते थे। राजन ठीक-ठाक कमाई करता था और सादा जीवन जीता था, लेकिन असली हैरानी की बात ये थी कि उसके बच्चे विदेश की नामी विश्वविद्यालयों में पढ़ रहे थे! गाँव वालों को यह समझ नहीं आया कि वह इतना ख़र्च कैसे उठा पा रहा है। धीरे-धीरे अफ़वाहें फैलने लगीं कि उसके पास शायद काली कमाई है और बात टैक्स विभाग तक पहुँच गई।

एक टैक्स अधिकारी को राजन की जाँच के लिए भेजा गया, लेकिन जब उसने राजन के काग़ज़ात देखे, तो सब कुछ एकदम साफ़-सुथरा और जाँच-परखा निकला। कोई गड़बड़ी नहीं मिली, तो फिर उसकी समृद्धि का राज़ क्या था?

असल में, राजन ने टैक्स यानी कर को कभी बोझ नहीं माना, बल्कि एक मौक़ा समझा। उसने समझदारी से पैसे लगाए–छूट, क्रेडिट और टैक्स-फ़्री बॉन्ड्स का पूरा फ़ायदा उठाया–और क़ानूनी तरीक़े से न सिर्फ़

अपनी ज़िंदगी का ख़र्च उठाया, बल्कि अपने बच्चों का भविष्य भी बेहतर बनाया। पैसों की दुनिया में ऐसे लोगों को 'टैक्स विस्परर' कहा जाता है।

इस कहानी से सीख: टैक्स सिर्फ़ वो चीज़ नहीं है, जिसे भरकर आप बाद में शिकायत करें। यह वह विषय है, जिसे समझना आवश्यक है ताकि आप इसे ठीक से प्रबंधित कर सकें। चलिए, इसकी बुनियादी बातें पहले समझ लेते हैं।

भारत में टैक्स यानी कर प्रणाली

मिस्टर मेहता अपनी पत्नी से कर के बारे में बात कर रहे थे, तभी उनका टीनएज बेटा बीच में बोल पड़ा, "पापा, आप कर क्यों देते हो?"

मिस्टर मेहता ने समझाया, "बेटा, सरकार को अपने इलाक़े का मैनेजर समझो। वो सड़कें, ट्रेनें, एयरपोर्ट और अस्पताल बनवाती है, जिनका हम इस्तेमाल करते हैं। ये सब बनाने और चलाने में पैसे लगते हैं, जो हमारे कर से आते हैं।"

"और आप कर देते कैसे हो?"

"मुझे वेतन मिलता है, तो मेरी आय से हर महीने पहले ही टैक्स काट लिया जाता है। इसे TDS कहते हैं–यानी Tax Deducted at Source। सोचो, पापा हर रविवार तुम्हें आइसक्रीम दिलाते, लेकिन देने से पहले उसमें से हर बार एक छोटा सा कौर ख़ुद खा लेते–यही TDS कहलाता है, यानी तुम्हें मिलने से पहले ही तुम्हारे हिस्से से थोड़ा हिस्सा काट लिया गया। साल के आख़िर में मैं इनकम टैक्स रिटर्न भरता हूँ, जिससे सरकार के हिसाब और मेरे अपने हिसाब में जो भी फ़र्क़ हो, वो साफ़ हो सके। अब सोचो, तुम्हारा दोस्त रोहन ख़ुद जाकर आइसक्रीम ख़रीदता है, पहले मन भरकर खाता है और फिर आख़िर में जब उसके मम्मी-पापा उससे माँगते हैं, तो वो उन्हें एक कौर देता है–ये ठीक वैसा है, जैसे कुछ लोग अपनी कमाई का हिसाब साल के अंत में सरकार को बताते हैं और फिर कर चुकाते हैं। ये वैसा है जैसे वह टैक्स बाद में देता

है–पहले अपनी मर्ज़ी से खाता है और फिर तय करता है कितना देना है। तुम्हारी सुनीता मासी भी ऐसा ही करती हैं। उनका अपना कैफ़े है, इसलिए साल के अंत में वे अपनी कमाई का हिसाब ख़ुद लगाती हैं, सरकार को बताती हैं कि उन्होंने कितना कमाया और उसी अनुसार सीधे टैक्स भर देती हैं।"

इस टैक्स के भुगतान के तरीक़े में फ़र्क़ इसलिए होता है, क्योंकि नौकरी से होने वाली आमदनी में आमतौर पर वेतन, बोनस, भत्ते और कंपनी से मिलने वाले अन्य फ़ायदे शामिल होते हैं, जबकि, जब आप अपना ख़ुद का बिज़नेस या पेशा चलाते हैं–जैसे कि सामान या सेवाएँ बेचकर जो मुनाफ़ा कमाते हैं–या बिज़नेस निवेशों से जो आमदनी होती है, वो व्यापारिक आय (बिज़नेस इनकम) कहलाती है। दोनों ही इनकम पर डायरेक्ट टैक्स (प्रत्यक्ष कर) देना पड़ता है।

बच्चे ने धीरे-धीरे सिर हिलाया–डायरेक्ट टैक्स यानी सीधा कर देना: आपने कुछ कमाया या आपके पास कुछ है, तो उसका एक हिस्सा सीधे सरकार को देना होता है। उसने पूछा, "तो लोग किस तरह के डायरेक्ट टैक्स भरते हैं?"

"भारत में," मिस्टर मेहता ने समझाया, "डायरेक्ट टैक्स के कुछ प्रकार होते हैं। **इनकम टैक्स** यानी आमदनी पर कर–आप जितना कमाते हैं, उसी के हिसाब से कर देना होता है। हर साल ये रेट केंद्रीय बजट में तय किए जाते हैं और आपकी आमदनी के स्तर (Income Bracket) के हिसाब से बदलते हैं।"

संपत्ति या पूँजी को मापने का एक तरीक़ा है–कैपिटल गेन्स। आसान शब्दों में कहें तो, कोई पूँजीगत संपत्ति यानी ऐसा कोई क़ीमती सामान, जिसे आपने लंबे समय तक सँभाल कर रखा हो–जैसे ज़मीन-जायदाद, शेयर या कोई दुर्लभ पेंटिंग। जब आप उसे बेचते हैं और उससे मुनाफ़ा कमाते हैं, तो उस मुनाफ़े को 'कैपिटल गेन्स' कहते हैं। ऐसे मुनाफ़े पर जो कर लगता है, उसे '**कैपिटल गेन्स टैक्स**' कहते हैं। टैक्स की दर इस बात पर निर्भर करती है कि आपने वह चीज़ कितने समय तक अपने

पास रखी थी–कम समय और ज़्यादा समय तक रखी गई संपत्तियों पर टैक्स की दर अलग-अलग होती है।

कैपिटल गेन्स टैक्स की मौजूदा दरें

2025 के केंद्रीय बजट के अनुसार, अलग-अलग प्रकार की संपत्तियों के लिए टैक्स की दरें और उन्हें रखने की न्यूनतम अवधि इस प्रकार हैं:

संपत्ति वर्ग (Asset Class)	लॉन्ग-टर्म संपत्ति माने जाने की अवधि	शॉर्ट-टर्म कैपिटल गेन्स टैक्स दर	लॉन्ग-टर्म कैपिटल गेन्स टैक्स दर
रियल एस्टेट	24 महीने	लागू स्लैब दरों पर टैक्स	• 23 जुलाई 2024 से पहले ख़रीदी गई संपत्तियों पर: इंडेक्सेशन के साथ 20% या बिना इंडेक्सेशन 12.5% • 23 जुलाई 2024 या उसके बाद ख़रीदी गई संपत्तियों पर: बिना इंडेक्सेशन 12.5%
घरेलू इक्विटी और इक्विटी-ओरिएंटेड म्यूचुअल फ़ंड्स	12 महीने	20%	₹1.25 लाख तक के लाभ कर-मुक्त; शेष राशि पर 12.5% टैक्स
डेट म्यूचुअल फ़ंड्स	24 महीने	लागू स्लैब दरों पर कर	• 1 अप्रैल 2023 से पहले की गई निवेश पर: इंडेक्सेशन के बिना 12.5% • 1 अप्रैल 2023 या उसके बाद की गई निवेश पर: लागू स्लैब दरों पर कर
लिस्टेड बॉन्ड्स	12 महीने	लागू स्लैब दरों पर कर	12.5%

संपत्ति वर्ग (Asset Class)	लॉन्ग-टर्म संपत्ति माने जाने की अवधि	शॉर्ट-टर्म कैपिटल गेन्स टैक्स दर	लॉन्ग-टर्म कैपिटल गेन्स टैक्स दर
फ़िक्स्ड डिपॉज़िट्स	लागू नहीं	ब्याज आय पर लागू स्लैब दरों में कर	लागू नहीं
सोना	24 महीने	लागू स्लैब दरों पर कर	12.5%

कृपया ध्यान दें कि कर संबंधी क़ानूनों में बदलाव हो सकते हैं और नवीनतम जानकारी के लिए किसी कर विशेषज्ञ से सलाह लेना या आयकर विभाग की आधिकारिक वेबसाइट देखना हमेशा उचित होता है।

"तो पापा," बच्चे ने कहा, "अगर डायरेक्ट टैक्स होते हैं, तो इसका मतलब है कि..."

"इनडायरेक्ट टैक्स भी होते हैं," मिस्टर मेहता ने कहा, "बिलकुल।"

इनडायरेक्ट टैक्स वे होते हैं, जो आप किसी चीज़ को ख़रीदते या उपभोग करते समय उसके दाम में चुकाते हैं और जो बाद में सरकार को दिए जाते हैं। इनमें कस्टम ड्यूटी शामिल है, जो आयात पर लगती है और केंद्र सरकार वसूलती है, साथ ही भारत में सबसे व्यापक अप्रत्यक्ष कर–गुड्स ऐंड सर्विसेज़ टैक्स (GST) भी शामिल है।

इनडायरेक्ट टैक्स जैसे हैं, वैसे ही देने पड़ते हैं–इन पर आपका ज़्यादा नियंत्रण नहीं होता, लेकिन डायरेक्ट टैक्स के मामले में आप इस बात का कुछ हद तक प्रबंधन कर सकते हैं कि आपको कितना टैक्स देना है–जैसा कि हम इस अध्याय में कुछ उदाहरणों के ज़रिए समझेंगे।

कर प्रणाली की इस बुनियादी जानकारी के साथ, मिस्टर मेहता को उम्मीद थी कि उनका बच्चा न सिर्फ़ एक ज़िम्मेदार टैक्स देने वाला नागरिक बनेगा, बल्कि ऐसा इंसान भी, जो क़ानून के दायरे में रहते हुए

अपने टैक्स को समझदारी से प्रबंधन करना भी सीखेगा—थोड़ी ही देर में हम उनकी बातचीत पर दोबारा लौटेंगे।

मूलमंत्र: *आज की गई कर योजना (Tax Planning) से कल आपकी जेब में ज़्यादा पैसा हो सकता है।*

कर क्यों ज़रूरी है?

चलिए, एक बार फिर आम बेचने वाले—टैक्स विशेषज्ञ—राजन के पास लौटते हैं। उसे अच्छी तरह पता था कि टैक्स के नियमों की अनदेखी करने का मतलब है अपने निवेश पर मिलने वाले रिटर्न को काफ़ी कम कर देना। ब्याज, डिविडेंड और पूँजी लाभ (कैपिटल गेन्स) पर लगने वाला टैक्स उसके मुनाफ़े को खा सकता था। इसलिए, उसने 10 लाख रुपये शेयरों में लगाए और ग्यारह महीने बाद जब उन शेयरों की क़ीमत 12 लाख रुपये हो गई, तो उसने सोचा कि क्या यही सही समय है उन्हें बेचने का। यहाँ देखिए, उस समय उसके रिटर्न कुछ इस तरह दिखते:

परिदृश्य (Scenario)	राशि (Amount)
प्रारंभिक निवेश	₹10 लाख
11 महीने बाद बिक्री मूल्य	₹12 लाख
लाभ	₹2 लाख
कुल रिटर्न	20 प्रतिशत

हालाँकि, भारत में यदि कोई व्यक्ति एक साल से पहले अपनी इक्विटी निवेश को बेचता है, तो उसके लाभ पर शॉर्ट-टर्म कैपिटल गेन्स (STCG) टैक्स के रूप में 20 प्रतिशत की दर से कर लगता है। इसलिए, यदि राजन

ने 11 महीने बाद अपने शेयर बेचे होते, तो टैक्स कटौती के बाद उनकी वास्तविक कमाई कुछ इस प्रकार होती:

परिदृश्य (Scenario)	राशि (Amount)
लाभ	₹2 लाख
कर योग्य राशि	₹2 लाख
STCG टैक्स (20 प्रतिशत)	₹40,000
शुद्ध लाभ	₹1.6 लाख
कर कटौती के बाद प्रतिफल	16 प्रतिशत

लेकिन चूँकि राजन टैक्स की बारीकियाँ समझने वाले व्यक्ति थे, इसलिए उन्हें यह पता था कि अगर वे सिर्फ़ एक महीना और इंतज़ार कर लें, तो उनके स्टॉक्स एक साल पूरे कर लेंगे–और फिर उन्हें अपने निवेश पर कम दर वाला **लॉन्ग-टर्म कैपिटल गेन्स** (LTCG) टैक्स देना होगा, जिसकी दर 12.5 प्रतिशत है। इसके अलावा, उनके लाभ में से पहले ₹1.25 लाख तक की राशि टैक्स से मुक्त रहेगी (जैसा कि नियम है)। ऐसे में उन्हें सिर्फ़ शेष राशि पर LTCG देना होगा, जिससे उनके निवेश पर मिलने वाला रिटर्न काफ़ी ज़्यादा हो जाएगा। इसका गणित कुछ इस प्रकार होगा:

परिदृश्य (Scenario)	राशि (Amount)
मुनाफ़ा (a)	₹2 लाख
पूँजीगत लाभ से छूट, जिस पर टैक्स नहीं देना होता (b)	₹1.25 लाख
कर योग्य राशि (a – b)	₹0.75 लाख या ₹75,000
LTCG टैक्स (12.5 प्रतिशत)	₹9,375
कर-पश्चात मुनाफ़ा	₹1.91 लाख
कर-पश्चात रिटर्न	19.06 प्रतिशत

टैक्स क़ानूनों की राजन की समझ ने उन्हें अपने मुनाफ़े का एक हिस्सा बचाने में मदद की। इस उदाहरण में यह फ़र्क़ छोटा लग सकता है, लेकिन बड़ी राशियों के मामले में यही फ़र्क़ काफ़ी अहम हो सकता है। समय के साथ ये बचतें जमा होती जाती हैं और आपके निवेश पर मिलने वाले कुल लाभ को काफ़ी बढ़ा सकती हैं। इसलिए, करों को समझना और अपने रिटर्न की ठीक तरह से योजना बनाना बहुत ज़रूरी है।

पोस्ट-टैक्स रिटर्न आप कैसे जानें?

कल्पना कीजिए कि आपने पिछले पाँच सालों से लगातार फ़िक्स्ड डिपॉज़िट में निवेश किया है और हर साल 7 प्रतिशत का स्थिर रिटर्न मिल रहा है। सुनने में बढ़िया लगता है, है ना?

लेकिन इसमें एक पेच है–एफ़डी पर मिलने वाला पूरा ब्याज आपकी कुल आमदनी में जुड़ जाता है और उस पर टैक्स देना पड़ता है, यानी अगर आप 30 प्रतिशत के टैक्स स्लैब में आते हैं, तो आपका असली (टैक्स के बाद) रिटर्न घटकर सिर्फ़ 4.9 प्रतिशत रह जाता है। अब यह उतना आकर्षक नहीं लगता, है ना?

अब सोचिए, अगर आप थोड़ा जोखिम उठाने को तैयार हों तो? फ़िक्स्ड डिपॉज़िट से चिपके रहने की बजाय आप एक हाइब्रिड म्यूचुअल फ़ंड में निवेश कर सकते हैं (इन संपत्ति वर्गों को हम आगे के अध्यायों में विस्तार से समझाएँगे)। हाइब्रिड फ़ंड में आपका पैसा दो हिस्सों में बँटता है–एक्विटी में (बढ़त के लिए) और डेट में (स्थिरता के लिए)। सबसे बड़ी बात? अगर आपने इस निवेश को एक साल से ज़्यादा समय तक होल्ड किया, तो रिटर्न पर 30 प्रतिशत की बजाय केवल 12.5 प्रतिशत का लॉन्ग टर्म कैपिटल गेन्स (LTCG) टैक्स लगेगा। साथ ही, बैंक फ़िक्स्ड डिपॉज़िट की तुलना में बेहतर रिटर्न मिलने की संभावना भी ज़्यादा होगी।

आप सही समय पर समझदारी से अपने निवेश बेचकर भी कैपिटल गेन्स टैक्स बचा सकते हैं। एक चतुर रणनीति यह है कि आप हर साल उतने ही यूनिट बेचें, जितने पर आपको ₹1.25 लाख की LTCG छूट

का पूरा फ़ायदा मिल सके। ऐसा करके आप ₹1.25 लाख तक का मुनाफ़ा टैक्स दिए बिना कमा सकते हैं और फिर उस पैसे को दोबारा निवेश कर सकते हैं।

उदाहरण के लिए, अगर आपका कुल LTCG ₹5 लाख है, तो पहला ₹1.25 लाख टैक्स-फ्री होगा और बचा हुआ ₹3.75 लाख टैक्स के दायरे में आएगा। इसमें से अगर आप केवल ₹50,000 पर टैक्स दे रहे हैं, तो 12.5 प्रतिशत की दर से आपका टैक्स बिल ₹6,250 होगा– बाक़ी आप बचा लेंगे।

यह रणनीति उन निवेशों के लिए ख़ासकर फ़ायदेमंद हो सकती है, जिनका प्रदर्शन ठीक नहीं रहा या जिनमें घाटा हुआ है। आप उन निवेशों को बेचकर अपने मुनाफ़े को सुरक्षित कर सकते हैं। अगर आपके घाटे आपके कर योग्य मुनाफ़े के बराबर या उससे ज़्यादा हैं, तो आप अपनी टैक्स देनदारी को शून्य तक भी ला सकते हैं। यह रणनीति आपको अपनी निवेश योजना बनाए रखते हुए टैक्स को समझदारी से सँभालने में मदद करती है।

टैक्स लॉस हार्वेस्टिंग

यह उदाहरण दिखाता है कि आप अपने लाभ और हानियों को कैसे एक-दूसरे के विरुद्ध समायोजित कर सकते हैं। मान लीजिए, एक वित्तीय वर्ष में आपकी पूँजीगत लाभ और हानियाँ इस प्रकार हैं:

इक्विटी फ़ंड पर लॉन्ग-टर्म कैपिटल गेन (LTCG) : ₹1.52 लाख

एक अन्य इक्विटी फ़ंड से लॉन्ग-टर्म कैपिटल लॉस (LTCL): ₹50,000

अब टैक्स नियमों के अनुसार:

- पहले ₹1.25 लाख तक का LTCG टैक्स-मुक्त होता है। इसलिए टैक्स योग्य LTCG हुआ: ₹1.52 लाख – ₹1.25 लाख = **₹27,000**
- लेकिन क्योंकि आपके पास **₹50,000 का लॉन्ग-टर्म कैपिटल लॉस है,** आप इसे ₹27,000 के टैक्स योग्य लाभ से समायोजित कर सकते हैं।
- समायोजन के बाद, आपका **नेट टैक्स योग्य LTCG बनता है ₹0**–यानी आपको इस पर कोई टैक्स नहीं देना होगा।

अगर आपकी **पूँजीगत हानि और अधिक** होती (जैसे ₹80,000), तो शेष **₹53,00**0 (₹80,000 – ₹27,000) को आप अगले आठ वर्षों तक आगे ले जाकर भविष्य के LTCG के विरुद्ध समायोजित कर सकते हैं। इसे ही **टैक्स लॉस हार्वेस्टिंग** कहते हैं–यह रणनीति निवेशकों को टैक्स देनदारी कम या शून्य करने में मदद करती है, साथ ही उन्हें बाज़ार में निवेशित भी बनाए रखती है।

टैक्स बचत की स्मार्ट रणनीतियाँ

स्नेहा को एक एविएशन ट्रेनिंग कंपनी में नौकरी मिली थी। वह अपने करियर की शुरुआत को लेकर तो उत्साहित थी, लेकिन टैक्स का बोझ उसे परेशान कर रहा था। परेशान होकर उसने लंच के दौरान अपने सीनियर से बात की।

"मेरी सैलरी का इतना हिस्सा टैक्स में चला जाता है!" उसने खाने पर गुस्सा दिखाते हुए कहा। उसके सीनियर मुस्कराए–उन्हें अपने शुरुआती दिनों की याद आ गई। "मैं भी ऐसा ही महसूस करता था," उन्होंने कहा। "लेकिन टैक्स का बोझ हल्का करने के तरीक़े हैं। क्या तुमने कभी पब्लिक प्रॉविडेंट फ़ंड (PPF), एम्प्लॉयी प्रॉविडेंट फ़ंड (EPF) या नेशनल पेंशन स्कीम (NPS) में निवेश करने के बारे में सोचा है?"

स्नेहा थोड़ी उलझन में दिखी। "सुना है इनके बारे में, लेकिन इनका काम करने का तरीक़ा नहीं पता।"

सीनियर ने समझाया–PPF, EPF और NPS में निवेश करने से आपकी टैक्स योग्य आय कम हो जाती है, क्योंकि इन पर सेक्शन 80C के तहत छूट मिलती है।

पब्लिक प्रॉविडेंट फ़ंड (PPF) एक सरकारी-प्रायोजित योजना है, जिसमें 15 साल का लॉक-इन पीरियड होता है। इसका ब्याज और अंतिम भुगतान पूरी तरह टैक्स-फ़्री होता है, जिससे यह सुरक्षित और टैक्स के लिहाज़ से समझदारी भरा निवेश बन जाता है।

एम्प्लॉयी प्रॉविडेंट फ़ंड (EPF) यह आपके रिटायरमेंट के समय आर्थिक सहारा प्रदान करता है। इसमें आप और आपका एम्प्लॉयर दोनों योगदान करते हैं और कुछ नियमों का पालन करने पर यह पूरा पैसा–ब्याज समेत–रिटायरमेंट पर टैक्स-फ़्री निकाला जा सकता है।

फिर आता है नेशनल पेंशन स्कीम (NPS)–एक लचीली रिटायरमेंट योजना, जो आपको शेयरों और बॉन्ड्स में निवेश की अनुमति देती है। इसमें निवेश करने पर न सिर्फ़ सेक्शन 80C और 80CCD(1B) के

तहत टैक्स में छूट मिलती है, बल्कि रिटायरमेंट के समय कुछ हिस्सा टैक्स-फ़्री निकाला भी जा सकता है।

इस तरह, ये योजनाएँ न सिर्फ़ आपके पैसे को लंबे समय में बढ़ाती हैं, बल्कि टैक्स बचाने में भी आपकी काफ़ी मदद करती हैं!

"और इन खातों में जो पैसा बढ़ता है, उस पर टैक्स टाल दिया जाता है," सीनियर ने समझाया, "यानी जब तक आप पैसा नहीं निकालते, तब तक उसकी कमाई पर टैक्स नहीं देना होता।"

स्नेहा की आँखें थोड़ी चौड़ी हो गईं। "ओह वाह! धन्यवाद, ये मूलमंत्र साझा करने के लिए!"

"कोई बात नहीं। और हाँ, अगर तुम किसी ऐसे विकल्प की तलाश में हो, जिसमें लॉक-इन पीरियड थोड़ा छोटा हो, तो एक्विटी-लिंक्ड सेविंग स्कीम यानी ELSS फ़ंड्स पर नज़र डाल सकती हो। ये भी सेक्शन 80C के तहत टैक्स छूट के दायरे में आते हैं। और इनका लॉक-इन सिर्फ़ तीन साल का होता है, जो ज़्यादातर टैक्स-सेविंग विकल्पों से कम है।"

"धन्यवाद! मैं आज ही इन सब पर रिसर्च करने वाली हूँ।"

सीनियर मुस्कराए। "बहुत अच्छा! अगर तुम टैक्स को दोस्त की तरह समझने लगो, तो न केवल इसे स्वीकार करना आसान हो जाएगा, बल्कि अपने पैसों का ज़्यादा सही इस्तेमाल करना भी सीख जाओगी।"

"अगर यह सब अब भी तुम्हें बहुत झंझट भरा लग रहा है, तो तुम नए टैक्स सिस्टम को अपनाने का विकल्प चुन सकती हो। इसमें 12.75 लाख रुपये तक की आमदनी टैक्स-फ़्री होती है और बाक़ी टैक्स अपने-आप कैल्क्युलेट हो जाता है, जिससे प्रक्रिया और आसान बन जाती है।"

क्या निवेश का फ़ैसला करते समय टैक्स सबसे अहम होना चाहिए?

टैक्स ज़रूर मायने रखता है, लेकिन निवेश के फ़ैसलों में उसे मुख्य भूमिका नहीं दी जानी चाहिए। असली ध्यान तो इस बात पर होना चाहिए कि

आपकी चुनी गई योजनाएँ आपके लक्ष्यों और जोखिम सहने की क्षमता के साथ मेल खाती हैं या नहीं। आख़िर टैक्स छूट का क्या फ़ायदा, अगर वह आपको आपके असली मक़सद के पास नहीं ले जा रही?

साथ ही, यह याद रखना भी ज़रूरी है कि **टैक्स के नियम समय-समय पर बदलते रहते हैं।** इसलिए अपने निवेशों की समय-समय पर समीक्षा करते रहें और अगर टैक्स के नियमों में कोई बदलाव हो या आपकी आर्थिक स्थिति बदले, तो ज़रूरत के अनुसार उसमें बदलाव करें। इससे आप अनचाहे टैक्स झटकों से बच पाएँगे और आपकी वित्तीय रणनीति आपके लक्ष्यों के साथ बनी रहेगी।

एक आसान नियम यह है: अगर दो निवेश विकल्प एक जैसे रिटर्न दे रहे हों, तो वह विकल्प चुनिए जो टैक्स के लिहाज़ से ज़्यादा फ़ायदेमंद हो।

मुख्य सीख (Key Learnings)

- समझदार निवेशक टैक्स को बोझ नहीं, बल्कि संपत्ति बनाने का ज़रिया बना लेते हैं।
- सही समय पर लिया गया टैक्स से जुड़ा फ़ैसला आपको बड़ी टैक्स बचत दिला सकता है।
- टैक्स दक्षता ही वह शांत ताक़त है, जो आपके रिटर्न को चुपचाप बढ़ा देती है।

8

बीमा

यह हवाई जहाज़ नहीं, बल्कि सुरक्षा का पैराशूट है

एक शाम रवि ने ज़ोर से चीख मारी और सीने में तेज़ दर्द की शिकायत की। उनकी पत्नी संगीता ने उन्हें दिलासा दिया कि शायद यह केवल गैस या अपच की वजह से हो रहा हो–आख़िर वह अभी सिर्फ़ बयालीस साल के ही थे, लेकिन आधी रात तक वे अस्पताल के इमरजेंसी वार्ड में पहुँच चुके थे। आसपास बीप करती मशीनें थीं और डॉक्टर तेज़ी से इधर-उधर भाग रहे थे। जाँच के बाद पता चला कि रवि को दिल से जुड़ी एक गंभीर समस्या थी और उन्हें तुरंत सर्जरी की ज़रूरत थी।

संगीता एक स्कूल टीचर थीं और रवि एक ऑफ़िस एडमिन। वे पुणे में अपने दो बच्चों के साथ एक सीधी-सादी, सुखी ज़िंदगी जी रहे थे। उनका हर दिन स्कूल छोड़ने-ले जाने, वीकेंड पिकनिक और कभी-कभार की फ़िल्म देखने में निकलता था। जब तक ये तूफ़ान नहीं आया था, ज़िंदगी आराम से चल रही थी। डॉक्टर की बात सुनकर संगीता पर जैसे पहाड़ टूट पड़ा। रवि को बायपास सर्जरी की ज़रूरत थी और इसका ख़र्च कम से कम पाँच लाख रुपये बताया गया। इसमें सर्जरी से पहले की जाँचें, आईसीयू (ICU) में भर्ती और बाद के परामर्श शामिल थे।

जल्द ही मेडिकल बिलों का अंबार लग गया–टेस्ट, स्कैन, दवाइयाँ, डॉक्टर परामर्श–इन सबसे उनकी थोड़ी-बहुत जमा पूँजी भी तेज़ी से ख़त्म

होने लगी। उनके पास कुछ एफ़डीज़ थीं, लेकिन छोटी रक़मों की–जिन्हें उन्हें समय से पहले तोड़ना पड़ा और इस वजह से ब्याज पर भी जुर्माना देना पड़ा।

कोई और रास्ता न बचने पर संगीता को अपने गहने बेचने पड़े, ताकि अस्पताल का ख़र्च चुकाया जा सके। रवि तो ठीक हो गए, लेकिन उनकी आर्थिक स्थिति कभी नहीं सँभल पाई, पर जो बात संगीता को सबसे ज़्यादा डराती रही, वो थी उसकी सबसे बड़ी डरावनी कल्पना–अपने पति को खो देने और दो बच्चों को अकेले पालने की।

उसी पल संगीता को एहसास हुआ कि बीमा यानी कि इंश्योरेंस क्यों ज़रूरी है। अगर उनके पास स्वास्थ्य बीमा होता, तो रवि के इलाज का पूरा ख़र्च बीमा से चुकाया जा सकता था। और अगर, भगवान न करे, रवि न बचते, तो उनका जीवन बीमा संगीता के लिए सहारा बन सकता था, जिससे वह अकेले भी ज़िंदगी की ज़िम्मेदारियाँ उठा पाती।

अब एक चौंकाने वाला सच सुनिए–भारत में केवल 4 प्रतिशत लोगों के पास ही पर्याप्त बीमा है। इसके मुक़ाबले अमेरिका जैसे देशों में 80 प्रतिशत लोग पूरी तरह बीमित हैं। हममें से ज़्यादातर लोग तब तक बीमा के बारे में सोचते ही नहीं, जब तक बहुत देर न हो जाए।

आप अपने परिवार का भविष्य क़िस्मत के भरोसे नहीं छोड़ सकते। बेहतर है कि पहले से तैयारी करके रखें। याद रखिए–सबसे पहले बीमा।

बीमा और उसका उद्देश्य समझना

रवि की तबियत बिगड़ने के बाद संगीता ने अपने बच्चों के सुरक्षित भविष्य के लिए जीवन बीमा लेने का मन बना लिया, लेकिन रवि की स्वास्थ्य स्थिति के कारण अब उनके लिए स्वास्थ्य या जीवन बीमा लेना आसान नहीं था। ऐसे में संगीता ने कम से कम ख़ुद का बीमा कराने का फ़ैसला किया। उन्होंने अपनी ज़रूरतों की योजना बनाने के लिए एक बीमा सलाहकार अदिति से मुलाक़ात की।

"इस समय मुझे अपने बच्चों के सुरक्षित भविष्य के लिए जीवन बीमा की सख़्त ज़रूरत है, लेकिन मैं शुरुआत कहाँ से करूँ? क्या मुझे ज़्यादा लाभ देने वाली योजना देखनी चाहिए या पैसा-वापसी योजना?"

अदिति मुस्कराई। "बीमा धन बढ़ाने के लिए नहीं, सुरक्षा के लिए होता है। जब आप बीमा लेते हैं, तो आप एक वायदा ख़रीदते हैं कि अगर कुछ अनहोनी हो जाए, तो बीमा कंपनी आपकी आर्थिक ज़िम्मेदारी उठाएगी।"

"तो... ये निवेश (Investment) जैसा नहीं है?"

"नहीं। निवेश का उद्देश्य आपकी संपत्ति बढ़ाना होता है, लेकिन बीमा का उद्देश्य मुश्किल समय में आपकी बचत की रक्षा करना है।"

"तो मेरे पास क्या विकल्प हैं?"

अदिति ने समझाया कि **टर्म लाइफ़ इंश्योरेंस** एक ऐसा बीमा है, जो तय समय के लिए कम प्रीमियम में ज़्यादा सुरक्षा देता है। **प्रीमियम** वह राशि होती है, जो आप भविष्य में पॉलिसी के लाभ प्राप्त करने के लिए देते हैं। इसे आप महीने, तिमाही या सालाना आधार पर दे सकते हैं – ये आपकी पॉलिसी की शर्तों पर निर्भर करता है। अगर बीमित व्यक्ति की मृत्यु पॉलिसी की अवधि के दौरान हो जाती है, तो उनके परिवार को **बीमित राशि** (Sum Assured) दी जाती है, जिससे वे क़र्ज़, घरेलू ख़र्च जैसी ज़रूरतों को पूरा कर सकें।

बीमित राशि वह निश्चित धनराशि होती है, जो बीमा कंपनी किसी अनहोनी की स्थिति में देने का वायदा करती है। इसका मतलब यह भी है कि अगर उस दौरान कुछ नहीं हुआ, तो कोई भुगतान नहीं होता – इसी वजह से टर्म बीमा अधिक सस्ता होता है।

"और उन प्लान्स का क्या, जिनमें पैसा वापस भी मिलता है?"

"वे एंडोवमेंट प्लान्स (Endowment Plans) होते हैं, जो बीमा के साथ-साथ अतिरिक्त आमदनी भी देते हैं, लेकिन इनमें प्रीमियम ज़्यादा होता है और टर्म बीमा की तुलना में कम सुरक्षा मिलती है।"

एंडोवमेंट प्लान्स में प्रीमियम का एक हिस्सा जीवन बीमा कवर के लिए और बाक़ी हिस्सा बीमा कंपनी निवेश करती है। जब पॉलिसी की मियाद पूरी होती है, यानी **मैच्योरिटी** की तारीख़ आती है – और अगर पॉलिसीधारक जीवित रहता है, तो उसे सम एश्योर्ड (Sum Assured) के साथ बोनस या रिटर्न भी मिलते हैं। अगर वह जीवित नहीं रहता, तो उसके द्वारा नामित लाभार्थियों को बीमित राशि मिलती है।

"और ये यूलिप्स क्या होते हैं?" संगीता ने पूछा।

"यूलिप्स यानी यूनिट-लिंक्ड इंश्योरेंस प्लान्स (Unit-Linked Insurance Plans), जो बीमा और बाज़ार से जुड़े निवेश को एक साथ जोड़ते हैं।"

यूलिप्स में प्रीमियम का एक हिस्सा बीमा कवर के लिए और दूसरा हिस्सा बाज़ार-आधारित फ़ंड्स में निवेश किया जाता है। बीमा कंपनी आपके द्वारा दिए गए प्रीमियम को इक्विटी मार्केट से जुड़े प्रोडक्ट्स में लगाती है, जैसे लार्ज-कैप या मिड-कैप स्टॉक्स, या फिर बॉन्ड्स। आपके निवेश का मूल्य चुने गए फ़ंड्स के बाज़ार प्रदर्शन पर निर्भर करता है। यूलिप्स में लॉक-इन अवधि होती है और ये उन लोगों के लिए बेहतर होते हैं, जो बीमा के साथ-साथ दीर्घकालिक निवेश में भी रुचि रखते हैं।

अब संगीता को यह बात अच्छी तरह समझ आ गई थी कि बीमा का मूल उद्देश्य जोखिम को कवर करना होता है, न कि रिटर्न कमाना। अगर आपका मक़सद बाज़ार से जुड़ा निवेश करना है, तो म्यूचुअल फ़ंड, शेयर, बॉन्ड और सेवानिवृत्ति बचत खाते, जैसे बेहतर विकल्प उपलब्ध हैं, जिनके बारे में हम आगे के अध्यायों में विस्तार से बात करेंगे। इसी वजह से जब बीमा और निवेश को मिलाया जाता है, तो आमतौर पर कम सुरक्षा मिलती है और लागत ज़्यादा होती है।

यह सब सुनने के बाद संगीता ख़ुद को पहले से ज़्यादा आत्मविश्वास से भरा हुआ महसूस कर रही थी। "मैं टर्म इंश्योरेंस प्लान लेने के लिए तैयार हूँ," उसने कहा।

मूलमंत्र: *टर्म प्लान लेना सस्ता है, लेकिन इसे न लेना महँगा साबित हो सकता है।*

कितनी जीवन बीमा राशि पर्याप्त है?

अगर रवि के स्वस्थ रहते ही संगीता और उन्होंने बीमा से जुड़ा फ़ैसला ले लिया होता, तो यह उनके लिए कहीं ज़्यादा फ़ायदेमंद साबित होता। अब उन्हें दबाव में यह निर्णय लेना पड़ रहा था, लेकिन आप सोच रहे होंगे– एक साधारण मध्यमवर्गीय परिवार ऐसे निर्णय शांति के समय में कैसे ले? दो बच्चों, एक सामान्य फ़्लैट और अपने ख़ुद के घर के सपने के बीच वे कैसे तय करें कि कौन-सी बीमा योजना उनके लिए सही है? और उन्हें कितनी बीमा राशि की ज़रूरत है?

इसका एक सरल फ़ॉर्मूला है:

आवश्यक जीवन बीमा राशि (Insurance Needed) = (वार्षिक ख़र्च + मुद्रास्फीति) × परिवार को सहारा देने के वर्षों की संख्या + देनदारियाँ + प्रमुख ख़र्च

अपने लिए सही जीवन बीमा कवर तय करने के लिए सबसे पहले अपने मासिक ख़र्चों का हिसाब लगाएँ। मान लीजिए, आपके वर्तमान मासिक ख़र्च लगभग ₹50,000 हैं, तो वार्षिक ख़र्च ₹6 लाख होगा, यानी, आपकी अनुपस्थिति में आपके परिवार को अपने जीवन स्तर को बनाए रखने के लिए कम से कम ₹6 लाख प्रति वर्ष की ज़रूरत होगी।

अब इस राशि को मुद्रास्फीति और बीमा राशि पर मिलने वाले संभावित रिटर्न को ध्यान में रखते हुए समायोजित करें। मान लें कि

मुद्रास्फीति की दर 5% प्रतिवर्ष है और बीमा राशि पर मिलने वाला रिटर्न 7% प्रतिवर्ष है, तो शुद्ध रिटर्न लगभग 2% प्रतिवर्ष होगा। यदि आपको लगता है कि आपके परिवार को अगले 30 वर्षों तक वित्तीय सहायता की आवश्यकता हो सकती है, तो इस राशि का अनुमान लगाने के लिए **वार्षिकी की वर्तमान मूल्य विधि** (Present Value of Annuity) का फ़ॉर्मूला उपयोग किया जा सकता है। इस गणना के आधार पर, अगले 30 वर्षों तक ₹6 लाख सालाना ख़र्च पूरा करने के लिए जो राशि चाहिए, वह लगभग ₹1.28 करोड़ होगी।

रोज़मर्रा के ख़र्चों को कवर करने के अलावा, आपके ऊपर जो **बक़ाया देनदारियाँ** (Liabilities) हैं, उन्हें भी इस गणना में शामिल करना ज़रूरी है। अगर आप पर 30 लाख रुपये का होम लोन और 5 लाख रुपये का कार लोन है, तो इन्हें भी बीमा कवर की ज़रूरत में जोड़ना चाहिए, ताकि आपके जाने के बाद आपके परिवार पर क़र्ज़ का बोझ न आए।

साथ ही, भविष्य की वित्तीय ज़िम्मेदारियों (Financial Commitments) की भी योजना बनानी होगी। अगर आपको अपने बच्चों की पढ़ाई पर 20 लाख रुपये और उनकी शादी पर 10 लाख रुपये ख़र्च करने का अनुमान है, तो इन राशियों को भी कुल बीमा ज़रूरत में जोड़ना चाहिए।

इन सभी हिस्सों को मिलाकर 1.28 करोड़ रुपये घरेलू ख़र्चों के लिए, 35 लाख रुपये बक़ाया लोन के लिए और 30 लाख रुपये भविष्य की ज़िम्मेदारियों के लिए–कुल ज़रूरी जीवन बीमा कवर लगभग 1.93 करोड़ रुपये बनता है।

इस राशि का बीमा करवाकर आप सुनिश्चित करते हैं कि आपके न रहने पर भी आपका परिवार आर्थिक रूप से सुरक्षित और चिंतामुक्त जीवन जी सके।

चेकलिस्ट

- ☐ **कवरेज़:** क्या यह पॉलिसी आपके परिवार की पूरी वित्तीय ज़रूरतों, बक़ाया क़र्ज़ और भविष्य के ख़र्चों को कवर करती है?
- ☐ **अपवाद:** पॉलिसी में कौन-कौन सी चीज़ें शामिल नहीं हैं? क्या किसी जोखिम भरे पेशे, शौक़ या गतिविधि का ज़िक्र है, जो आपके दावे को प्रभावित कर सकती है?
- ☐ **वेटिंग पीरियड:** क्या पहले कुछ सालों में दावा करने पर कोई रोक या शर्त है?
- ☐ **प्रीमियम वहन करना :** क्या आप बिना आर्थिक दबाव के नियमित रूप से प्रीमियम भर सकते हैं?
- ☐ **दावा निपटान:** क्या बीमा कंपनी का दावा निपटान अनुपात अच्छा है, ताकि दावा प्रक्रिया आसान हो?
- ☐ **बारीक बातें पढ़ना:** क्या आपने पॉलिसी के सभी नियम और शर्तें ध्यान से पढ़ ली हैं? इसे नज़रअंदाज़ करना भारी पड़ सकता है।

स्वास्थ्य बीमा: मेडिकल इमरजेंसी में आपकी बचत का सुरक्षा कवच

राहुल एक डिजिटल मार्केटिंग एजेंसी में नई नौकरी मिलने को लेकर बेहद उत्साहित था। जब वह अपना ऑफ़र लेटर पढ़ रहा था, तो एक बात ने उसका ध्यान खींचा–स्वास्थ्य बीमा (Health Insurance)। कंपनी उसकी सालाना सैलरी का एक हिस्सा बीमा प्रीमियम के रूप में काट रही थी। कैफ़े में अपने दोस्त आकाश के साथ बैठे राहुल ने यह विषय छेड़ने का फ़ैसला किया। दोस्त बीमा क्षेत्र में काम करता था। ''मुझे समझ नहीं आता अभी इसकी क्या ज़रूरत है?'' राहुल ने कॉफ़ी घुमाते हुए पूछा, ''मैं तो अभी जवान और बिलकुल स्वस्थ हूँ।''

''हर कोई यही सोचता है जब तक ज़िंदगी कोई अचानक मोड़ न ले ले,'' आकाश ने कहा। ''स्वास्थ्य बीमा सिर्फ़ इमरजेंसी के लिए नहीं होता।

कई बार इसमें नियमित जाँच भी शामिल होती है, जिससे तुम्हारे अच्छे-ख़ासे पैसे बच सकते हैं। और हाँ, ये देखना मत भूलना कि क्या तुम्हारे माता-पिता भी इस पॉलिसी में शामिल हैं।"

"कंपनी ने मुझे कवर किया है और उन्होंने मुझे ऑप्शन दिया है कि मैं अपने माता-पिता को निर्भर सदस्य (Dependents) के रूप में शामिल कर सकता हूँ।"

"कवरेज़ कितना है?"

"क़रीब 3 लाख रुपये।"

"यह एक अच्छी शुरुआत है, लेकिन बेसिक कवरेज़ (Basic Coverage) हमेशा काफ़ी नहीं होता। तुम्हारे पापा प्री-डायबिटीज़ के मरीज़ हैं–अगर तुम नौकरी बदलते हो और नई कंपनी में ऐसा सामूहिक बीमा नहीं मिलता, तो उनकी तबियत बिगड़ने पर इलाज का ख़र्च तुम्हारे बजट से बाहर जा सकता है।"

"तो फिर मुझे कितने का स्वास्थ्य बीमा प्लान (Health Insurance Plan) लेना चाहिए?"

"यह आपकी व्यक्तिगत स्थिति पर निर्भर करता है। आप कहाँ रहते हैं और आपके आस-पास मेडिकल सुविधाओं की लागत क्या है। इन सभी बातों को ध्यान में रखते हुए, तुम्हारे मामले में लगभग 15–20 लाख रुपये का कवरेज़ सही रहेगा। अच्छे इलाज का ख़र्च लगातार बढ़ रहा है।"

"तो मेरे पास क्या विकल्प हैं?"

आकाश ने समझाया कि व्यक्तिगत स्वास्थ्य बीमा (Individual Health Insurance) सिर्फ़ आपको कवर करता है, जबकि फ़ैमिली फ़्लोटर बीमा (Family Floater Insurance) में कवरेज़ पूरे परिवार के बीच साझा होता है। इसमें बीमारियों, दुर्घटनाओं, सर्जरी, अस्पताल में भर्ती होने और डे-केयर प्रक्रियाओं का ख़र्च शामिल होता है।

"अगर किसी को कोई गंभीर बीमारी हो जाए तो?"

"गंभीर बीमारियों जैसे कैंसर के लिए क्रिटिकल इलनेस इंश्योरेंस (Critical Illness Insurance) मददगार होता है। इसमें बीमारी की पुष्टि होते ही एकमुश्त रक़म मिलती है, जिसे इलाज, जीवनशैली में बदलाव या खोई हुई आय की भरपाई के लिए इस्तेमाल किया जा सकता है।"

"अगर साल भर में मेडिकल ख़र्च ज़्यादा हो जाए और बीमा कवरेज़ ख़त्म हो जाए, तो क्या हम अतिरिक्त बीमा ले सकते हैं?"

"हाँ, ऐसी स्थिति के लिए **टॉप-अप हेल्थ इंश्योरेंस** (Top-up Health Insurance) काम आता है।"

टॉप-अप प्लान बेसिक हेल्थ इंश्योरेंस के ऊपर अतिरिक्त सुरक्षा देता है, लेकिन यह तभी एक्टिव होता है, जब **एक तय राशि** (Deductible) ख़र्च हो चुकी हो। उदाहरण के लिए, अगर आपकी सामान्य पॉलिसी 3 लाख रुपये तक कवर करती है और टॉप-अप में 3 लाख रुपये की डिडक्टिबल है, तो टॉप-अप का लाभ तब शुरू होगा, जब 3 लाख की सीमा पार हो जाए।

सुपर टॉप-अप प्लान (Super Top-up Plans) और बेहतर होते हैं – ये पूरे साल में कई बार किए गए दावों को कवर करते हैं, बशर्ते कुल ख़र्च डिडक्टिबल से ज़्यादा हो। सामान्य टॉप-अप सिर्फ़ एक ही बार उस सीमा से ऊपर के ख़र्च को कवर करते हैं, लेकिन सुपर टॉप-अप साल भर में कुल ख़र्च के आधार पर कवरेज़ देते हैं।

"और अगर मैं इस पूरे समय बिलकुल स्वस्थ रहा तो?' राहुल ने पूछा।

"तो फिर आपको नो-क्लेम बोनस मिलता है!"

कई स्वास्थ्य बीमा योजनाओं में नो-क्लेम बोनस (NCB) मिलता है, अगर आप पूरे साल कोई दावा नहीं करते। इसमें आपका कवरेज़ बढ़ता है, लेकिन प्रीमियम नहीं बढ़ता। जितने ज़्यादा साल आप दावा नहीं करते, उतना ही ज़्यादा बोनस मिलता है। कुछ बीमाकर्ता 5 प्रतिशत से लेकर 50 प्रतिशत या उससे भी ज़्यादा बोनस देते हैं।

इन सभी बातों को ध्यान में रखते हुए, स्वास्थ्य और जीवन बीमा लेते समय यह एक आसान चेकलिस्ट है, जिसे आपको ज़रूर जाँचना चाहिए:

चेकलिस्ट

- ☐ **कवरेज़:** क्या आपकी पॉलिसी केवल अस्पताल में भर्ती होने तक सीमित है? क्या इसमें भर्ती से पहले और बाद के ख़र्च शामिल हैं?
- ☐ **एक्सक्लूज़न:** कौन-कौन से ख़र्च इसमें शामिल नहीं हैं? क्या आपके पसंदीदा अस्पताल बीमाकर्ता के कैशलेस नेटवर्क में हैं?
- ☐ **वेटिंग पीरियड:** अगर कोई पहले से मौजूद बीमारी है, तो क्या इंतज़ार की अवधि बताई गई है? यह आमतौर पर एक से चार साल तक होती है।
- ☐ **अफ़ोर्डेबिलिटी:** आपकी को-पे राशि क्या है? ज़्यादा को-पे का मतलब है कम प्रीमियम, लेकिन आपकी जेब से ज़्यादा ख़र्च।
- ☐ **क्लेम सेटलमेंट:** आपके बीमाकर्ता का क्लेम सेटलमेंट रेशियो कितना अच्छा है?
- ☐ **फ़ाइन प्रिंट पढ़ें:** क्या आपने सारे नियम और शर्तें ध्यान से पढ़कर समझी हैं? सिर्फ़ 'सहमत' (Agree) पर क्लिक मत कीजिए, जैसे कोई नया सॉफ़्टवेयर इंस्टॉल कर रहे हों।

ज़ोर-ज़बरदस्ती वाली बिक्री से बचें

अपने चाचा के निधन के बाद मैं अपनी चाची के वित्तीय दस्तावेज़ देख रही थी। तभी मैंने देखा कि हर महीने लगभग ₹30,000 लगातार कट रहे थे। मैंने पूछा, "ये किस चीज़ के लिए कट रहा है?"

उन्होंने जवाब दिया, "तुम्हारे चाचा ने मेरे लिए ये निवेश किया था।"

मैंने पॉलिसी के काग़ज़ात देखने की बात की। और फिर सब साफ़ हो गया। किसी ने उन्हें एक ऐसा प्रोडक्ट बेच दिया था, जो निवेश जैसा सुनाई देता था, लेकिन असल में वो बीमा और निवेश का एक मिश्रित प्लान था।

कई मिडल क्लास परिवार इसी तरह के स्कीम में फँस जाते हैं, जहाँ उनकी बचत लंबे समय के लिए लॉक हो जाती है। हम एक ऐसे रिटायर्ड व्यक्ति से भी मिले थे, जिनके पास पीएफ़ में ₹1 करोड़ था, लेकिन उन्होंने ग़लती से उसे निवेश समझकर बीमा में लगा दिया।

यहाँ सबसे ज़रूरी बात यह है कि बीमा ज़रूरी है, लेकिन सही प्रकार का बीमा लेना और उसे सही वजह से लेना उतना ही ज़रूरी है।

जो ज़रूरत हो, वही ख़रीदिए–जो बेचा जा रहा है, वो नहीं।

मुख्य सीख (Key Learnings)

- स्वास्थ्य बीमा यह सुनिश्चित करता है कि इलाज का फ़ैसला आपकी जेब देखकर न लिया जाए।
- सुरक्षा और संपत्ति निर्माण को हमेशा अलग रखें।
- हर शर्त को ध्यान से पढ़ें।

सहायक स्रोत

- मैंगो मिलियनेयर वेबसाइट उपलब्ध है: https://mangomillionaire.in

भाग 2

बिल्डिंग ब्लॉक्स

9

रियल एस्टेट

घर ख़रीदिए, ग़लत उम्मीदें नहीं

"आज मेरे पास बंगला है..."

अमिताभ बच्चन का यह डायलॉग, जो फ़िल्म *दीवार* (1975) से है, आज भी दिल को छू लेता है। यह उस यादगार सीन की बात है, जहाँ दो भाई सालों बाद मिलते हैं और अब उनकी ज़िंदगी की राहें एक-दूसरे से बिलकुल अलग हो चुकी होती हैं।

विजय (जिसे बच्चन ने निभाया) ने ज़िंदगी की सीढ़ियाँ चढ़ने के लिए ख़ूब मेहनत की, भले ही उसके तरीक़े सवालों के घेरे में थे। उसी झुग्गी के सामने खड़े होकर, जहाँ दोनों पले-बढ़े थे, वह अपने भाई को अपने सपनों की पूँजी गिनवाता है–बंगला, गाड़ी, बैंक बैलेंस।

जिस क्रम में वह ये चीज़ें गिनाता है, वह भी ख़ास है–सलीम-जावेद का लिखा यह डायलॉग उस दौर की आम सोच का आईना था: कि 'बंगला' होना कामयाबी की सबसे बड़ी पहचान है। आज भी लाखों भारतीयों का सपना यही है–एक बड़ा घर हो अपना। और जब कोई इसे हासिल कर लेता है, तो माना जाता है कि उसने ज़िंदगी में वाक़ई कुछ कर दिखाया है।

लेकिन एक घर का मालिक होना इतना बड़ा सपना क्यों है?

इसकी जड़ें हमारे इतिहास में छुपी हैं। आज़ादी के बाद ज़्यादातर लोगों के पास अपनी कोई ज़मीन नहीं थी। ज़मीन कुछ गिने-चुने लोगों

के पास केंद्रित थी–हमारी सदियों पुरानी ज़मींदारी व्यवस्था इसकी वजह थी–और बाक़ी लोग सिर्फ़ उस सपने को देखते रह गए।

इसलिए जब लोगों ने कमाना शुरू किया, तो अपना ख़ुद का घर भारतीय मिडिल क्लास के लिए सबसे बड़ा स्टेटस सिंबल बन गया। और जब लोग अपने सपनों का घर बनाने लगे, तो बॉलीवुड ने भी इस बदलाव को अपने सीन में उतार लिया। अब फ़िल्मों के ज़ालिम ज़मींदार की जगह ले ली आधुनिक दुश्मनों ने–जैसे बढ़ती ईएमआई, लोन और महँगाई।

खोसला का घोंसला (2006) इसकी एक शानदार मिसाल है। यह फ़िल्म दिखाती है कि मिडिल क्लास के लिए ज़मीन का मालिक बनना कितना ज़रूरी सपना है– और इस सपने को बचाने के लिए वे किस हद तक जा सकते हैं।

कमल किशोर खोसला, एक आम दिल्लीवाला, बस इतना चाहता है कि उसके पास एक छोटा-सा प्लॉट हो, लेकिन जैसे ही लगता है कि उसका सपना पूरा होने वाला है, एक चालाक भू-माफिया खुराना उसकी ज़मीन हड़प लेता है। इसके बाद जो होता है, वह एक ज़बरदस्त संघर्ष और हास्य से भरी कहानी है, जहाँ खोसला परिवार इस प्लॉट को बचाने के लिए हर मुमकिन जुगाड़ अपनाता है।

ऐसी कहानियों ने पूरी पीढ़ियों को प्रभावित किया है और अपना घर होना अब भी सबसे बड़ी सुरक्षा और स्थिरता का प्रतीक माना जाता है। यह एक अनकहा नियम बन गया था: अपना घर ख़रीद लो, ताकि हालात कितने भी मुश्किल क्यों न हों, कोई उसे तुमसे छीन न सके, लेकिन आज के भारत में असली सवाल यह है–क्या वाक़ई घर ख़रीदना ज़रूरी है, या किराए पर रहना ही बेहतर है?

ख़रीदना या किराए पर लेना–एक अंतहीन दुविधा

अर्जुन और कार्तिक, बेंगलुरु के दो कॉलेज दोस्त, अभी-अभी अपनी पहली नौकरी टॉप आईटी कंपनियों में शुरू कर चुके थे। पहली सैलरी

मिलने के बाद दोनों अपनी नई आज़ादी को लेकर बेहद उत्साहित थे। अब एसी कैफ़े में महँगी कॉफ़ी पीना आम बात हो गई थी, जहाँ पहले वे कटिंग चाय पीते थे। हॉस्टल की मैस के बजाय अब वे फ़ूड डिलीवरी ऐप्स से महँगे रेस्टोरेंट्स का खाना मँगवाने लगे थे। हर वीकेंड किसी रोमांच से कम नहीं लगता था और धीरे-धीरे वे अपने भविष्य को लेकर सोचने लगे।

"अब और नहीं यार, तंग कमरे शेयर करना," अर्जुन ने कहा। "अब तो मैं अपना फ़्लैट ख़रीदने का सोच रहा हूँ।"

कार्तिक चौंका। "अभी तो हमने काम शुरू ही किया है! तू ये सब कैसे मैनेज करेगा?"

"पास ही एक नया प्रोजेक्ट शुरू हुआ है। होम लोन लूँगा और डाउन पेमेंट के लिए सेविंग्स का इस्तेमाल करूँगा। अब और नहीं झेलना मकान मालिकों के ताने, जो कुँवारे लोगों को घर नहीं देना चाहते।"

कार्तिक ने सिर हिलाते हुए असहमति जताई। "लेकिन तूने ईएमआई, मेंटेनेंस और ब्याज दरों के बारे में सोचा भी है? ये सब कैसे देगा?"

"ये एक इन्वेस्टमेंट है भाई और प्रॉपर्टी की वैल्यू तो हमेशा बढ़ती ही है।"

"मैं तो ऑफ़िस के पास ही किराए पर घर लूँगा," कार्तिक ने कहा। "कम झँझट, कुछ सेविंग्स भी हो जाएँगी। और अगर कभी घूमने या शहर बदलने का मन हुआ, तो पूरी आज़ादी होगी।"

"भाई, किराया देना मतलब है किसी और के होम लोन की क़िस्त भरना!"

"तो भरने दो–कम से कम मैं किसी घर में बँधकर नहीं रहूँगा। अभी तो मैं आज़ादी चाहता हूँ–जहाँ नौकरी ले जाए, वहाँ जा सकूँ।"

एक साल बीत गया। दोनों फिर उसी कैफ़े में बैठे थे। अर्जुन तनाव में था–अपने फ़्लैट की भारी ईएमआई भरने के लिए उसे अपने फ़ाइनैंस का हर हिस्सा सँभालना पड़ रहा था। वहीं कार्तिक कम दूरी के सफ़र और

बढ़ती बचत का फ़ायदा उठा रहा था। अर्जुन को याद भी नहीं था कि आख़िरी बार उसने कोई फ़िल्म देखी या छुट्टी पर गया कब था–उसकी पूरी कमाई तो ईएमआई में जा रही थी।

कार्तिक ने उसे ढाँढस बँधाया, "मुश्किल तो है यार, लेकिन अब तेरे पास अपना घर तो है!"

पाँच साल बाद, एक रीयूनियन में दोनों फिर मिले। अर्जुन ने बताया कि एक वक़्त था, जब उसे वो फ़्लैट बोझ लगने लगा था, लेकिन अब वो एक मज़बूत इन्वेस्टमेंट जैसा लग रहा है। वह सगाई कर चुका था, और उसकी मंगेतर इस बात से ख़ुश थी कि शादी के बाद वे अपने ही घर में रहने वाले हैं।

"उस तनाव की वजह से मैंने बहुत कुछ खो दिया," अर्जुन ने माना। "लेकिन अब जब घर की क़ीमत बढ़ गई है, तो ऐसा लगता है जैसे हमेशा के लिए एक सुरक्षा कवच मिल गया हो।"

अब कार्तिक, जिसने थोड़ी बचत कर ली थी, घर ख़रीदने के बारे में सोच रहा था। हर कुछ साल में उसे या तो नई जगह शिफ़्ट करना पड़ता था या फिर रेंट एग्रीमेंट रिन्यू होने पर ज़्यादा किराया देना पड़ता था। जब से अर्जुन ने अपना घर ख़रीदा था, तब से प्रॉपर्टी की क़ीमतें भी काफ़ी बढ़ चुकी थीं–यानी अब घर की क़ीमत पहले से कहीं ज़्यादा हो चुकी थी।

लेकिन कार्तिक लंबे समय के लिए होम लोन लेने को लेकर थोड़ा उलझन में था–और इसी वजह से फ़ैसला लेना उसके लिए मुश्किल हो रहा था। "शायद कोई एकदम सही फ़ैसला होता ही नहीं," उसने कहा। "आख़िर में बात इस पर आकर रुकती है कि तुम्हारे लिए क्या ज़्यादा ज़रूरी है–स्थिरता या आज़ादी।"

"दोनों की अपनी-अपनी अहमियत है, दोस्त," अर्जुन ने कहा।

तो जैसा कि अब तक आप समझ ही गए होंगे–किराया बनाम ख़रीद का फ़ैसला एकदम निजी होता है। आप अर्जुन जैसे हो सकते हैं, जिनके

लिए अपने घर की सुरक्षा सबसे ऊपर है–या कार्तिक जैसे, जो आज़ादी और निवेश की आज़ादी को ज़्यादा अहमियत देते हैं। असल बात यह है कि आप वही रास्ता चुनें, जो आपके लक्ष्य, ज़रूरतें और जीवन की मौजूदा स्थिति से मेल खाता हो। इसमें कोई एक 'सही' जवाब नहीं है–और दोनों ही रास्तों में अपने-अपने फ़ायदे और चुनौतियाँ होती हैं।

सबसे ज़रूरी बात है–सोच-समझकर फ़ैसला लेना। आपको पता होना चाहिए कि आप किस बात के लिए समझौता कर सकते हैं और लंबी अवधि में आपके लिए सबसे ज़्यादा मायने क्या रखता है।

आख़िरकार, घर सिर्फ़ एक निवेश नहीं होता–यह उस ज़िंदगी की नींव होता है, जिसे आप अपने सपनों की तरह बनाना चाहते हैं।

कैसे तय करें कि क्या आप घर ख़रीद सकते हैं?

जैसा आपने अर्जुन की कहानी में देखा, करियर की शुरुआत में ही घर ख़रीदना एक बड़ा आर्थिक बोझ बन सकता है, क्योंकि उस समय ईएमआई ज़्यादा होती है और बचत कम। इसलिए आमतौर पर यह सलाह दी जाती है कि जब आपके पास डाउन पेमेंट के लिए एक अच्छी-ख़ासी बचत हो, तभी प्रॉपर्टी ख़रीदने पर विचार करें।

आप 30-30-3 नियम अपनाकर अपने होम लोन को आसान बना सकते हैं:

- घर की कुल क़ीमत का 30% पहले से बचा लें। इससे शुरुआत आसान होगी–ईएमआई का बोझ हल्का रहेगा और बैंक भी आपसे ज़्यादा संतुष्ट होंगे।
- आपकी ईएमआई आपकी मासिक आय का 30% से ज़्यादा न हो। इससे आप सिर्फ़ सैलरी के भरोसे नहीं जिएँगे, कुछ बचत भी कर पाएँगे–और वीकेंड पर बाहर जाने का मज़ा भी बना रहेगा। कभी ऐसी ईएमआई न लें, जो आपके महँगे सपनों के घर के एसी कमरे में भी आपको चैन की नींद न लेने दे।

- ऐसी प्रॉपर्टी चुनें, जिसकी क़ीमत आपकी सालाना आमदनी से तीन गुना (3x) से ज़्यादा न हो। यह एक समझदारी भरा तरीक़ा है, जिससे आप अपने बजट को क़ाबू में रख सकते हैं और क़र्ज़ में डूबने से बच सकते हैं।

अपना पहला घर ख़रीदना अक्सर एक भावनात्मक फ़ैसला होता है, न कि सिर्फ़ एक आर्थिक फ़ैसला। इस मायने में यह पारंपरिक निवेश निर्णयों से अलग होता है। सिर पर अपनी छत होने का सुकून, मन को शांति देता है। बच्चों की परवरिश किसी फ़ाइनैंशियल स्प्रेडशीट पर नहीं हो सकती– उन्हें तो उस घर की ज़रूरत होती है, जहाँ वे बड़े होकर जीवनभर की सुरक्षा और अपनापन महसूस कर सकें।

हमारे अनुभव में, जनरेशन X और Y घर ख़रीदने की ओर ज़्यादा झुकाव रखते हैं, जबकि जनरेशन Z और आगे की पीढ़ियाँ किराए के घर को प्राथमिकता देती हैं, ताकि किसी एक जगह या लंबे आर्थिक बंधन से न बँधें।

लेकिन सवाल उठता है–जब आपने अपना पहला घर ले ही लिया है, तो क्या उसके बाद और प्रॉपर्टी में निवेश करना चाहिए?

मूलमंत्र: *किराए पर रहना ग़लत नहीं है, और घर ख़रीदना हमेशा समझदारी नहीं होती। सही फ़ैसला आपकी ज़िंदगी के तरीक़े और आर्थिक स्थिति पर निर्भर करता है।*

गर्व और समझदारी के बीच संतुलन

एक रविवार की सुबह थी, हमारे परिवार के समूह चैट में रोज़ की तरह बातचीत चल रही थी, तभी एक चचेरे भाई ने कुछ तसवीरें डालीं–उसने

एक और नया घर ख़रीदा था। तुरंत ही चैट में बधाइयों की बाढ़ आ गई। हर कोई उसकी तारीफ़ करने लगा, जैसे उसने माउंट एवरेस्ट फ़तह कर लिया हो।

इसी बीच, मेरा एक और चचेरा भाई, जो अक्सर मुझसे निवेश की सलाह लेता है, चुपचाप अपने म्यूचुअल फ़ंड पोर्टफ़ोलियो में एक बड़ा निवेश कर चुका था। उसने इसका कोई ऐलान नहीं किया। और अगर करता भी, तो भी म्यूचुअल फ़ंड जैसा निवेश दिखावे के लिए सही नहीं माना जाता, क्योंकि आख़िर आप म्यूचुअल फ़ंड को कैसे दिखा सकते हैं?

मेरे नज़रिए से, दूसरा घर ख़रीदना दिल से ज़्यादा दिमाग़ से जुड़ा फ़ैसला होता है। ऐसे मौक़ों पर रियल एस्टेट को भी बाक़ी निवेशों की तरह ही आँकना चाहिए। इसमें भी जोखिम होते हैं और आपको उन जोखिमों की पूरी जानकारी होनी चाहिए। इनमें से कुछ ये हो सकते हैं:

- **ग़ैरकानूनी निर्माण और प्रोजेक्ट में देरी:** रियल एस्टेट इंडस्ट्री की यह एक कड़वी सच्चाई है। दिल्ली में हाल ही में एक बड़ा मामला सामने आया था–नोएडा में सुपरटेक लिमिटेड द्वारा बनाए गए दो 40-मंज़िला टावर, एपेक्स और सियाने। ये टावर निर्माण नियमों का उल्लंघन करते हुए तय सीमा से ज़्यादा ऊँचाई तक बनाए गए थे और जिस ज़मीन पर हरियाली होनी थी, वहाँ भी क़ब्ज़ा कर लिया गया था। अगस्त, 2021 में सुप्रीम कोर्ट ने इन्हें अवैध मंज़ूरी और नोएडा अथॉरिटी के अधिकारियों से मिलीभगत का नतीजा मानते हुए ध्वस्त करने का आदेश दिया। अगस्त, 2022 में इन टावरों को गिरा दिया गया और इसका वीडियो सोशल मीडिया पर वायरल हो गया। इस घटना ने नियमों के सख़्त पालन और जवाबदेही की दिशा में एक मिसाल क़ायम की।

  हालाँकि, हर देरी ग़ैरकानूनी या अनुचित नहीं होती। अगर बिल्डर ऐसी किसी स्थिति में फँस जाए, जिससे देरी होना तय हो, तो वह रेरा (RERA) के तहत क़ानूनी प्रक्रिया पूरी करके पज़ेशन की तारीख़ आगे बढ़ा सकता है।

- **सीमित लाभः** अक्सर लोग अपने प्रॉपर्टी की क़ीमत बढ़ने पर गर्व महसूस करते हैं। एक बार मेरे दोस्त ने बड़े गर्व से कहा, "एक का दो हो गया"–यानी जिसकी क़ीमत 1 करोड़ थी, वह अब 2 करोड़ की हो गई, लेकिन वह पूरी गणना नहीं कर रहा था। मैंने उससे कहा कि वह इसमें अपने होम लोन पर दिए गए ब्याज की कुल राशि, अब तक बचा हुआ मूलधन और यह सब होने में लगे समय को भी जोड़े। अगर सिर्फ़ 13 सालों में संपत्ति की बढ़ी हुई क़ीमत को कंपाउंड एनुअल ग्रोथ रेट (CAGR) में बदलें, तो यह महज़ 5.5% बैठती है। और जब इसमें ब्याज और रखरखाव का ख़र्च जोड़ते हैं, तो यह गिरकर केवल 4.2% रह जाती है।

  यह याद रखना ज़रूरी है कि किसी प्रॉपर्टी की क़ीमत में बढ़त (Price Appreciation) कई बातों पर निर्भर करती है, जैसे कि वह जगह कितनी अच्छी है, आस-पास कौन-से नए प्रोजेक्ट्स आने वाले हैं और उस एरिया में प्रॉपर्टी की क़ीमतें पहले से कितनी ऊँचाई पर हैं, लेकिन आमतौर पर, प्रॉपर्टी की क़ीमतें लगभग बारह से चौदह साल में दोगुनी होती हैं। इसकी तुलना करें एक सामान्य एफ़डी से, जो 7% की कंपाउंडिंग दर पर दस साल में दोगुनी हो जाती है। और म्यूचुअल फ़ंड से तुलना करें, जो हर साल 12% की दर से बढ़ता है–इसमें आपकी रक़म सिर्फ़ छह साल में दोगुनी हो सकती है।

- **नज़र न आने वाले उतार-चढ़ावः** कुछ लोग रियल एस्टेट को म्यूचुअल फ़ंड या शेयरों की तुलना में 'स्थिर' निवेश मानते हैं। यह धारणा इसलिए बनी है, क्योंकि रियल एस्टेट निवेश को हर दिन ट्रैक या मापा नहीं जाता, जैसा कि म्यूचुअल फ़ंड या शेयरों के साथ होता है, लेकिन अगर प्रॉपर्टी के भाव भी किसी इंडेक्स पर लिस्ट होते और रोज़ नज़र रखी जाती, तो इनमें भी उतार-चढ़ाव और कई बार स्थिरता (कोई बढ़त नहीं) दिखती–जैसे कि किसी भी अन्य निवेश साधन में होता है।

- **कैश की कमी:** रियल एस्टेट की एक और बड़ी कमी यह है कि ज़रूरत पड़ने पर इसमें आसानी से नक़द नहीं निकाला जा सकता। मेरे एक अंकल ने रिटायरमेंट के बाद रियल एस्टेट में निवेश किया था, जिसकी क़ीमत एक करोड़ रुपये से ज़्यादा थी, लेकिन एक समय ऐसा आया, जब उन्हें किसी और निवेश के लिए 20 लाख रुपये की ज़रूरत पड़ी। अब आप सोचिए, क्या वे उस प्रॉपर्टी का कोई हिस्सा–जैसे बालकनी या एक बेडरूम–बेच सकते थे? नहीं। यही है असली 'संपत्ति में अमीर लेकिन नक़द में तंगी' वाली स्थिति–जब आपके पास संपत्ति तो होती है, लेकिन उसे थोड़ा-थोड़ा बेचकर ज़रूरत के अनुसार पैसे निकालना मुमकिन नहीं होता।
- **किराए से होने वाली आमदनी पर विचार:** बहुत से लोग यह सोचकर प्रॉपर्टी ख़रीदते हैं कि किराया उन्हें एक स्थायी और अतिरिक्त आमदनी देता रहेगा, लेकिन सच्चाई यह है कि भारत में आवासीय संपत्ति से मिलने वाला किराया अपेक्षाकृत कम होता है। 'रेंटल यील्ड' यानी सालाना किराया जो प्रॉपर्टी की बाज़ार क़ीमत के प्रतिशत में मापा जाता है–आमतौर पर 2–3 प्रतिशत के बीच होता है। इसकी तुलना में शेयरों से मिलने वाला डिविडेंड या फ़िक्स्ड डिपॉज़िट से मिलने वाला ब्याज अक्सर ज़्यादा होता है। इसके अलावा किराए की आय पर ख़ाली रहने का समय, मेंटेनेंस यानी रख-रखाव का ख़र्च, प्रॉपर्टी टैक्स और किराएदारों की परेशानियाँ भी असर डालती हैं। इन सबके चलते रिटर्न और भी घट सकता है।

प्रॉपर्टी दो तरह की होती है–रहने के लिए और निवेश के लिए। कोई भी प्रॉपर्टी लेने से पहले यह तय करें कि आप उसे किस मक़सद से ले रहे हैं और क्या वह आपके लक्ष्य से मेल खाती है। सोच-समझकर फ़ैसला लें!

मुख्य सीख (Key Learnings)

- घर, सबसे पहले रहने की जगह होता है, निवेश का साधन बाद में।
- दूसरा घर कोई सोने का अंडा देने वाली मुर्गी नहीं है। टैक्स, धीमी बढ़त और नक़दी की कमी इसे घाटे का सौदा बना सकते हैं। निवेश से पहले पूरा हिसाब-किताब ज़रूर करें!
- किराए पर रहना आपको ईएमआई और मेंटेनेंस से आज़ादी देता है और साथ ही ज़्यादा लचीलापन भी।

10

सोना

शादी के जोड़े से तिजोरी तक

मेरी शादी के दिन मैंने एक ख़ूबसूरत रानी हार पहना था–एक लंबा, भव्य हार, जिसे भारत में दुल्हनें अक्सर पहनती हैं। यह सिर्फ़ सोने, क़ीमती रत्नों और मोतियों से सजा हुआ नहीं था, बल्कि इसमें मेरे माता-पिता की सालों की मेहनत और उनकी ज़िंदगी की बचत झलक रही थी। जब मैंने उसके बारीक डिज़ाइन पर हाथ फेरा, तो मुझे उसमें समाया हुआ प्यार महसूस हुआ।

मेरे जन्म से पहले ही, मेरे माता-पिता थोड़ी-थोड़ी मात्रा में सोना ख़रीदते थे, एक तरह की सुरक्षा के रूप में। और जब उन्हें पता चला कि उनके घर बेटी आने वाली है, तो उन्होंने सोना और ज़्यादा ख़रीदना शुरू कर दिया। वे किसी भी मौक़े या बहाने का इंतज़ार करते–मेरा जन्मदिन, दिवाली या जब भी सोने के दाम गिरते–सोना ख़रीदने के लिए।

अक्सर मैं उनसे पूछती थी, "क्यों?" किशोरावस्था में मेरी माँ अक्सर कहती थीं, "बेटी की शादी के लिए 10 तोला जमा करना है," यानी वे मेरी शादी के दिन मुझे कम से कम 10 तोला सोना देना चाहती थीं। भारत में ज़्यादातर परिवारों के मन में एक तय मात्रा होती है–जितना सोना वे अपनी बेटी या बहू को देना चाहते हैं। 'तोला' सोना तौलने की एक पारंपरिक भारतीय इकाई है और आज भी आमतौर पर इसी में सोना

मापा जाता है। एक तोला लगभग 11.66 ग्राम के बराबर होता है, लेकिन आमतौर पर इसे 10 ग्राम मान लिया जाता है।

जब मैंने फ़ाइनैंशियल सर्विसेज़ में काम करना शुरू किया, तो एक दिन मैंने माँ-पापा से पूछा, "क्यों सिर्फ़ सोना? क्या म्यूचुअल फ़ंड या रियल एस्टेट में निवेश करना ज़्यादा समझदारी नहीं होती इतने सालों में?"

लेकिन माँ बस मुस्कराकर कहती थीं, "ये सिर्फ़ पैसे का सवाल नहीं है, राधिका। एक दिन तुम ख़ुद समझ जाओगी।"

उस वक़्त मुझे उनकी बात समझ नहीं आती थी, लेकिन जब मेरी ख़ुद की शादी हुई, तो सब कुछ एकदम साफ़ हो गया। मेरे पहले जन्मदिन से लेकर मेरी शादी तक, सोने की क़ीमतें काफ़ी बढ़ चुकी थीं, लेकिन माँ-पापा की समझदारी और तैयारी की वजह से, उन्होंने धीरे-धीरे सोना जमा किया था–एक तरह से एसआईपी की तरह, जबकि तब तक लोगों को एसआईपी का मतलब भी ठीक से नहीं पता था। और यही सोना मेरी शादी के गहनों में तब्दील हो गया।

तभी मुझे समझ आया कि सोना सिर्फ़ आर्थिक सुरक्षा देने के लिए नहीं होता–ये भावनात्मक सुरक्षा भी देता है। शायद इसी वजह से भारत में सोने को इतना महत्त्व दिया जाता है।

सोना क़ीमती क्यों है?

जब भी पापा सोना ख़रीदते थे, तो अक्सर कहते, '*भाव बढ़ जाएगा।*' और सही भी कहते थे! 1983 में 24 कैरेट सोने की 10 ग्राम क़ीमत थी ₹1,800। और मार्च, 2025 तक, ये क़ीमत बढ़कर लगभग ₹90,000 हो गई है, यानी इन सालों में सोने ने सालाना औसतन 11.5% की दर से रिटर्न दिया है। इसीलिए सोना आपके निवेश पोर्टफ़ोलियो में शामिल करने लायक़ है–बस सही मात्रा में।

जब भी अर्थव्यवस्था संकट में आती है–चाहे वो शेयर बाज़ार का अचानक गिरना हो, मंदी हो या फिर कोई वैश्विक आपदा–सोना

आमतौर पर अपनी क़ीमत बनाए रखता है। यही इसकी सबसे बड़ी ताक़त है।

सोना आपके निवेश पोर्टफ़ोलियो को गिरावट के समय में सुरक्षा देता है। चूँकि इसकी क़ीमत अमेरिकी डॉलर में तय होती है, इसलिए जब भारतीय रुपया कमज़ोर होता है, तो सोने की क़ीमत यहाँ अपने आप बढ़ जाती है। वहीं जब रुपया मज़बूत होता है, तो भारत में सोने की क़ीमतें गिर सकती हैं, भले ही दुनियाभर में सोने की क़ीमतें स्थिर क्यों न हों।

इसके अलावा, सोना एक दुर्लभ धातु है–और यही इसकी असली ताक़त है। इसी वजह से जब आप इसकी दूसरी संपत्तियों से तुलना करते हैं, तो 10 से 15 साल की लंबी अवधि में इसकी क़ीमत गिरने की संभावना बेहद कम होती है।

आम इंसान के लिए इसका क्या मतलब है?

यही बात लोगों को सोना ख़रीदने के लिए प्रेरित करती है। वे इसे बुरे वक़्त के लिए एक सुरक्षा-कवच की तरह देखते हैं। आपने बॉलीवुड की फ़िल्मों में कई बार देखा होगा, जब परिवार पर आर्थिक संकट आता है, तो पत्नियाँ अपने सबसे प्रिय गहनों तक को बेचने या गिरवी रखने को तैयार हो जाती हैं, यहाँ तक कि अपना मंगलसूत्र भी। यही वजह है कि भारतीय महिलाओं के लिए सोना पहली पसंद है।

अब ज़रा सोचिए–भारत की महिलाओं के पास कितना सोना होगा? अनौपचारिक आँकड़ों के अनुसार, भारत की महिलाओं के पास जो सोना है, उसकी कुल क़ीमत देश की GDP के लगभग 20% के बराबर है! दूसरी ओर, भारतीय रिज़र्व बैंक यानी RBI के पास जो सोना है, उसकी क़ीमत $700 अरब डॉलर से अधिक मानी जाती है, यानी भारत की महिलाएँ, RBI से ज़्यादा सोना रखती हैं! इसे ही तो कहते हैं असली नारी शक्ति!

क्या सोना एक अच्छा निवेश है?

साल 2000 से अब तक सोने ने औसतन 11.5 प्रतिशत का दमदार सालाना रिटर्न दिया है, जो काफ़ी बढ़िया माना जाता है! लेकिन इस सफ़र में उतार-चढ़ाव भी आए हैं। कुछ सालों में तो सोने ने घाटा दिया या फिर दो-तीन साल तक कोई रिटर्न ही नहीं मिला। उदाहरण के लिए, 2013 से 2015 के बीच सोने की क़ीमत लगातार गिरी – 2012 में लगभग ₹31,050 प्रति 10 ग्राम से गिरकर 2015 में ₹26,343 प्रति 10 ग्राम तक पहुँच गई। इस दौरान डॉलर मज़बूत हुआ, ब्याज दरें बढ़ीं और वैश्विक अर्थव्यवस्था सुधरी, जिससे निवेशकों के लिए सोना कम आकर्षक रह गया।

तो भले ही लंबे समय में रिटर्न अच्छे दिखते हों, पर सफ़र हमेशा आसान नहीं रहा है। और हर निवेश की तरह, सोने के भी अपने फ़ायदे और कुछ कमियाँ हैं।

सोना क्यों चुने?

✓ **सुरक्षा:** लंबे समय के लिए भरोसेमंद निवेश।

✓ **तरलता:** ज़रूरत पड़ने पर ज्वेलर्स को आसानी से बेचा जा सकता है।

✓ **रिटर्न:** साल 2000 से अब तक औसतन 11.5% का बढ़िया रिटर्न।

✓ **गिरवी:** छोटे क़र्ज़ के लिए ज़मानत के रूप में इस्तेमाल किया जा सकता है।

सोना क्यों नहीं चुने?

× नियमित आमदनी नहीं: सोने पर न तो ब्याज मिलता है, न ही डिविडेंड।

× **क़ीमत में उतार-चढ़ाव:** इसकी क़ीमत में बड़ा उतार-चढ़ाव हो सकता है – और अक्सर ये बदलाव पता भी नहीं चलता।

- ✕ **सुरक्षा लागत:** इसे सँभालकर रखने के लिए सुरक्षित जगह या लॉकर की ज़रूरत होती है।
- ✕ **छोटे समय का जोखिम:** कम अवधि में निवेश पर घाटा भी हो सकता है।

मूलमंत्र: *पोर्टफ़ोलियो में सोना ठीक वैसे ही है, जैसे खाने में नमक–ज़रूरी तो है, लेकिन ग़लत मात्रा में हो जाए, तो सब बिगाड़ सकता है।*

सोने में निवेश कैसे करें?

भारत में सोने को हमेशा से संपन्नता और सुरक्षा का प्रतीक माना गया है। इसीलिए, इसमें निवेश को एक भरोसेमंद विकल्प माना जाता है। भले ही सोना हमेशा सबसे ऊँचा रिटर्न न दे, लेकिन लंबी अवधि में यह आपको बाज़ार की उथल-पुथल और महँगाई से बचा सकता है। अक्सर मुझसे लोग पूछते हैं कि सोने में निवेश की शुरुआत कैसे करें। यहाँ इसके कुछ प्रमुख तरीक़े दिए गए हैं:

- **सिक्के, बिस्किट या आभूषण:** सोने में निवेश का यह सबसे पारंपरिक तरीक़ा है। अगर आप दो साल बाद इसे बेचते हैं, तो आपको लगभग 12.5% **दीर्घकालिक पूँजीगत लाभ** (LTCG) टैक्स देना होगा। अगर बात आभूषणों की हो, तो 'मेकिंग चार्ज' जैसे ख़र्चों को भी ध्यान में रखना होगा, जो आपके रिटर्न को कम कर सकते हैं। इसके अलावा, आपको इसकी सुरक्षा के लिए लॉकर का ख़र्च भी उठाना पड़ेगा। आभूषणों से भावनात्मक जुड़ाव भी हो जाता है, जिससे लोग ज़रूरत पड़ने पर भी उन्हें बेचना नहीं चाहते – और यही निवेश का मक़सद ख़त्म कर देता है। इसलिए, अगर आप वास्तव में निवेश के

नज़रिए से सोना लेना चाहते हैं (ना कि पहनने के लिए), तो नीचे दिए गए अन्य तरीक़ों को अपनाना बेहतर होगा।

- **गोल्ड ईटीएफ़ (एक्सचेंज ट्रेडेड फ़ंड्स):** गोल्ड ईटीएफ़ एक तरह से म्यूचुअल फ़ंड की तरह होता है, जो स्टॉक एक्सचेंज पर ख़रीदा और बेचा जा सकता है। इसके लिए आपको एक डिमैट और ब्रोकिंग अकाउंट की ज़रूरत होगी। इसमें तरलता (Liquidity) बहुत अच्छी होती है और लॉकर या सुरक्षा की कोई चिंता नहीं, क्योंकि सब कुछ डिजिटल होता है। इसका रिटर्न सीधे सोने की क़ीमतों से जुड़ा होता है।

  (नोट: गोल्ड ईटीएफ़ के बारे में हम अध्याय 13 में विस्तार से बात करेंगे।)

- **सॉवरेन गोल्ड बॉन्ड्स (SGBs):** ये भारत सरकार द्वारा जारी किए जाते हैं और इनमें सोने की क़ीमत में बढ़ोतरी के साथ-साथ हर साल 2.5% निश्चित ब्याज भी मिलता है। इनकी अवधि आठ साल होती है, लेकिन ज़रूरत पड़ने पर आप इन्हें पाँच साल बाद भी बेच सकते हैं, हालाँकि, इन्हें गोल्ड ईटीएफ़ या गोल्ड फ़ंड्स जितना आसानी से ख़रीदा-बेचा नहीं जा सकता। अगर आप इन्हें पूरी अवधि तक रखते हैं, तो पूँजीगत लाभ (कैपिटल गेन्स) पर कोई टैक्स नहीं लगता, लेकिन अब ये नए रूप में जारी नहीं होते; पहले से जारी SGBs को ही एक्सचेंज पर ख़रीदा या बेचा जा सकता है। ध्यान दें कि इस पर मिलने वाले ब्याज पर टैक्स लगता है और अगर आप इन्हें जल्दी बेचते हैं, तो तरलता (Liquidity) कम हो सकती है और आपको कम दाम भी मिल सकते हैं।

- **डिजिटल गोल्ड:** इस विकल्प के ज़रिए आप ऑनलाइन बहुत ही छोटी मात्रा में सोना ख़रीद सकते हैं, जो कम बजट में निवेश करने वालों के लिए सुविधाजनक है–साथ ही इसमें सुरक्षा और स्टोरेज की झँझट भी नहीं होती, लेकिन इसमें नियामक नियंत्रण और पारदर्शिता की कमी होती है, जिससे यह थोड़ा कम भरोसेमंद हो जाता है। इस

पर भी भौतिक सोने की तरह टैक्स लगता है और ख़रीदते समय जीएसटी (GST) चुकाना पड़ता है, इसलिए टैक्स के लिहाज़ से यह गोल्ड ईटीएफ़ या बॉन्ड्स जितना फ़ायदेमंद विकल्प नहीं है।

सदियों से भारतीयों ने अपनी संपत्ति और मानसिक शांति की सुरक्षा के लिए सोने का सहारा लिया है, लेकिन इसमें पैसा लगाने से पहले एक क़दम पीछे हटकर अपने विकल्पों को तौलना समझदारी होगी। यह स्टॉक्स की तरह आपको अमीर नहीं बना सकता, लेकिन जब बाज़ार में उथल-पुथल हो, तब एक सुरक्षित सहारा बनने की इसकी क्षमता बिलकुल तय है।

क्या आपके निवेश पोर्टफ़ोलियो में 5–10 प्रतिशत तक सोना हो सकता है? बिलकुल! लेकिन 50 प्रतिशत? शायद नहीं। सोने को मुख्य निवेश रणनीति का केंद्र न बनाएँ, बल्कि इसे एक पूरक संपत्ति की तरह इस्तेमाल करना ज़्यादा बेहतर होगा।

मुख्य सीख (Key Learnings)

- आपकी मम्मी का हर साल सोना ख़रीदना, असल में सुरक्षा का एक एसआईपी था। हाँ, उनका तो पहले से प्लान तैयार था!
- गोल्ड ईटीएफ़ में निवेश करने से आपको लॉकर का झँझट नहीं उठाना पड़ता। वही निवेश, लेकिन बिना किसी सुरक्षा चिंता के!
- जैसे आप अपनी आधी दौलत इंश्योरेंस में नहीं डालते, वैसे ही सोने में भी पूरी संपत्ति झोंकना समझदारी नहीं है।

11

स्थिर आय

एक समझदार साथी

जब मैं छोटी थी, तो ताऊजी को अक्सर एक जगह का ज़िक्र करते सुनती थी–'डाकख़ाना'। अगर आप 90 के बाद पैदा हुए हैं, तो शायद सोच रहे होंगे कि ये डाकख़ाना क्या होता है। दरअसल, डाकख़ाना यानी पोस्ट ऑफ़िस–एक ऐसी जगह, जो कभी बहुत मशहूर हुआ करती थी, ख़ासकर उस दौर में जब ईमेल जैसी चीज़ें नहीं होती थीं। लकड़ी के पुराने काउंटर, पोस्टल स्टैम्प और लाल लेटर बॉक्स–वो दिन ही अलग थे!

ताऊजी हर कुछ महीनों में डाकख़ाने ज़रूर जाते–कभी अपनी बचत जमा करने, तो कभी थोड़े पैसे निकालने। उस समय की पारंपरिक बचत योजनाओं जैसे कि एनएससी (NSC) और किसान विकास पत्र (KVP) के लिए पोस्ट ऑफ़िस सबसे भरोसेमंद जगह मानी जाती थी। यक़ीन करना मुश्किल है, लेकिन उन दिनों इन योजनाओं पर ग्यारह फ़ीसदी (11%) तक का तयशुदा रिटर्न मिलता था! हाँ, आपने सही पढ़ा–ग्यारह फ़ीसदी!

उस समय ब्याज दरें आज की तुलना में काफ़ी ज़्यादा थीं और लोग इन पक्के रिटर्न वाली योजनाओं को बहुत पसंद करते थे। आज भी ये योजनाएँ मौजूद हैं, लेकिन अब इनमें लगभग 7.7% का रिटर्न मिलता है, फिर भी, इनका आकर्षण बना हुआ है। ताऊजी और उनके जैसे लाखों

लोग आज भी इन स्कीम्स पर भरोसा करते हैं–एक बेहद अहम वजह से: सुरक्षा।

बाज़ार चाहे जैसा भी रहा हो, उनका पैसा धीरे-धीरे, लेकिन लगातार बढ़ता रहा। उनके लिए और भारत के करोड़ों लोगों के लिए, फ़िक्स्ड इनकम प्रोडक्ट्स पुराने डाकख़ाने जैसे होते हैं–भरोसेमंद और सुकून देने वाले, लेकिन आख़िर ये फ़िक्स्ड इनकम या निश्चित आय प्रोडक्ट्स होते क्या हैं? और आपकी निवेश योजना में इनकी जगह क्यों ज़रूरी है?

फ़िक्स्ड इनकम प्रोडक्ट्स क्या होते हैं?

फ़िक्स्ड इनकम प्रोडक्ट्स को आप ऐसे साधन मानिए, जिनसे आप किसी को पैसा उधार देकर नियमित आमदनी कमा सकते हैं। आप ये पैसा सरकार को दें, किसी कंपनी को या फिर बैंक को – इनके कई नाम हो सकते हैं–सरकारी प्रतिभूतियाँ, कॉरपोरेट बॉन्ड्स या फ़िक्स्ड डिपॉज़िट्स। नाम कुछ भी हो, काम एक ही होता है – जैसे शेक्सपियर ने कहा था, "गुलाब को चाहे किसी भी नाम से पुकारो, वो ख़ुशबू तो मीठी ही देता है।"

सभी फ़िक्स्ड-इनकम प्रोडक्ट्स एक ही काम करते हैं: ये आपको तयशुदा ब्याज देते हैं और अवधि पूरी होने पर आपकी पूँजी सुरक्षित तरीक़े से वापस मिल जाती है – न कोई हैरानी, न कोई झटका; बस भरोसेमंद रिटर्न। चलिए अब देखते हैं ऐसे अलग-अलग फ़िक्स्ड-इनकम विकल्पों को और अगले अध्याय में बताए गए इक्विटी जैसे प्रोडक्ट्स से इनकी तुलना करते हैं – तीन सुपरहीरोज़–दौलत के जादूगर, कप्तान स्थिर और कप्तान रोमांच–की कहानी के ज़रिए, जो *इनवेस्टारा* नाम की आकाशगंगा में रहते थे।

इनवेस्टारा की गाथा

एक दिन, दौलत के जादूगर के पास कप्तान स्थिर आया–एक ऐसा भरोसेमंद, शांत और ज़िम्मेदार इंसान, जिस पर वो आँख मूँदकर भरोसा

कर सकता था। "हे दौलत के महान जादूगर," उसने कहा, "मुझे एक मिशन के लिए 1,00,000 सिक्कों की ज़रूरत है। मैं वायदा करता हूँ कि दो साल में पूरा पैसा लौटा दूँगा, बल्कि उस पर 7 प्रतिशत ब्याज भी दूँगा। क्या आप इस पर विचार करेंगे?"

जादूगर को इस प्रस्ताव की ठंडी-सी मिठास महसूस हुई। उसे ये सौदा लुभावना लगा। कप्तान स्थिर की पहचान समय पर क़र्ज़ चुकाने वाले इंसान की थी, इसलिए ये सुरक्षित लग रहा था। वो किसी फ़िक्स्ड-इनकम प्रोडक्ट जैसा था।

लेकिन तभी, ऊर्जा से भरपूर कप्तान रोमांच ज़ोर से मंच पर कूदा। नए-नए रोमांचों की तलाश में रहने वाला ये हीरो सच में अपने नाम पर खरा उतरता था।

"ठहरिए, हे धनवान जादूगर," कप्तान रोमांच ने कहा, "मेरे पास इससे बेहतर प्रस्ताव है। मुझे भी अपने रत्नों के व्यापार के लिए 1,00,000 सिक्कों की ज़रूरत है। मेरा काम ज़रूर चलेगा और जब चलेगा, तो मैं न सिर्फ़ आपका पूरा पैसा लौटाऊँगा, बल्कि अपने मुनाफ़े में से एक अच्छा-ख़ासा हिस्सा भी दूँगा–शायद कप्तान स्थिर के मामूली 7 प्रतिशत ब्याज से भी ज़्यादा। तो बोलिए, क्या कहते हैं आप?"

दौलत के जादूगर की दुविधा

कप्तान रोमांच की बातों ने दौलत के जादूगर के दिल में जोश भर दिया। वो इक्विटी की तरह था–जहाँ बड़े रिटर्न का वायदा तो था, लेकिन उसके साथ बड़ा जोखिम भी जुड़ा था, पर इस जोखिम में जो संभावनाएँ छिपी थीं, वो बेहद रोमांचक थीं–अगर व्यापार उड़ान भरता, तो ज़बरदस्त मुनाफ़ा हो सकता था... और अगर नहीं, तो भारी नुक़सान भी उठाना पड़ सकता था। प्रस्ताव लुभावना था, पर क्या जादूगर के पास इतना जोखिम उठाने की हिम्मत थी?

जादूगर ने दोनों प्रस्तावों पर गंभीरता से सोचा। आख़िर में उसे समझ में आया कि दोनों के अपने-अपने फ़ायदे हैं। कप्तान स्थिर की

योजना जहाँ पूँजी की सुरक्षा देती थी, कम जोखिम के साथ स्थिर रिटर्न का वायदा करती थी, वहीं कप्तान रोमांच की योजना ज़्यादा रिटर्न का मौक़ा देती थी, लेकिन पूँजी को जोखिम में डालने की क़ीमत पर। तो अब सवाल था–वो किसे पैसे दे?

अगर आप दौलत के जादूगर होते, तो क्या करते?

क्या आप 1,00,000 सिक्के कप्तान स्थिर को देते (यानी फ़िक्स्ड-इनकम प्रोडक्ट्स को), या कप्तान रोमांच को (यानी इक्विटी में निवेश करते)?

वैसे तो हर व्यक्ति का जवाब अलग होगा, पर एक समझदारी भरी रणनीति ये हो सकती है कि आप अपने पैसों का एक हिस्सा कप्तान स्थिर को दें और एक हिस्सा कप्तान रोमांच को–जैसे आपकी स्थिरता और रोमांच की पसंद हो, उसी हिसाब से।

आपके पोर्टफ़ोलियो में फ़िक्स्ड इनकम की भूमिका

याद है मेरे ताऊजी को? वो अक्सर पोस्ट ऑफ़िस जाते थे–11 प्रतिशत के मज़बूत रिटर्न पाने के लिए! अब जब फ़िक्स्ड इनकम प्रोडक्ट्स सिर्फ़ 7 प्रतिशत रिटर्न दे रहे हैं, तो आप सोच सकते हैं, "क्या ये वाक़ई फ़ायदेमंद हैं, जब स्टॉक्स इससे ज़्यादा कमा कर दे सकते हैं?"

असल बात यह है–स्टॉक्स की सवारी कई बार बहुत झकझोर देने वाली हो सकती है, ख़ासकर अगर 2008 जैसा क्रैश फिर आ जाए। मुझे इसका ख़ुद तजुर्बा है! 2007 में, जब मार्केट अच्छा चल रहा था और मैं वॉल स्ट्रीट पर एक ऐनालिस्ट थी, मैंने अपना सारा पैसा इक्विटी में लगा दिया था।

एक साल बाद, मई 2009 में, मैंने भारत लौटने और अपना वेंचर–फ़ोरफ़्रंट कैपिटल मैनेजमेंट–शुरू करने का फ़ैसला किया। इसके लिए मुझे पूँजी चाहिए थी और मेरे पास इक्विटी के अलावा कुछ नहीं था। मजबूरी में मुझे अपने सारे इक्विटी निवेश बेचने पड़े–तब तक मार्केट

30–40 प्रतिशत गिर चुका था। अगर मैंने अपने पोर्टफ़ोलियो का एक हिस्सा फ़िक्स्ड इनकम प्रोडक्ट्स में लगाया होता, तो शायद मेरी पूँजी बची रहती। यही वजह है कि फ़िक्स्ड इनकम प्रोडक्ट्स ज़रूरी हैं, ख़ासतौर पर शॉर्ट-टर्म लक्ष्यों या फिर सावधानी बरतने वाले निवेशकों के लिए। ये स्थिरता देते हैं–बिना शेयर बाज़ार की रोलर-कोस्टर राइड के।

निश्चित आय वाले उत्पादों में जोखिम और रिटर्न्स

चलिए फिर लौटते हैं *इनवेस्टारा* की आकाशगंगा में, जहाँ धन के जादूगर अब भी स्थिरता के कप्तान और रोमांच के कप्तान के दो प्रस्तावों पर विचार कर रहे थे। वे सोच ही रहे थे कि अपनी क़ीमती मुद्राओं का कितना हिस्सा किसे सौंपें, तभी उनके कक्ष में एक और पात्र प्रकट हुआ–ऋण जोखिम के कप्तान।

वह भी अपना कारोबार शुरू करना चाहता था और उसके पास भी एक प्रस्ताव था।

"जादूगर!" उसने कहा, "जब मैं आपको 10, या शायद 11 प्रतिशत तक का निश्चित ब्याज दे सकता हूँ, तो आप केवल 7 प्रतिशत पर संतोष क्यों करें? सोचिए, अगर आपने अपनी अनमोल मुद्राएँ मुझे सौंप दीं, तो बदले में आपको कितना ज़बरदस्त फ़ायदा मिलेगा!"

जादूगर थोड़े ललचाए–आख़िर कौन नहीं ललचाएगा? 11 प्रतिशत की गारंटी, 7 प्रतिशत की तुलना में कहीं ज़्यादा आकर्षक लग रही थी, लेकिन धन उनका विषय था और समझदारी उनकी सबसे बड़ी ताक़त। उन्होंने ख़ुद को सँभाला–आख़िर मामला क्या है?

उन्हें भारत नाम के एक दूर देश की कहानियाँ याद आईं, जहाँ बैंकिंग व्यवस्था को सरकार और रिज़र्व बैंक ने मिलकर बड़ी सावधानी से तैयार किया था। वहाँ निश्चित आय वाले निवेशों पर आमतौर पर सुरक्षित रिटर्न–लगभग 7 प्रतिशत–ही मिलते थे। यही उनके लिए भरोसे और कम जोखिम का पैमाना था।

ऋण जोखिम कप्तान का प्रस्ताव उस भरोसेमंद मानक से कहीं ज़्यादा था, लेकिन उसकी एक छवि भी थी–समय पर भुगतान न करने की। धन के जादूगर को अनुभव था कि जब कोई इतने ज़्यादा 'पक्के' रिटर्न का वायदा करता है, तो कहीं न कहीं कोई गड़बड़ ज़रूर होती है।

"तो बताओ ऋण जोखिम कप्तान," जादूगर ने पूछा, "इस अतिरिक्त ब्याज के पीछे की कहानी क्या है? ये 11 प्रतिशत कैसे हासिल होगा?"

ऋण जोखिम कप्तान मुस्कराया, "अरे, आप तो हमेशा दूर की सोचते हैं, जादूगर! सच कहूँ, तो मैं कुछ महत्त्वाकांक्षी योजनाओं पर काम कर रहा हूँ, जो थोड़ी अलग क़िस्म की हैं... और जिन्हें थोड़ी ज़्यादा पूँजी चाहिए। अब... बैंकों को ये सब ज़्यादा पसंद नहीं आया, तो मैंने सोचा, अगर आप थोड़ा भरोसा दिखाएँ, तो बदले में आपको ज़्यादा ब्याज कमाने का मौक़ा मिल सकता है।"

जादूगर की आँखें सिकुड़ गईं, जब उसने क्रेडिट रिस्क के बारे में सोचा–यानी यह संभावना कि अगर उधार लेने वाला मुश्किल में पड़ गया, तो निवेशक को उसका पैसा वापस न मिले। जहाँ कैप्टन स्टेबल की ज़मीन मज़बूत और भरोसेमंद थी, वहीं कैप्टन क्रेडिट रिस्क की योजनाएँ कुछ ज़्यादा संदिग्ध और अनिश्चित लग रही थीं और उनकी वापसी की कोई पक्की गारंटी भी नहीं थी। अगर उनके मिशन योजना के मुताबिक़ नहीं चले, तो जादूगर अपने कुछ या सारे सिक्के गँवा सकता था। आख़िरकार, उधार लेने वाले की चुकाने की क्षमता जितनी कमज़ोर होती है, निवेशकों को लुभाने के लिए वायदा की गई रिटर्न उतनी ही ज़्यादा करनी पड़ती है। 11% ब्याज का वायदा भले ही चमकदार लग रहा था, लेकिन कैप्टन क्रेडिट रिस्क के पुराने रिकॉर्ड को देखते हुए, जादूगर ने सतर्क रहने का फ़ैसला किया।

"कैप्टन क्रेडिट रिस्क," जादूगर ने कहा, "आपका प्रस्ताव लुभावना है, लेकिन जोखिम साफ़ नज़र आ रहा है। मैं अपने सिक्के देने से पहले इस पर सावधानी से सोच-विचार करना चाहूँगा।"

सबक़: जब भी कोई उधार लेने वाला बहुत ज़्यादा रिटर्न का वायदा करे, तो निवेशक को पैसे लगाने से पहले जोखिम को गहराई से समझ लेना चाहिए।

निवेश चुनते समय कुछ बातें ध्यान में रखें:

जब आप कोई फ़िक्स्ड-इनकम निवेश चुनें, तो अपने कीबोर्ड के CTRL (कंट्रोल) बटन को याद रखें:

- C - **क्रेडिट रिस्क (Credit Risk):** क्या उधार लेने वाला भरोसेमंद है? सरकार समर्थित विकल्प ज़्यादा सुरक्षित होते हैं, लेकिन कॉर्पोरेट बॉन्ड या एफ़डी में ज़्यादा रिटर्न के साथ ज़्यादा जोखिम भी होता है– उधार लेने वाले की क्रेडिट रेटिंग ज़रूर जाँचें। बॉन्ड की क्रेडिट रेटिंग यह आकलन होती है कि जारीकर्ता (Issuer) समय पर क़र्ज़ लौटा पाएगा या नहीं। CRISIL, ICRA और CARE जैसी एजेंसियाँ AAA (सबसे सुरक्षित) से लेकर D (डिफ़ॉल्ट) तक की रेटिंग देती हैं। ज़्यादा रेटिंग वाले बॉन्ड कम रिटर्न देते हैं, जबकि कम रेटिंग वाले ज़्यादा जोखिम के साथ ज़्यादा रिटर्न दे सकते हैं।
- T - **अवधि (Tenure):** आप कितने समय तक अपना पैसा निवेशित रख सकते हैं? एफ़डी और डेट म्यूचुअल फ़ंड कम समय के लिए होते हैं, जबकि पीपीएफ़ और बॉन्ड लंबी अवधि के लिए होते हैं। अपनी ज़रूरत के अनुसार सही समय सीमा वाला निवेश चुनें।
- R - **रिटर्न (Return):** ज़्यादा रिटर्न का मतलब अक्सर ज़्यादा जोखिम होता है, ख़ासकर कॉर्पोरेट बॉन्ड में। जोखिम को स्थिर आमदनी की ज़रूरत के साथ संतुलित करें।
- L - **लिक्विडिटी (Liquidity):** आप कितनी जल्दी बिना पेनल्टी के अपने निवेश से पैसा निकाल सकते हैं? एफ़डी और डेट फ़ंड में लचीलापन ज़्यादा होता है, जबकि पीपीएफ़ और बॉन्ड कम लिक्विड होते हैं।

हमेशा CTRL में रहें – क्रेडिट, अवधि, रिटर्न और लिक्विडिटी – ताकि आपके निवेश नियंत्रण में रहें!

जब आप फ़िक्स्ड-इनकम निवेशों में पैसा लगा रहे हों, तो सिर्फ़ बड़े और चमकदार प्री-टैक्स रिटर्न नंबर को मत देखें। असली फ़र्क़ पोस्ट-टैक्स रिटर्न से पड़ता है, क्योंकि टैक्स आपके रिटर्न को उम्मीद से कहीं ज़्यादा घटा सकता है। कई बार, PPF या नेशनल सेविंग्स सर्टिफ़िकेट जैसे टैक्स-एफ़िशिएंट विकल्पों पर थोड़ा कम प्री-टैक्स रिटर्न भी आपको ज़्यादा पैसा दे सकता है, यह इस पर निर्भर करता है कि आप किस टैक्स ब्रैकेट में आते हैं।

फ़िक्स्ड-इनकम निवेशों के विकल्प

निवेश का प्रकार	आप किसे उधार दे रहे हैं	आपको क्या मिलता है
सरकारी बॉन्ड्स	सरकार	कम जोखिम के साथ स्थिर ब्याज भुगतान, जो सरकार द्वारा समर्थित होते हैं।
कॉरपोरेट बॉन्ड्स	कंपनियाँ	अपेक्षाकृत अधिक रिटर्न, लेकिन साथ में क्रेडिट रिस्क भी अधिक होता है।
बैंक फ़िक्स्ड डिपॉज़िट्स	बैंक	निश्चित अवधि में गारंटीड ब्याज, सुरक्षित और पूर्वानुमान योग्य रिटर्न।
स्मॉल सेविंग्स स्कीम्स	सरकार समर्थित योजनाएँ	गारंटीड रिटर्न, टैक्स लाभ (जैसे धारा 80C), और दीर्घकालिक सुरक्षा जैसे PPF, NSC, SCSS।

निवेश का प्रकार	आप किसे उधार दे रहे हैं	आपको क्या मिलता है
कंपनी फ़िक्स्ड डिपॉज़िट्स	कंपनियाँ	बैंक एफ़डीज़ की तुलना में अधिक ब्याज दरें, लेकिन क्रेडिट रिस्क भी अधिक होता है।

अगर क्रेडिट रेटिंग की निगरानी रखना और निवेश चुनना आपके लिए बहुत झँझट वाला काम लगता है, तो चिंता की कोई बात नहीं! आप चाहें तो यह ज़िम्मेदारी वित्तीय पेशेवर को सौंप सकते हैं – एक डेट म्यूचुअल फ़ंड में निवेश करके (इसके बारे में आगे विस्तार से बताएँगे)। ये फ़ंड ऐसे होते हैं, जैसे आपने अपने पैसे के लिए एक निजी सलाहकार रख लिया हो–वो मेहनत करते हैं, आपके लिए बेहतरीन विकल्प चुनते हैं और आप बिना तनाव के रिटर्न का आनंद लेते हैं।

मूलमंत्र: *ज़्यादा ब्याज दर के साथ हमेशा कुछ न कुछ जोखिम जुड़ा होता है। अगर संदेह हो, तो उधार लेने वाले की क्रेडिट रेटिंग ज़रूर जाँचें।*

अपने फ़िक्स्ड-इनकम पोर्टफ़ोलियो से ज़्यादा फ़ायदा कैसे उठाएँ

श्रेयसी, इकतालीस वर्षीय स्कूल टीचर, अपनी अल्पकालिक ज़रूरतों–बच्चों की स्कूल फ़ीस, हर साल की फ़ैमिली हिल स्टेशन ट्रिप और इमरजेंसी फ़ंड–के लिए फ़िक्स्ड डिपॉज़िट की सुरक्षा को पसंद करती थीं। वो अपनी बचत जमा करके पाँच साल के लिए एक बड़ी एफ़डी में डाल

देती थीं, ज़्यादा सोचे बिना, लेकिन एक दिन, जब वह बैंक में थीं, तो उन्होंने एक नया शब्द सुना: एफ़डी लैडरिंग। उत्सुकता से उन्होंने अपने सलाहकार अनिर्बान से चाय पर मिलने की बात की, ताकि वह इसके बारे में और जान सकें।

"अरे श्रेयसी दी, ये तो बड़ा आसान है," अनिर्बान ने कहा। "मान लीजिए आपके पास 5 लाख रुपए हैं। इसे एक लंबी एफ़डी में डालने के बजाय, आप इसे पाँच हिस्सों में बाँट दीजिए – 1 लाख एक साल की एफ़डी में, 1 लाख दो साल की एफ़डी में, और ऐसे ही आगे। इससे हर साल एक एफ़डी मेच्योर होगी और अगर ब्याज दरें बढ़ें, तो आप उस मेच्योर हुई रक़म को नए एफ़डी में लगाकर ज़्यादा ब्याज कमा सकती हैं।"

"तो इसका मतलब है कि मुझे अपनी राशि निकालने या दोबारा निवेश करने की ज़्यादा आज़ादी मिलेगी, मैं अपनी निवेश की गई रक़म तक नियमित रूप से पहुँच बना सकूँगी और अगर ब्याज दरें बढ़ती हैं, तो उनसे भी फ़ायदा उठा सकूँगी?"

"बिलकुल सही! और आप इस तरीक़े को बॉन्ड्स या कंपनी डिपॉज़िट्स पर भी लागू कर सकती हैं," अनिर्बन ने कहा।

'लैडरिंग' के बारे में जानकर श्रेयसी को रिटर्न बेहतर करने का एक नया तरीक़ा समझ में आया। लैडरिंग के कुछ साफ़-साफ़ फ़ायदे हैं। सबसे पहला, यह ब्याज दरों के उतार-चढ़ाव से निपटने में मदद करता है–अगर दरें बढ़ें, तो आप मेच्योर हुई एफ़डी को किसी ज़्यादा ब्याज वाली एफ़डी में डाल सकते हैं और अगर दरें गिरें, तो आपकी लंबी अवधि की एफ़डी अब भी पहले से तय की गई ऊँची ब्याज दर पर बनी रहती है। दूसरा बड़ा फ़ायदा यह है कि आपको अपनी रक़म तक नियमित पहुँच मिलती रहती है, बिना लंबे समय की एफ़डी को बीच में तुड़वाए।

एफ़डी लैडरिंग का उदाहरण

एफ़डी क्रमांक	निवेश राशि (₹)	अवधि	ब्याज दर (%)
पहली एफ़डी	1 लाख	1 वर्ष	6.50
दूसरी एफ़डी	1 लाख	2 वर्ष	6.75
तीसरी एफ़डी	1 लाख	3 वर्ष	7.00
चौथी एफ़डी	1 लाख	4 वर्ष	7.25
पांचवीं एफ़डी	1 लाख	5 वर्ष	7.50

मच्योरिटी के समय, आप इस राशि को नए पाँच साल के ब्याज दर पर फिर से निवेश कर सकते हैं।

फ़िक्स्ड-इनकम प्रोडक्ट्स आपके पैसे को सुरक्षित और आसान तरीक़े से बढ़ाने का एक सीधा-सादा और अनुमानित तरीक़ा है, भले ही इनका रिटर्न थोड़ा कम हो। जैसा कि इनके नाम से ही स्पष्ट है, फ़िक्स्ड-इनकम प्रोडक्ट्स का काम होता है निश्चित रिटर्न देना–और यह होता है किसी भरोसेमंद को पैसा उधार देकर। इसलिए यह तय करना बेहद ज़रूरी होता है कि वह व्यक्ति या संस्था सही क़र्ज़दार हो।

अगर आप अधिक रिटर्न और थोड़े रोमांच की तलाश में हैं, तो आपके लिए इक्विटीज़ (Equities) का विकल्प हमेशा खुला है–और अब आगे वही आने वाला है!

मुख्य सीख (Key Learnings)

- फ़िक्स्ड इनकम से आप रातों-रात अमीर नहीं बनेंगे, लेकिन कंगाल भी नहीं होंगे।
- अगर वायदे किए गए रिटर्न सुनने में ज़रूरत से ज़्यादा अच्छे लगें, तो शायद वे सच न हों। शक हो तो, निवेश से जुड़े क्रेडिट रिस्क को ध्यान से परखें।
- लंबी लॉक-इन अवधि और कोई तरलता न होना आर्थिक सिरदर्द बन सकता है। बेहतर रिटर्न के लिए अपनी एफ़डीज़ को सीढ़ी (Ladder) की तरह प्लान करें।

सहायक स्रोत

- 14 फ़रवरी 2025 की स्थिति के अनुसार, भारत में विभिन्न बचत योजनाओं का विवरण इस प्रकार है:

योजना	लॉक-इन अवधि	ब्याज दर* (प्रतिवर्ष)	अधिकतम निवेश सीमा	कर	मुख्य विशेषताएँ
डाकघर मासिक आय योजना (POMIS)	5 वर्ष	7.4%	₹9 लाख (एकल खाता); ₹15 लाख (संयुक्त खाता)	ब्याज कर योग्य है; प्रचलित कानूनों के अनुसार TDS लागू	निश्चित मासिक आय प्रदान करता है। न्यूनतम निवेश ₹1,000। 1 वर्ष बाद आंशिक निकासी की अनुमति है, लेकिन जुर्माने के साथ।
किसान विकास पत्र (KVP)	120 महीने में मेच्योर (10 वर्ष)	7.5%	कोई ऊपरी सीमा नहीं	ब्याज कर योग्य है; प्रचलित कानूनों के अनुसार TDS लागू	120 महीनों में निवेश दोगुना हो जाता है। ₹1,000, ₹5,000, ₹10,000 और ₹50,000 के मूल्यवर्ग में उपलब्ध। 2.5 वर्ष बाद आंशिक निकासी की अनुमति।

योजना	लॉक-इन अवधि	ब्याज दर* (प्रतिवर्ष)	अधिकतम निवेश सीमा	कर	मुख्य विशेषताएँ
5-वर्षीय राष्ट्रीय बचत प्रमाणपत्र (NSC)	5 वर्ष	7.7%	कोई ऊपरी सीमा नहीं	धारा 80C के तहत टैक्स कटौती के लिए पात्र; ब्याज कर योग्य	न्यूनतम निवेश ₹1,000। गारंटीड रिटर्न प्रदान करता है। जोखिम से बचने वाले निवेशकों के लिए उपयुक्त।
वरिष्ठ नागरिक बचत योजना (SCSS)	5 वर्ष (3 वर्ष तक बढ़ाई जा सकती है)	8.2%	₹30 लाख	ब्याज कर योग्य है; ब्याज ₹50,000 से अधिक होने पर TDS लागू	विशेष रूप से 60 वर्ष और उससे अधिक आयु के व्यक्तियों के लिए। उच्च सुरक्षा और नियमित आय प्रदान करती है। 1 वर्ष बाद समय से पहले बंद करने की अनुमति है (जुर्माने के साथ)।
सुकन्या समृद्धि योजना (SSY)	खाता खोलने की तारीख़ से 21 वर्ष या लड़की की शादी (18 वर्ष के बाद) तक	8.2%	प्रति वित्तीय वर्ष ₹1.5 लाख	धारा 80C के अंतर्गत कर छूट के लिए पात्र; ब्याज और मैच्योरिटी राशि कर-मुक्त	10 वर्ष से कम उम्र की बेटियों के लिए। न्यूनतम वार्षिक जमा ₹250। लड़की के 18 वर्ष की होने के बाद आंशिक निकासी की अनुमति।
पब्लिक प्रोविडेंट फ़ंड (PPF)	15 वर्ष (5-5 वर्षों के ब्लॉक में बढ़ाई जा सकती है)	7.1%	प्रति वित्तीय वर्ष ₹1.5 लाख	धारा 80C के अंतर्गत कर छूट के लिए पात्र; ब्याज और मैच्योरिटी राशि कर-मुक्त	दीर्घकालिक निवेश जिसमें चक्रवृद्धि ब्याज का लाभ मिलता है। न्यूनतम वार्षिक जमा ₹500। सातवें वर्ष से आंशिक निकासी की अनुमति।

**1 जनवरी 2025 से लागू दरें*

कृपया ध्यान दें कि ब्याज दरों की समय-समय पर भारत सरकार द्वारा समीक्षा की जाती है और उनमें संशोधन किया जाता है। नवीनतम जानकारी के लिए किसी वित्तीय सलाहकार से परामर्श लें या सरकारी प्रकाशनों को देखें।

12

इक्विटीज़

टाटा में हिस्सेदारी, टेंशन के बिना

जिस एयरलाइन में जैस्मिन कोहली काम करती थीं, उसके बंद होने का ख़तरा मंडरा रहा था। ऐसे में यह एयर होस्टेस रोज़मर्रा की नौकरी छोड़कर अपना ख़ुद का ब्यूटी बिज़नेस शुरू करने का सपना देखने लगी। सुनने में बहुत आकर्षक लगता है, है ना? लेकिन असलियत में, कोई भी स्टार्टअप सिर्फ़ लिपस्टिक और लग्ज़री तक सीमित नहीं होता, बल्कि यह तो काग़ज़ी काम, नियम-क़ायदों और तनाव से भरी एक भूल-भुलैया जैसा होता है।

2024 की फ़िल्म *क्रू* में जैस्मिन (करीना कपूर द्वारा निभाया गया किरदार) तो अपने सपनों को पूरा करने के लिए विमान अपहरण करने तक की सोचने लगती है, लेकिन शुक्र है, ये सब सिर्फ़ रील लाइफ़ तक ही सीमित रहता है!

चिंता मत कीजिए–अपने सपनों का बिज़नेस खड़ा करने के लिए आपको किसी फ़िल्मी चोरी की योजना बनाने की ज़रूरत नहीं है। सोचिए, अगर ऐसा कोई तरीक़ा हो, जिससे आप देश-विदेश के सबसे मज़बूत और कामयाब बिज़नेस का एक हिस्सा बन सकें–बिना उन्हें चलाने की झँझट के?

यही तो इक्विटी (Equities) का कमाल है–यह आपको बिना किसी झँझट के एक सफल बिज़नेस साम्राज्य का हिस्सा बनने का मौक़ा देती है। इस अध्याय में हम जानेंगे कि इक्विटी किस तरह से आपको बिज़नेस के फ़ायदों का मालिक बना सकती है–और वह भी बिना कोई कंपनी चलाए!

तो चलिए, इक्विटी की बुनियादी बातें समझते हैं।

इक्विटी (Equities) क्या होती हैं?

अगर एक ब्यूटी बिज़नेस चलाना ही इतना मुश्किल है, तो ज़रा सोचिए कि एक साथ टाइटन जैसी लग्ज़री और लाइफ़स्टाइल कंपनी, लुपिन जैसी दवाई कंपनी, फ़ेडरल बैंक जैसा बैंक और टाटा मोटर्स जैसे ग्लोबल ऑटोमोबाइल निर्माता को चलाना कितना असंभव लगेगा! लेकिन अगर आप इन कंपनियों को चलाने की बजाय, इनमें आंशिक मालिकाना हक़ (Ownership) हासिल कर सकें और इनके मुनाफ़े का एक हिस्सा पा सकें तो?

इक्विटी (जिसे आमतौर पर **स्टॉक्स या शेयर्स** भी कहा जाता है) किसी कंपनी में मालिकाना हक़ का प्रतीक होती है। जब आप किसी कंपनी का इक्विटी शेयर ख़रीदते हैं, तो आप उस कंपनी का एक छोटा-सा हिस्सा ख़रीदते हैं। मार्केट की भाषा में, आप उस कंपनी के शेयरहोल्डर बन जाते हैं। इस हिस्सेदारी के बदले, आपको कंपनी के मुनाफ़े में हिस्सा मिलता है–और वो भी दो तरीक़ों से:

पहला, समय-समय पर मिलने वाला डिविडेंड (Dividend), यानी कंपनी अपने मुनाफ़े से जो राशि शेयरहोल्डर्स को देती है।

दूसरा, शेयर के दाम में बढ़त (Price Appreciation), यानी अगर कंपनी का मुनाफ़ा लगातार बढ़ता है, तो उसके शेयर की क़ीमत भी बढ़ती है–और आपके पास मौजूद शेयर का मूल्य भी कई गुना हो सकता है।

टाइटन, लुपिन, टाटा मोटर्स–ये सब वे कंपनियाँ हैं, जिनके शेयर समय के साथ कई गुना बढ़े। ऐसे शेयरों को **मल्टीबैगर्स** कहा जाता है। दिग्गज निवेशक राकेश झुनझुनवाला ने इन सभी कंपनियों (और कई अन्य) में इक्विटी निवेश किया था–और जब इन कंपनियों ने ज़बरदस्त मुनाफ़ा कमाया, तो उनके शेयरधारकों को भी ज़बरदस्त दौलत मिली। और सबसे ख़ास बात–उन्हें कभी इन कंपनियों को चलाने की चिंता नहीं करनी पड़ी!

इक्विटी में निवेश के फ़ायदे

दिल्ली में शादियों के साए के बीच, हमारे एक रिश्तेदार–चलिए उन्हें मिस्टर 'फ़ाइनर थिंग्स' कह लेते हैं–एक पारिवारिक लंच में बड़े गर्व से बता रहे थे कि उन्होंने अपने बेटे के रिसेप्शन पर 3 करोड़ रुपये ख़र्च किए। ये सुनकर मेरी आँखें फटी की फटी रह गईं। खाने का मेन्यू वही पुराना दिल्ली वाला: दाल मखनी और शाही पनीर। दशकों पहले, एक प्लेट की लागत शायद 1,000 रुपये रही होगी, लेकिन अब, महँगाई की वजह से, यह बढ़कर लगभग 6,000 रुपये हो चुकी थी – टैक्स अलग, और भी बहुत कुछ…

इसी बातचीत को सुन रही फ़ैमिली फ्रेंड रेनू अचानक मेरी तरफ़ मुड़ी और बोली,

"एक प्लेट की क़ीमत में इतनी बढ़ोतरी! हम इस महँगाई से जीतें कैसे?"

मैंने मुस्कराकर कहा, "महँगाई तो अब हमारे साथ ही रहने वाली है। बेहतर है कि इसे भी मेहमान बनाकर खाने की टेबल पर बुला लें।"

जवाब आया, "वो कैसे?"

"ऐसी कंपनियों में निवेश करके जो महँगाई से फ़ायदा उठाती हैं – जैसे फ़ूड प्रोड्यूसर्स। इस तरह, बढ़ती लागत को मुनाफ़े में बदला जा सकता है। जैसे, एक प्रमुख फ़ूड कंपनी का शेयर 2019 में 330 रुपये

था, जो 2024 में बढ़कर 575 रुपये हो गया – यानी 73 प्रतिशत का रिटर्न।"

मैंने समझाया कि लंबे समय में इक्विटीज़ ने ऐतिहासिक रूप से औसतन 12 प्रतिशत रिटर्न दिए हैं–महँगाई को मात देते हुए और सोना, रियल एस्टेट और फ़िक्स्ड डिपॉज़िट से बेहतर प्रदर्शन करते हुए। सरकार भी मूल रूप से चाहती है कि इक्विटीज़ जैसी संपत्ति वर्ग अच्छा करे, क्योंकि इसकी सफलता न सिर्फ़ अर्थव्यवस्था की हालत दिखाती है, बल्कि कैपिटल गेंस टैक्स के ज़रिए उनकी टैक्स कमाई भी बढ़ाती है। आजकल ऑनलाइन ब्रोकरेज़ प्लेटफ़ॉर्म्स के आने से इक्विटीज़ में निवेश करना उतना ही आसान हो गया है, जितना शादी में तीसरा गुलाब जामुन निगलना।

जैसे ही मिठाइयाँ टेबल पर पहुँचीं, रेनू महँगाई को लेकर पहले जितनी परेशान नहीं लग रही थी और मिस्टर बिग स्पेंडर की शक्ल देख कर लग रहा था कि अब वो अपनी कैटरिंग पर ख़र्च होने वाले भारी बजट का थोड़ा हिस्सा इक्विटीज़ में लगाने का मन बना रहे हैं।

इक्विटी में निवेश के जोखिम

हमारी बातचीत के बीच में ही रेनू इक्विटी में कूदने को लेकर साफ़ तौर पर उत्साहित दिखने लगी, लेकिन मैंने उसे ज़मीन पर टिके रहने की सलाह दी। इक्विटी में निवेश के अपने कुछ ख़ास जोखिम भी होते हैं और अब वक़्त था कि मैं ये पहलू उसके सामने रखूँ। उसकी भौंहें ऊपर उठ गईं।

"जोखिम? कौन से जोखिम?"

"चलो, सबसे पहले वॉलेटिलिटी (Volatility) से शुरू करते हैं," मैंने कहा।

पता है, पता है, ये शब्द सुनने में बड़ा भारी लगता है, लेकिन सीधा सा मतलब है कि स्टॉक के दाम बहुत तेज़ी से ऊपर-नीचे हो सकते हैं। कुछ दिनों में बिज़नेस तेज़ चलता है और कुछ में बिलकुल नहीं। कई

बार तो घाटा भी बढ़ने लगता है, जैसे कोविड-19 के दौरान, जब मार्केट 30–40 प्रतिशत तक गिर गया, क्योंकि ज़्यादातर बिज़नेस बंद हो गए थे। उस वक़्त होटल इंडस्ट्री की हालत ही देख लो–डाइनिंग रूम ख़ाली पड़े रहते थे! लेकिन जब हालात सामान्य होने लगे, तो मार्केट ने वापसी भी की। ऐसे बुरे समय में भी हेल्थकेयर जैसे सेक्टर अच्छा प्रदर्शन कर सकते हैं, जिससे पता चलता है कि हर इंडस्ट्री मार्केट की उथल-पुथल का अलग-अलग तरीक़े से जवाब देती है।

"लंबी अवधि में इक्विटी अच्छा रिटर्न देती है," मैंने कहा, और फिर एक चेतावनी जोड़ते हुए बात पूरी की, "लेकिन छोटी अवधि में आपको नुक़सान भी हो सकता है। अगर वो कंपनी, जिसमें आपने निवेश किया है, अच्छा प्रदर्शन नहीं करती–या उससे भी बुरा, दिवालिया हो जाती है तो आपका मूलधन डूब सकता है।"

"उदाहरण के लिए, एयर डेक्कन, जो भारत की पहली कम-ख़र्च वाली एयरलाइन थी, उसने 2000 के दशक की शुरुआत में हवाई सफ़र को ही बदल दिया था, लेकिन वित्तीय परेशानियों के चलते 2020 में इसका संचालन बंद हो गया और इसके निवेशक ख़ाली हाथ रह गए।"

"फिर मार्केट रिस्क होती है, जब पूरा बाज़ार ही गिर जाता है,' मैंने आगे बताया। "आपने दस अलग-अलग कंपनियों में शेयर लिए हों, लेकिन अगर पूरी अर्थव्यवस्था मंदी में जाती है, तो आपका पोर्टफ़ोलियो भी गिरावट महसूस करेगा।"

हालाँकि लंबे समय में बाज़ार फिर से सँभल जाते हैं, लेकिन कुछ सेक्टर-विशिष्ट जोखिम भी होते हैं, जैसे अगर आपने 2020 में तेल कंपनियों में भारी निवेश कर रखा होता, जब तेल के दाम बहुत नीचे चले गए थे, तो आपके निवेश को ज़बरदस्त झटका लगता।

"यह सब थोड़ा डरावना है," रेनू ने माना।

"हाँ, लेकिन इसका एक समाधान है: विविधता (Diversification)। अलग-अलग सेक्टरों में निवेश करना बहुत ज़रूरी है," मैंने कहा। "आप नहीं चाहेंगी कि सारा पैसा एक ही सेक्टर

में लगा हो। मान लीजिए कि आप कई राज्यों की सम्राज्ञी हैं–अगर एक राज्य मुश्किल में हो, तो आपके साम्राज्य के किसी और हिस्से का राज्य अच्छा कर सकता है। आप नहीं चाहेंगी कि सिर्फ़ एक राज्य की समस्या के चलते आपका पूरा शाही ख़ज़ाना ख़ाली हो जाए, है ना?"

रेनू ने सिर हिलाया। "अब समझ में आया। ठीक है, फिर," उसने घोषणा की, "अब मैं अपनी इक्विटी निवेश यात्रा शुरू करने के लिए तैयार हूँ और एक झटकों भरी सवारी के लिए भी।"

आप इक्विटी में निवेश कैसे शुरू कर सकते हैं?

काम के थकाने वाले एक दिन के बाद, मैं कार में बैठी घर लौट रही थी और सामने ब्रेक लाइट्स की लाल कतार को एकटक देख रही थी। शहर जैसे धीमी गति में चल रहा था, लेकिन मेरी सहनशक्ति जैसे फ़िनिश लाइन की तरफ़ दौड़ रही थी। तभी अचानक मेरे ड्राइवर ने पूछा, "मैडम, सुना है टेस्ला इंडिया आ रही है। EV स्टॉक्स में निवेश करूँ क्या?"

क्या?! मेरी मुस्कान छिप नहीं सकी। एक ओर हम ट्रैफ़िक में फँसे हुए थे और दूसरी ओर वह शेयर बाज़ार के बारे में सोच रहा था।

हालाँकि भारत में इक्विटी में निवेश का चलन बढ़ रहा है, लेकिन आज भी ज़्यादातर भारतीय परिवार अपनी बचत का केवल 5 प्रतिशत ही शेयरों में लगाते हैं, जबकि अमेरिका में यह आँकड़ा 20 प्रतिशत से भी ज़्यादा है।

अगर आप इक्विटी में निवेश शुरू करना चाहते हैं, तो आपके पास दो रास्ते हैं: या तो ख़ुद का डिमैट अकाउंट खोलें और शेयर चुनें, या म्यूचुअल फ़ंड का रास्ता अपनाएँ, लेकिन चलिए सच बोलते हैं – आजकल तो हर कोई ख़ुद को 'दलाल स्ट्रीट का वुल्फ़' समझने लगा है। महँगे मॉनिटर लगाकर और टिप्स के पीछे भागकर शेयर चुनते हैं, पर सच्चाई यह है कि शेयर चुनना असली जानकारी माँगता है। उसके बिना वो स्क्रीन बस

सजावट की चीज़ रह जाती हैं और आपका पोर्टफ़ोलियो शायद ही कोई ठोस मुनाफ़ा दे पाए।

दूसरी ओर, म्यूचुअल फ़ंड्स एक कुशल ड्राइवर रखने जैसे होते हैं। ये आपके पैसे को कई अलग-अलग शेयरों में लगाते हैं और आपकी निवेश की गाड़ी को प्रोफ़ेशनल तरीक़े से चलाते हैं, ताकि आप आराम से बैठ सकें और हर छोटे-बड़े फ़ैसले में उलझने की ज़रूरत न पड़े–यह सफ़र आसान भी होता है और सुरक्षित भी, ख़ासकर उन निवेशकों के लिए, जो ज़रा भी जोखिम नहीं लेना चाहते।

इक्विटी म्यूचुअल फ़ंड्स और शेयर बाज़ार, दोनों ही आपके निवेश पर अच्छे रिटर्न पाने के बेहतरीन साधन हो सकते हैं, लेकिन हर निवेश की तरह यहाँ भी उम्मीदों को सही ढंग से सँभालना ज़रूरी है। मुझे याद है, एक बार मेरे पापा को उनके निवेश पर एक ही साल में 60 प्रतिशत रिटर्न मिला था। वह वाक़ई एक शानदार समय था, लेकिन मुझे उन्हें टोकना पड़ा, "हर साल ऐसा नहीं होगा।"

अच्छी दोस्ती की तरह, इक्विटी में भी समय और धैर्य की ज़रूरत होती है। रातों-रात अमीर बनने की चाहत आपको सिर्फ़ निराशा की ओर ले जा सकती है। अक्टूबर, 2024 में, असम के डिब्रूगढ़ में एक ठग ने सैकड़ों लोगों को एक फ़र्जी ट्रेडिंग स्कीम में बड़े रिटर्न का लालच देकर ठगा और उन्हें पूरी तरह बर्बाद कर दिया। यहाँ तक कि असली ट्रेडिंग में भी कई लोग तेज़ मुनाफ़े की उम्मीद में हाई-रिस्क फ़्यूचर्स और ऑप्शन्स (F&O) में कूद पड़ते हैं, यह भूलकर कि ट्रेडिंग जोखिम भरी होती है और इससे भारी नुक़सान भी हो सकता है। इस चेतावनी का ध्यान रखें: दस में से नौ ट्रेडर पैसे गँवाते हैं।

निवेश को समय देना पड़ता है–जैसे एक बेस्टसेलर लिखने में लगता है। आपको कहानी को अध्याय दर अध्याय रचना होता है और चक्रवृद्धि ब्याज का स्वाभाविक मोड़ समय के साथ मिलकर एक शानदार क्लाइमेक्स तैयार करता है।

मूलमंत्र: *शेयर बाज़ार कोई जुआघर नहीं है–जो इसे ऐसा समझते हैं, बाज़ार उन्हें सज़ा देता है।*

सुनियोजित और विनियमित बाज़ार

फ़िल्मों और वेब सीरीज़ जैसे *स्कैम 1992* में अक्सर शेयर बाज़ार को सनसनीखेज़ तरीक़े से दिखाया जाता है–मानो यह धोखाधड़ी और चालबाज़ियों का अड्डा हो। आख़िरकार, ठगी की कहानियाँ मनोरंजन के लिहाज़ से काफ़ी रोमांचक होती हैं–कौन नहीं देखना चाहेगा जोखिम भरा रोमांच?

लेकिन यह नाटकीय छवि सिर्फ़ फ़िल्मों या सीरीज़ तक सीमित नहीं है। सोशल मीडिया पर भी मुझे अक्सर ऐसे पोस्ट या वीडियो दिखते हैं, जो चिल्ला-चिल्लाकर कहते हैं कि स्टॉक्स एक स्कैम हैं या IPO एक स्कैम है। ये वीडियो ज़्यादातर ध्यान खींचने, डर फैलाने या भ्रम पैदा करने के लिए बनाए जाते हैं।

लेकिन सोचिए, इंफ़ोसिस, डीमार्ट या इंडिगो जैसी बड़ी कंपनियों पर–जिन्होंने अपार संपत्ति बनाई है–ऐसी कोई ब्लॉकबस्टर या वायरल वीडियो क्यों नहीं बनती? शायद इसलिए कि जहाँ बड़े दाँव का नाटकीय खेल नहीं होता, वहाँ कहानी भी नहीं बनती।

मेरी सलाह है–हर चीज़ को सतही तौर पर न लें। समझें कि शेयर बाज़ार को पारदर्शी और निष्पक्ष बनाए रखने के लिए कौन-कौन से नियमन और निवेशक सुरक्षा तंत्र मौजूद हैं। भारत का शेयर बाज़ार चाहे जितना भी रोमांचक क्यों न लगे, लेकिन एक बात साफ़ है–यह कोई अराजक या नियमहीन जगह नहीं है।

सेबी (SEBI) हर चीज़ पर पैनी नज़र रखता है–पारदर्शिता बनाए रखने और निवेशकों की सुरक्षा के लिए। 2020 में यस बैंक संकट याद

है? सेबी ने दखल दिया, शॉर्ट-सेलिंग पर रोक लगाई, ताकि किसी तरह की धाँधली न हो, और बैंक को सँभालने के लिए एक रेस्क्यू प्लान का समर्थन भी किया। किंगफ़िशर एयरलाइंस के मामले में भी, जब विजय माल्या ने वित्तीय गड़बड़ी की, तो सेबी ने उन्हें बाज़ार और कॉरपोरेट बोर्ड से बाहर करने में ज़रा भी देर नहीं की।

बाज़ार में उतार-चढ़ाव तो होते ही हैं, लेकिन परदे के पीछे नियंत्रण और संतुलन का एक मज़बूत सिस्टम काम करता है। इसलिए अगली बार जब कोई कहे कि शेयर बाज़ार सिर्फ़ एक बड़ा घोटाला है, तो उन्हें याद दिलाइए कि असली ताक़त ड्रामा में नहीं, बल्कि उस चुपचाप काम करते निगरानी तंत्र में है, जो भारत के इक्विटी मार्केट को चलाता है।

बेहतर इक्विटी निवेशक कैसे बनें

कल्पना कीजिए कि आप अपने माता-पिता से पैसे उधार लेकर एक ऑनलाइन विंटेज स्नीकर्स (पुराने फ़ैशनेबल जूते) बेचने का बिज़नेस शुरू करते हैं। आप दिल लगाकर काम में जुट जाते हैं – एक ऐप बनाते हैं, ड्रॉप-शिपिंग सेटअप करते हैं, दुनियाभर से दुर्लभ स्नीकर्स जुटाते हैं, सारा स्टॉक तैयार है, इंटरफ़ेस चमकदार है और लॉन्च की पूरी तैयारी भी पक्की है। आपका मिनिमम वायबल प्रोडक्ट (न्यूनतम उपयोगी उत्पाद) लॉन्च के लिए तैयार है–और इसे पूरा होने में केवल कुछ दिन नहीं, बल्कि कई महीने लगेंगे! जैसे ही पहले कुछ ऑर्डर आने शुरू होते हैं, तभी आपके माता-पिता का बड़ा सवाल आपके सपनों पर दस्तक देता है – "हमें हमारे पैसे कब वापस मिलेंगे?"

अब इससे बचा नहीं जा सकता। आपको उन्हें समझाना होगा कि एक बिज़नेस खड़ा करने में समय लगता है। यह कोई जादू की छड़ी नहीं है, जिससे एक रात में मुनाफ़ा मिल जाए। कुछ दिन ऐसे होंगे, जब ऑर्डर बस गिने-चुने ही आएँगे। कुछ हफ़्ते बहुत भारी लगेंगे और कई बार तो ऐसा भी लगेगा कि कुछ भी सही नहीं चल रहा। विकास धीरे-धीरे होता है, लंबी अवधि में होता है।

इक्विटी निवेश भी ऐसा ही है–ये आपकी मर्ज़ी से डिविडेंड नहीं देता, लेकिन अगर आप उस प्रक्रिया का सम्मान करते हैं, तो इक्विटीज़ आपको ज़रूर इनाम देती हैं। जैसा कि मैरिलिन मुनरो ने बड़ी ख़ूबसूरती से कहा है,"अगर तुम मुझे मेरे सबसे बुरे वक़्त में नहीं झेल सकते, तो तुम मुझे मेरे सबसे अच्छे रूप में पाने के लायक़ भी नहीं हो।"

मुख्य सीख (Key Learnings)

- इक्विटीज़ (Equities) लंबी अवधि में महँगाई को मात देकर और अन्य एसेट क्लासेज़ यानी संपत्ति वर्ग की तुलना में बेहतर रिटर्न देकर संपत्ति बनाती हैं।
- बाज़ार में उतार-चढ़ाव सामान्य बात है। शेयर ऊपर-नीचे होते रहते हैं, लेकिन लंबी अवधि के निवेशक अंततः फ़ायदे में रहते हैं।
- विविधता (Diversification) जोखिम को कम करती है। अलग-अलग क्षेत्रों में निवेश करने से मंदी के दौरान भारी नुक़सान से बचा जा सकता है।

भाग 3

पैसा जो आपके लिए काम करे

13

म्यूचुअल फ़ंड्स I

फ़ाइनैंशियल फ़ूड कोर्ट में आपका स्वागत है

कल्पना कीजिए कि दोस्तों का एक समूह फ़ूड कोर्ट में अलग-अलग तरह के पकवान खाने के लिए पैसा इकट्ठा करता है। हर व्यक्ति पूरे खाने का मज़ा ले सकता है, बिना हर व्यंजन के लिए अकेले भुगतान किए। म्यूचुअल फ़ंड भी इसी तरह काम करते हैं–ये निवेशकों का पैसा इकट्ठा करके एक विविध पोर्टफ़ोलियो में निवेश करते हैं। ये निवेश के आसान और किफ़ायती तरीक़े हैं, जिनके ज़रिए आप इक्विटी, डेट, कमोडिटीज़ और रियल एस्टेट इनवेस्टमेंट ट्रस्ट (REITs) या इन्फ्रास्ट्रक्चर इनवेस्टमेंट ट्रस्ट (INVITs) जैसे अलग-अलग एसेट क्लासेज़ (संपत्ति वर्ग) में निवेश कर सकते हैं। म्यूचुअल फ़ंड इस तरह डिज़ाइन किए गए हैं कि वे अलग-अलग निवेश उद्देश्यों, जोखिम लेने की क्षमता और समय-सीमा वाले निवेशकों के लिए उपयुक्त हों।

चलिए जानते हैं कि म्यूचुअल फ़ंड्स को निवेश के लिए पसंदीदा विकल्प क्या बनाता है – ये रहा पूरा मेन्यू!

म्यूचुअल फ़ंड क्या होते हैं?

म्यूचुअल फ़ंड्स कई निवेशकों से पैसा इकट्ठा करते हैं और उसे एक विविध पोर्टफ़ोलियो में निवेश करते हैं। इन्हें प्रोफ़ेशनल फ़ंड मैनेजर्स द्वारा

संचालित किया जाता है, जिससे निवेशकों को विशेषज्ञता, विविधता और बड़े निवेश का लाभ मिलता है। इसे ऐसे समझिए जैसे आप साझा टैक्सी में सफ़र कर रहे हों। हर यात्री अलग-अलग टैक्सी लेने की बजाय किराया साझा करता है और सब एक ही टैक्सी से अपने गंतव्य तक पहुँचते हैं– आसान, सस्ता और व्यवस्थित। ठीक वैसे ही, म्यूचुअल फ़ंड्स में निवेश करके आप कम लागत में बेहतर पोर्टफ़ोलियो का लाभ उठा सकते हैं।

म्यूचुअल फ़ंड क्यों चुनें?

सीधे स्टॉक मार्केट में निवेश करना ऐसा है, जैसे आप ख़ुद से ब्रेड बेक कर रहे हों – आपको सामान इकट्ठा करना होगा, रेसिपी समझनी होगी और मेहनत करनी होगी। वहीं, म्यूचुअल फ़ंड ऐसे हैं, जैसे किसी एक्सपर्ट बेकर से ब्रेड ख़रीदना – आसान, भरोसेमंद और प्रोफ़ेशनल तरीक़े से तैयार।

- किफ़ायती: सीधे निवेश की तुलना में कम लागत, क्योंकि ख़र्च साझा होते हैं।
- सुरक्षित और नियमबद्ध: सेबी (SEBI) के नियमन में, जिससे निवेशक का संरक्षण सुनिश्चित होता है।
- विशेषज्ञों द्वारा प्रबंधित: बाज़ार की गहरी समझ रखने वाले पेशेवरों द्वारा संचालित।
- लोकप्रिय: दुनियाभर में सबसे ज़्यादा पसंद किए जाने वाले निवेश विकल्पों में से एक।

म्यूचुअल फ़ंड को सुरक्षित क्या बनाता है?

म्यूचुअल फ़ंड एक ड्राइवर वाली कार की तरह है – आप आराम से पीछे बैठ सकते हैं, जबकि पेशेवर ड्राइवर ट्रैफ़िक सँभालते हुए आपको सुरक्षित और आरामदायक सफ़र कराता है।

- **सेबी द्वारा सख़्त निगरानी:** मज़बूत नियम और नियमित ऑडिट से पारदर्शिता बनी रहती है।
- **विश्वसनीय ट्रस्ट स्ट्रक्चर:** निवेशकों की सुरक्षा के लिए संपत्तियाँ एक स्वतंत्र ट्रस्टी के पास रखी जाती हैं।
- **यूनिट्स का मालिकाना हक़:** निवेशकों को उनके निवेश के अनुपात में म्यूचुअल फ़ंड की यूनिट्स का स्वामित्व मिलता है।

म्यूचुअल फ़ंड्स के प्रकार

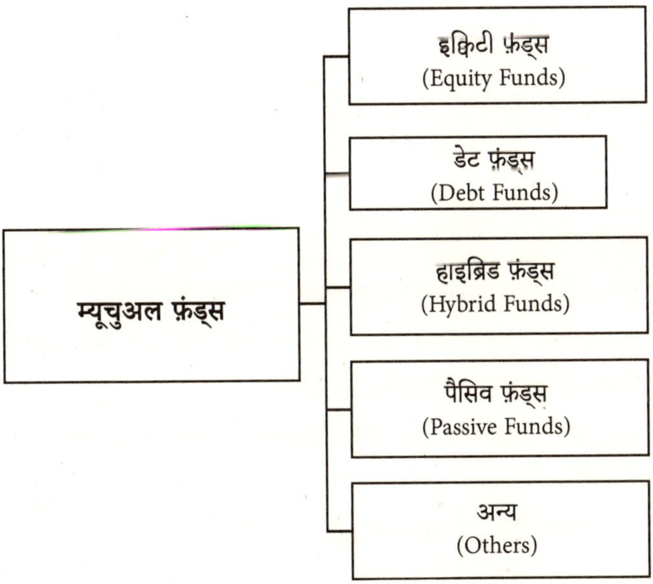

इक्विटी फ़ंड्स

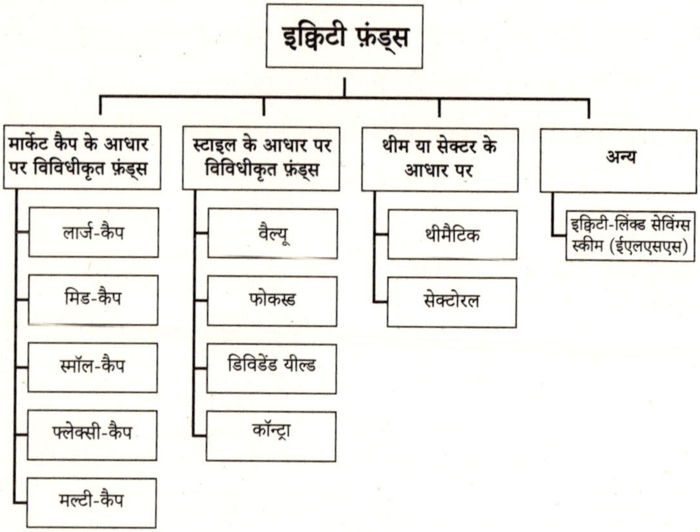

सामान्य विवरण

- इस प्रकार के फ़ंड मुख्य रूप से शेयरों में निवेश करते हैं।
- इन्हें कुशल फ़ंड मैनेजर द्वारा प्रबंधित किया जाता है, जो फ़ंड के उद्देश्य के अनुसार पोर्टफ़ोलियो बनाते हैं।
- **म्यूचुअल फ़ंड्स के लिए सेबी (SEBI) द्वारा तय मार्केट कैप श्रेणियाँ:**
    - **लार्ज-कैप (Large-Cap):** मार्केट कैप के अनुसार टॉप 100 कंपनियाँ।
        - बड़ी और स्थिर कंपनियाँ, अपेक्षाकृत मध्यम जोखिम, स्थिर वृद्धि।
    - **मिड-कैप (Mid-Cap):** मार्केट कैप के अनुसार 101 से 250 तक रैंक वाली कंपनियाँ।

- मध्यम स्तर की कंपनियाँ, विकास की संभावनाएँ, उच्च जोखिम।

– **स्मॉल-कैप (Small-Cap):** मार्केट कैप के अनुसार 250 और उससे नीचे रैंक वाली कंपनियाँ।

- नई और उभरती कंपनियाँ, तेज़ विकास की संभावनाएँ, बहुत अधिक जोखिम।

प्रकार

सेबी (SEBI) के स्कीम वर्गीकरण नियमों के अनुसार, इक्विटी म्यूचुअल फ़ंड्स को चार मुख्य आधारों पर बाँटा गया है: मार्केट कैप, निवेश की शैली, थीम या सेक्टर और अन्य आधार। यह विस्तृत वर्गीकरण निवेशकों को उनकी बाज़ार पूँजीकरण प्राथमिकताओं, निवेश शैली और मुख्य क्षेत्रों के आधार पर फ़ंड चुनने की सुविधा देता है।

इसे क्रिकेट की टीम चुनने जैसा सोचिए – मैच जीतने के लिए आपको बेटर्स, बॉलर्स और ऑल-राउंडर्स का संतुलन चाहिए। इक्विटी फ़ंड्स भी इसी सिद्धांत पर चलते हैं: वे लार्ज-कैप (स्थिर खिलाड़ी), मिड-कैप (उभरते सितारे) और स्मॉल-कैप (आक्रामक परफ़ॉर्मर) को अलग-अलग अनुपात में मिलाकर ऐसा संतुलन बनाते हैं, जो टारगेट स्कोर तक पहुँचाने में आपकी मदद करता है – वो भी चैंपियन की तरह! सभी प्रकारों की ज़रूरी जानकारी यहाँ दी गई है:

मार्केट कैप के आधार पर वर्गीकृत विविधीकृत फ़ंड्स

लार्ज-कैप फ़ंड	मिड-कैप फ़ंड	स्मॉल-कैप फ़ंड	फ्लेक्सी-कैप फ़ंड	मल्टी-कैप फ़ंड
न्यूनतम 80% निवेश लार्ज-कैप स्टॉक्स में (शीर्ष 100 कंपनियाँ)	न्यूनतम 65% निवेश मिड-कैप स्टॉक्स में (रैंक 101 – 250 कंपनियाँ)	न्यूनतम 65% निवेश स्मॉल-कैप स्टॉक्स में (रैंक 251 से आगे)	न्यूनतम 65% निवेश सभी मार्केट कैप में बिना किसी सीमा के	लार्ज-कैप, मिड-कैप और स्मॉल-कैप स्टॉक्स में न्यूनतम 25% निवेश प्रत्येक में

शैली के आधार पर वर्गीकृत विविधीकृत फ़ंड्स

वैल्यू फ़ंड	फोकस्ड फ़ंड	डिविडेंड यील्ड फ़ंड	कोंट्रा फ़ंड
न्यूनतम 65% निवेश एक वैल्यू निवेश रणनीति का पालन करते हुए इक्विटी में	अधिकतम 30 स्टॉक्स में निवेश, सभी मार्केट कैप में बिना सेक्टोरल सीमा के न्यूनतम 65% निवेश इक्विटी में	न्यूनतम 65% निवेश डिविडेंड देने वाले स्टॉक्स में	न्यूनतम 65% निवेश एक विपरीत निवेश रणनीति का उपयोग करते हुए (कम मूल्यांकित सेक्टर्स/ स्टॉक्स ख़रीदना)

थीम या सेक्टर के आधार पर वर्गीकृत फ़ंड्स

सेक्टोरल फ़ंड	थीमैटिक फ़ंड
• किसी विशेष सेक्टर में न्यूनतम 80% निवेश • उदाहरण: – टेक्नोलॉजी फ़ंड्स – बैंकिंग और फ़ाइनैंशियल सर्विसेज़ फ़ंड्स – हेल्थकेयर और फार्मा फ़ंड्स – इन्फ्रास्ट्रक्चर फ़ंड्स – रियल एस्टेट फ़ंड्स	• किसी विशेष थीम से जुड़े स्टॉक्स में न्यूनतम 80% निवेश • उदाहरण: – ईएसजी फ़ंड्स – ग्रामीण विकास फ़ंड्स – कंजंप्शन फ़ंड्स – ग्लोबल ऑपर्च्युनिटीज फ़ंड्स

इक्विटी फ़ंड्स की अन्य श्रेणियाँ

इक्विटी-लिंक्ड सेविंग्स स्कीम (ईएलएसएस)
• फ़ंड प्रबंधन टीम का मूल्यांकन करें। • फ़ंड के दीर्घकालिक प्रदर्शन और प्रक्रियाओं का आकलन करें। • विविधता सुनिश्चित करने के लिए विभिन्न शैलियों/प्रकारों का संतुलन बनाएँ।

निवेश चेकलिस्ट

- ☐ फ़ंड प्रबंधन टीम का मूल्यांकन करें।
- ☐ फ़ंड के दीर्घकालिक प्रदर्शन और प्रक्रियाओं का आकलन करें।
- ☐ विविधता सुनिश्चित करने के लिए विभिन्न शैलियों/प्रकारों का संतुलन बनाएँ।

फ़िक्स्ड-इनकम फ़ंड्स

फ़िक्स्ड-इनकम फ़ंड्स मुख्य रूप से बॉन्ड, ट्रेज़री बिल, कमर्शियल पेपर और मनी मार्केट इंस्ट्रूमेंट जैसे फ़िक्स्ड-इनकम सिक्योरिटीज़ में निवेश करते हैं। ये उन सतर्क निवेशकों के लिए आदर्श होते हैं जो स्थिरता, नियमित आय और इक्विटी की तुलना में कम जोखिम चाहते हैं।

प्रकार	विशेषताएँ	उपयुक्त निवेशक	जोखिम प्रोफ़ाइल
लिक्विड और अल्ट्रा-शॉर्ट ड्यूरेशन फ़ंड्स	• बहुत ही अल्पकालिक डेट इंस्ट्रूमेंट्स में निवेश करते हैं, जिनकी परिपक्वता अवधि अधिकतम 91 दिन (लिक्विड फ़ंड्स) या पोर्टफ़ोलियो अवधि 3–6 महीने (अल्ट्रा-शॉर्ट फ़ंड्स) होती है। • आमतौर पर सेविंग्स अकाउंट्स की तुलना में बेहतर रिटर्न देते हैं।	फालतू नक़दी को पार्क करने या अल्पकालिक नक़दी आवश्यकताओं को प्रबंधित करने के लिए उपयुक्त	न्यूनतम जोखिम, उच्च लिक्विडिटी के साथ
शॉर्ट-टर्म फ़ंड्स (जैसे: शॉर्ट ड्यूरेशन फ़ंड्स, लो ड्यूरेशन फ़ंड्स)	0–3 वर्षों की परिपक्वता अवधि वाले डेट इंस्ट्रूमेंट्स में निवेश	उन निवेशकों के लिए आदर्श जिनका निवेश क्षितिज छोटा है और जो फ़िक्स्ड डिपॉजिट्स से बेहतर रिटर्न की उम्मीद करते हैं	मध्यम जोखिम, जहाँ कुछ हद तक ब्याज दर और क्रेडिट जोखिम जुड़ा होता है

प्रकार	विशेषताएँ	उपयुक्त निवेशक	जोखिम प्रोफ़ाइल
लॉन्ग-टर्म फ़ंड्स (जैसे: गिल्ट फ़ंड्स, डायनामिक बॉन्ड फ़ंड्स)	लंबे समय तक की परिपक्वता वाली डेट इंस्ट्रूमेंट्स में निवेश करते हैं, आमतौर पर 5 वर्षों से अधिक के लिए	उन निवेशकों के लिए जो लंबे समय में अधिक रिटर्न की अपेक्षा रखते हैं	ब्याज दर में उतार-चढ़ाव के प्रति अधिक संवेदनशील, जिससे ये शॉर्ट-टर्म फ़ंड्स की तुलना में अधिक जोखिमभरे हो सकते हैं
टारगेट मैच्योरिटी फ़ंड्स (जैसे: भारत बॉन्ड ETFs)	फ़िक्स्ड मैच्योरिटी डेट वाली बॉन्ड्स में निवेश करने वाले पैसिव फ़िक्स्ड-इनकम फ़ंड्स, जो अक्सर अपने बेंचमार्क से मेल खाते हैं	वे निवेशक जो फ़िक्स्ड डिपॉज़िट जैसे लंबे समय के पूर्वानुमानित रिटर्न की तलाश में हैं	अगर मैच्योरिटी तक निवेश बनाए रखें तो कम जोखिम, क्योंकि ये ब्याज दर में उतार-चढ़ाव को समाप्त करते हैं

क्या उम्मीद करें

- **स्थिरता और नियमित आय**
  - फ़िक्स्ड-इनकम फ़ंड्स एक तुलनात्मक रूप से स्थिर निवेश विकल्प देते हैं, जो नियमित ब्याज भुगतान करते हैं।
  - यह कम जोखिम पसंद करने वाले निवेशकों या पोर्टफ़ोलियो में विविधता लाने के लिए उपयुक्त होते हैं।
- **इक्विटी की तुलना में कम जोखिम**
  - फ़िक्स्ड-इनकम फ़ंड्स में उतार-चढ़ाव कम होता है और ये बाज़ार के झटकों से कम प्रभावित होते हैं, जबकि इक्विटी फ़ंड्स में ज़्यादा अस्थिरता रहती है।

जोखिम

- **क्रेडिट जोखिम (डिफ़ॉल्ट जोखिम)**
  - यह जोखिम होता है कि बॉन्ड जारी करने वाला संस्थान ब्याज या मूलधन का भुगतान करने में असफल हो सकता है।
  - कम रेटिंग वाले सिक्योरिटीज़ ज़्यादा रिटर्न दे सकती हैं, लेकिन इनमें डिफ़ॉल्ट का खतरा भी ज़्यादा होता है।
- **ब्याज दर का जोखिम**
  - जब ब्याज दरें बढ़ती हैं, तो बॉन्ड की क़ीमतों में गिरावट आ सकती है–यही इसका मुख्य जोखिम है।
  - लंबी अवधि वाले फ़ंड्स ब्याज दरों में बदलाव से अधिक प्रभावित होते हैं, जबकि कम अवधि वाले फ़ंड्स पर इसका असर कम होता है।
- **लिक्विडिटी जोखिम**
  - कुछ विशेष सिक्योरिटीज़ में कम ट्रेडिंग गतिविधि के कारण निवेश को जल्दी भुनाने में असमर्थ होने का जोखिम।
- **रीइन्वेस्टमेंट जोखिम**
  - जब ब्याज दरें गिर रही हों और बॉन्ड्स मैच्योर हो जाएँ, तो जो राशि दोबारा निवेश करनी पड़े, उस पर कम ब्याज दर मिल सकता है–इसे रीइन्वेस्टमेंट जोखिम कहते हैं।

फ़िक्स्ड-इनकम फ़ंड्स अलग-अलग जोखिम सहने की क्षमता और निवेश अवधि वाले निवेशकों के लिए बनाए जाते हैं। ये फ़िक्स्ड डिपॉज़िट्स का एक लचीला विकल्प प्रदान करते हैं और बेहतर रिटर्न व तरलता (लिक्विडिटी) की संभावनाएँ रखते हैं, हालांकि, निवेशकों को विशेष रूप से क्रेडिट जोखिम और ब्याज दर जोखिम का ध्यानपूर्वक मूल्यांकन करना चाहिए, ताकि वे इन्हें अपने वित्तीय लक्ष्यों के अनुसार चुन सकें।

हाइब्रिड फ़ंड्स

हाइब्रिड फ़ंड्स एक समग्र निवेश समाधान प्रदान करते हैं, जो अलग-अलग जोखिम प्रोफ़ाइल और वित्तीय लक्ष्यों को ध्यान में रखकर विभिन्न संपत्ति वर्ग को मिलाकर तैयार किए जाते हैं। चाहे आप एक सतर्क निवेशक हों या आक्रामक, हर प्रकार के निवेशक के लिए एक उपयुक्त हाइब्रिड फ़ंड मौजूद है।

हाइब्रिड फ़ंड्स इक्विटी, डेट और कभी-कभी वैकल्पिक संपत्ति (जैसे सोना, REITs आदि) जैसी विभिन्न संपत्ति वर्ग में निवेश को मिलाकर चलते हैं। इन फ़ंड्स का उद्देश्य जोखिम और रिटर्न के बीच संतुलन बनाए रखना है, जिससे स्थिरता के साथ-साथ वृद्धि की संभावना भी बनी रहे। ये फ़ंड्स उन निवेशकों के लिए उपयुक्त हैं, जो एक ही उत्पाद में विविधता (Diversification) चाहते हैं।

प्रकार	विशेषताएँ	जोखिम प्रोफ़ाइल	उपयुक्त है
आर्बिट्राज फ़ंड्स	• ये फ़ंड्स नक़द (स्टॉक्स) और डेरिवेटिव (फ़्यूचर्स) बाज़ारों के बीच मूल्य के अंतर का लाभ उठाकर रिटर्न उत्पन्न करते हैं। • न्यूनतम 65% निवेश इक्विटी और उससे संबंधित उपकरणों में किया जाता है, शेष राशि डेट/मनी मार्केट इंस्ट्रूमेंट्स में होती है। • ये अल्पकालिक फ़िक्स्ड-इनकम फ़ंड्स के समान होते हैं, लेकिन टैक्स के लिहाज़ से इन्हें इक्विटी फ़ंड्स जैसा माना जाता है।	हेजिंग स्ट्रैटेजी के कारण कम जोखिम	वे निवेशक जो टैक्स-कुशल अल्पकालिक निवेश की तलाश में हैं और कम जोखिम सह सकते हैं।

प्रकार	विशेषताएँ	जोखिम प्रोफ़ाइल	उपयुक्त है
बैलेंस्ड एडवांटेज फ़ंड्स (डायनामिक एसेट एलोकेशन फ़ंड्स)	• बाज़ार की परिस्थितियों के अनुसार इक्विटी और फ़िक्स्ड इनकम में निवेश का अनुपात लचीले ढंग से समायोजित किया जाता है। • कोई स्थिर आवंटन नहीं होता। इक्विटी-डेट का अनुपात 0% से 100% तक हो सकता है।	मध्यम जोखिम, निवेश मिश्रण के अनुसार बदलता है	वे निवेशक, जो लचीलापन चाहते हैं और इक्विटी जैसे रिटर्न्स के साथ कम अस्थिरता और बाज़ार-आधारित रिटर्न की अपेक्षा करते हैं।
एग्रेसिव हाइब्रिड फ़ंड्स	• मुख्यतः इक्विटी में निवेश, जिसमें 65–80% तक इक्विटी में और शेष डेट में निवेश होता है। • उन निवेशकों के लिए उपयुक्त जो उच्च जोखिम सह सकते हैं और लंबी निवेश अवधि चाहते हैं।	अधिक जोखिम, क्योंकि इक्विटी का भाग ज़्यादा होता है	वे निवेशक, जो पारंपरिक बॉन्ड्स या एफ़डी से अधिक रिटर्न चाहते हैं और मध्यम अस्थिरता को सँभाल सकते हैं।
इक्विटी सेविंग्स फ़ंड्स	• इक्विटी, डेट और आर्बिट्राज अवसरों में निवेश का मिश्रण। • न्यूनतम 65% निवेश इक्विटी (आर्बिट्राज सहित) में और शेष डेट में।	मध्यम जोखिम	वे पारंपरिक निवेशक जो नियमित आय के साथ इक्विटी टैक्स बेनिफ़िट्स की तलाश में हैं।
मल्टी-एसेट फ़ंड्स	• विविधीकृत फ़ंड्स जो कम से कम तीन अलग-अलग संपत्ति वर्ग (जैसे इक्विटी, डेट, गोल्ड या सिल्वर) में निवेश करते हैं।	मध्यम से उच्च जोखिम, एसेट मिक्स पर निर्भर करता है	वे निवेशक जो जोखिम और रिटर्न के बीच संतुलन बनाते हुए विविधता चाहते हैं।

प्रकार	विशेषताएं	जोखिम प्रोफ़ाइल	उपयुक्त है
मल्टी एसेट फ़ंड्स	• प्रत्येक एसेट वर्ग में न्यूनतम 10% निवेश-व्यापक विविधीकरण के माध्यम से जोखिम को कम करता है और कई विकास अवसरों का लाभ उठाता है	मध्यम	जो निवेश में संतुलन चाहते हैं – यानी स्थिरता और ग्रोथ दोनों

मुख्य लाभ

- **विविधता (Diversification):** आपकी पूँजी कई प्रकार के संपत्ति वर्ग (जैसे शेयर और बॉन्ड) में लगाई जाती है, जिससे अगर किसी एक संपत्ति वर्ग का प्रदर्शन ख़राब भी हो, तो कुल निवेश पर असर कम होता है।
- **जोखिम के अनुसार संतुलित रिटर्न (Risk-adjusted Returns):** इक्विटी (शेयर बाज़ार) की तेज़ वृद्धि की संभावना और डेट (ऋण) की स्थिरता को संतुलित करता है।
- **कर लाभ (Tax Efficiency):** जिन फ़ंड्स में 65% या उससे अधिक हिस्सा इक्विटी में होता है, उन्हें इक्विटी टैक्सेशन का लाभ मिलता है। इससे ये फ़ंड्स केवल डेट फ़ंड्स की तुलना में ज़्यादा टैक्स-कुशल होते हैं।
- **सरल निवेश (Investing Simplified):** यह एक ही उत्पाद कई वित्तीय लक्ष्यों को पूरा कर सकता है, जिससे आपको अलग-अलग निवेश करने की ज़रूरत नहीं पड़ती।

पैसिव फ़ंड्स

जब आप यह सोचने के मूड में नहीं होते कि भूख मिटाने के लिए क्या खाएँ, तब मैकडॉनल्ड्स एक आसान विकल्प बन जाता है। चाहे आप

मुंबई में हों या मनाली में, मैकडॉनल्ड्स का बर्गर और फ्राइज़ हर जगह एक जैसा ही स्वाद देता है। पैसिव फ़ंड्स भी कुछ इसी तरह काम करते हैं–इनमें इंडेक्स फ़ंड्स और एक्सचेंज ट्रेडेड फ़ंड्स (ETFs) शामिल होते हैं, जो कम लागत में निवेश का विकल्प देते हैं और शेयर चुनने के झँझट से बचाते हैं।

इंडेक्स फ़ंड्स किसी तय मील कॉम्बो की तरह होते हैं। ये निफ़्टी 50 जैसे किसी मार्केट इंडेक्स को फ़ॉलो करते हैं और आपको आसान, स्थिर रिटर्न देते हैं। वहीं, ETF भी यही काम करते हैं, लेकिन इन्हें शेयरों की तरह ख़रीदा-बेचा जा सकता है और इनकी क़ीमत दिन भर माँग के हिसाब से बदलती रहती है।

मुख्य फ़ायदे

- ये सक्रिय रूप से प्रबंधित फ़ंड्स की तुलना में कम ख़र्चीले होते हैं।
- इनके रिटर्न उस इंडेक्स के समान होते हैं, जिसे वे ट्रैक करते हैं, इसलिए इनका प्रदर्शन समझना और ट्रैक करना आसान होता है।

अन्य फ़ंड्स

कुछ निवेशक और भी ज़्यादा विविधता चाहते हैं, उनके लिए म्यूचुअल फ़ंड्स के और भी विकल्प होते हैं।

अंतरराष्ट्रीय फ़ंड्स

ये फ़ंड आपको वैश्विक बाज़ारों में निवेश का मौक़ा देते हैं, जैसे आप विदेश यात्रा पर जा रहे हों, जहाँ आप अलग-अलग संस्कृतियों (बाज़ारों) को अनुभव करते हैं और आपका नज़रिया व्यापक होता है।

फ़ंड ऑफ़ फ़ंड्स

ये फ़ंड अन्य म्यूचुअल फ़ंड्स में निवेश करते हैं, ताकि आपके निवेश में और विविधता आ सके। इसे ऐसे समझिए, जैसे आपने अपनी यात्रा के लिए एक ट्रैवल प्लानर रख लिया हो। अब आप बिना किसी चिंता के पूरी यात्रा का मज़ा ले सकते हैं।

म्यूचुअल फ़ंड्स एक बहुमुखी निवेश विकल्प हैं, जो हर तरह के निवेशक की ज़रूरत को ध्यान में रखकर बनाए गए हैं। चाहे आप तेज़ वृद्धि चाहें, स्थिर आमदनी चाहें या दोनों का संतुलन–आपके लिए एक सही म्यूचुअल फ़ंड ज़रूर है। अपने विकल्पों को समझना और विभिन्न प्रकारों के बीच का फ़र्क़ जानना, जो समझदारी से निवेश करने में आपकी मदद करेगा।

इसे ऐसे समझिए, जैसे आप एक बग़ीचा तैयार कर रहे हों, जहाँ फूल सुंदरता बढ़ाने के लिए होते हैं (इक्विटी), सब्ज़ियाँ रोज़मर्रा की ज़रूरतें पूरी करने के लिए (डेट), और पेड़ लंबे समय की मज़बूती और संतुलन के लिए (हाइब्रिड)। इन सबकी देखभाल एक अनुभवी माली करता है, जो हर चीज़ को सही मात्रा में पानी, धूप और ध्यान देता है।

14

म्यूचुअल फ़ंड्स II

मारुति या मर्सिडीज़ – आपकी पसंद क्या है?

नए साल का संकल्प निभाने के लिए वरुण ने आख़िरकार जिम की दहलीज़ पार की। अंदर चमचमाते विदेशी ट्रेडमिल्स की कतारें थीं। दीवारों पर अर्नोल्ड श्वार्ज़नेगर (पूर्व अमेरिकी पेशेवर बॉडीबिल्डर और अभिनेता) और रॉनी कोलमैन (पूर्व अमेरिकी पेशेवर बॉडीबिल्डर) की मांसपेशियों और ऊर्जा से भरी तसवीरें टँगी थीं। माहौल से प्रेरित होकर वरुण सीधा ट्रेनर के पास पहुँचा।

"भइया, सबसे अच्छा एक्सरसाइज़ कौन सा है?" उसने पूछा।

ट्रेनर मुस्कराया। "किस चीज़ के लिए सबसे अच्छा?"

"उम्म... सब कुछ के लिए?"

"कोई एक सबसे अच्छा एक्सरसाइज़ नहीं होता। वज़न घटाना है? कार्डियो करो। मसल्स बनानी हैं? स्ट्रेंथ ट्रेनिंग करो। लचीलापन चाहिए? योग करो। और अगर फ़िट रहना है, तो सबका मिश्रण करो।"

ट्रेनर बिलकुल सही था।

इसी तरह, लोग मुझसे पूछते हैं, "सबसे अच्छा म्यूचुअल फ़ंड कौन सा है?"

जैसे कोई एक एक्सरसाइज़ सबसे अच्छा नहीं होता, वैसे ही कोई एक म्यूचुअल फ़ंड सबसे अच्छा नहीं होता। कुछ फ़ंड्स कार्डियो जैसे होते हैं–धीरे मगर भरोसेमंद (डेट फ़ंड्स)। कुछ वेट ट्रेनिंग जैसे–ज़्यादा जोखिम, ज़्यादा रिटर्न (इक्विटी फ़ंड्स)। और कुछ बैलेंस्ड फ़ंड्स होते हैं, जो दोनों का मेल होते हैं।

आपके लिए सबसे अच्छा म्यूचुअल फ़ंड वही होगा, जो आपके लक्ष्यों, जोखिम उठाने की क्षमता और समय सीमा से मेल खाता हो।

जैसे फ़िटनेस प्लान हर शरीर के हिसाब से अलग होते हैं, वैसे ही निवेश भी आपकी आर्थिक सोच और आदतों से मेल खाने चाहिए। इस अध्याय में, हम आपको बताएँगे कि सही म्यूचुअल फ़ंड चुनते समय किन बातों का ध्यान रखना ज़रूरी है।

'फ़ंड चुनना कार ख़रीदने जैसा क्यों है?'

सोचिए आप एक कार शोरूम में गए हैं और आपको एहसास होता है कि कार ख़रीदना सिर्फ़ एक ही फ़ैक्टर पर आधारित फ़ैसला नहीं होता। कोमल मेहता का बुटीक बिज़नेस तेज़ी से बढ़ रहा था और अब वह अपनी छोटी हैचबैक में फ़ैब्रिक रोल्स ठूँस-ठूँसकर रखने से तंग आ चुकी थी। एक एसयूवी (SUV) लेने का समय आ गया था, लेकिन शोरूम में पहुँचकर उन्हें जल्दी ही समझ आ गया कि सही कार चुनने के लिए कई बातों पर ध्यान देना पड़ता है–जैसे कि मेंटेनेंस, सुरक्षा, माइलेज़, रीसेल वैल्यू और भी बहुत कुछ।

म्यूचुअल फ़ंड्स भी कुछ ऐसे ही होते हैं। ज़्यादातर लोग बस पिछले कुछ सालों के सबसे ज़्यादा रिटर्न देने वाले फ़ंड को चुन लेते हैं, लेकिन जब आपने तय कर लिया है कि आपको म्यूचुअल फ़ंड्स में निवेश करना है–चाहे वो इक्विटी हो या डेट–तो असली सवाल यह होना चाहिए: कौन सा फ़ंड वाक़ई आपकी ज़रूरतों के हिसाब से फ़िट बैठता है?

म्यूचुअल फ़ंड चुनने से पहले इन बातों पर ज़रूर ध्यान दें:

- रोलिंग रिटर्न
- फ़ंड मैनेजर की स्थिरता
- एग्ज़िट लोड
- एक्सपेंस रेशियो

आइए, कोमल के लिए सही कार चुनने के अनुभव से समझते हैं कि म्यूचुअल फ़ंड चुनते वक़्त हमें क्या सीख मिल सकती है।

"इसकी देखभाल कितनी ज़रूरी है?"

एक एसयूवी दिखने में तो एकदम परफ़ेक्ट लग रही थी, लेकिन जब कोमल ने उसकी लंबी अवधि की विश्वसनीयता के बारे में पूछा, तो सेल्समैन थोड़ी देर को चुप हो गया। शुरुआती कुछ सालों में इसका प्रदर्शन शानदार था, लेकिन पुराने मॉडल्स में इंजन से जुड़ी दिक़्क़तें सामने आ चुकी थीं – और मरम्मत में अच्छा-ख़ासा ख़र्च आ सकता था।

म्यूचुअल फ़ंड्स के संदर्भ में, यह चमकदार एसयूवी दरअसल पॉइंट-टू-पॉइंट रिटर्न जैसी होती है, यानी, किसी तय समय-सीमा–जैसे 1 जनवरी से 31 दिसंबर–के बीच निवेश ने कितना रिटर्न दिया। सुनने में आसान लगता है, लेकिन अगर आप सिर्फ़ इसी को आधार बनाएँ, तो यह बहुत भ्रामक हो सकता है। अगर बाज़ार ने साल के आख़िरी हिस्से में अच्छा प्रदर्शन किया हो, तो कोई फ़ंड पूरे साल ख़राब रहने के बावजूद 25% तक का रिटर्न दिखा सकता है।

इसीलिए **रोलिंग रिटर्न फ़ंड** के दीर्घकालिक प्रदर्शन को जाँचने का बेहतर तरीक़ा है। यह छोटे-मोटे उतार-चढ़ाव को संतुलित करता है, क्योंकि इसमें विभिन्न ओवरलैपिंग अवधियों के औसत रिटर्न को देखा जाता है। उदाहरण के लिए, अगर किसी फ़ंड का 5 साल में 12% का रोलिंग रिटर्न है, तो इसका मतलब है कि चाहे आप कोई भी 5 साल लें, फ़ंड ने लगभग इसी स्तर का प्रदर्शन किया है। दूसरी ओर, कोई फ़ंड

जिसमें एक साल 30% रिटर्न और किसी साल 2%–तो ऐसी अस्थिरता दीर्घकालिक औसत को घटा देती है।

ज़्यादातर वेबसाइट्स डिफ़ॉल्ट रूप से पॉइंट-टू-पॉइंट रिटर्न ही दिखाती हैं। इसलिए निवेश करने से पहले होमवर्क ज़रूर करें और रोलिंग रिटर्न देखें, ताकि आपको किसी फ़ंड के प्रदर्शन की सटीक तसवीर मिले और आप अपने रिटर्न को लेकर यथार्थवादी उम्मीदें रख सकें।

"सुरक्षा फ़ीचर्स क्या हैं?"

शोरूम में कोमल को एक और एसयूवी पसंद आई। उसने उसके सुरक्षा फ़ीचर्स के बारे में पूछा, तो सेल्समैन का जोश अचानक ठंडा पड़ गया। उसने बताया कि पिछले पाँच सालों में उस गाड़ी को तीन बार कंपनी ने वापस मँगवाया है। दिखने में तो शानदार थी, लेकिन कोई भरोसेमंद गारंटी नहीं थी कि दुर्घटना की स्थिति में उसमें बैठे लोग सुरक्षित रहेंगे।

म्यूचुअल फ़ंड्स के मामले में, सुरक्षा फ़ीचर का मतलब है–आपका फ़ंड मैनेजर। किसी फ़ंड का प्रदर्शन इस बात पर निर्भर करता है कि उसे कौन चला रहा है। अगर फ़ंड मैनेजर बार-बार बदलता रहे, तो उसकी रणनीति और रिटर्न्स भी बदलते रहेंगे, क्योंकि हर मैनेजर का स्टाइल, जोखिम उठाने की क्षमता और स्टॉक्स चुनने का तरीक़ा अलग होता है। लगातार बदलाव से अस्थिरता आ सकती है–इसलिए आदर्श रूप से फ़ंड मैनेजर कम-से-कम तीन साल से उस फ़ंड को सँभाल रहा हो, तो बेहतर होता है।

"इसकी रीसेल मूल्य का क्या?"

कोमल लगभग एक मॉडल तय कर ही चुकी थी कि उसे याद आया – उसने गाड़ी की रीसेल मूल्य के बारे में तो पूछा ही नहीं। सेल्समैन जो लगभग डील पक्की मानकर उत्साहित था, एक बार फिर निराश हो गया। उसने बताया कि चार साल में इसकी क़ीमत आधी रह जाएगी। कोमल को

यह बिलकुल मंज़ूर नहीं था कि वह एक ऐसी कार ख़रीदे, जो ख़रीदने में महँगी हो और बाद में बेचने में मुश्किल हो।

म्युचुअल फ़ंड्स के मामले में भी कुछ ऐसा ही होता है – अगर आप एक तय समय से पहले पैसे निकालते हैं, तो आपसे एक शुल्क लिया जाता है, ताकि जल्दी निकासी को हतोत्साहित किया जा सके। अगर आप यह शुल्क नहीं देना चाहते, तो आपको लंबे समय के लिए निवेश करना होगा। इक्विटी फ़ंड्स में, अगर आप एक साल के अंदर पैसे निकालते हैं, तो आमतौर पर 1 प्रतिशत का एग्ज़िट लोड लगता है। यह सुनने में ज़्यादा नहीं लगता, लेकिन ख़रीदते समय इसका ध्यान रखना ज़रूरी है।

डेट फ़ंड्स में यह शुल्क या तो बहुत कम होता है या बिलकुल नहीं होता, जिससे ये अधिक लचीलापन देते हैं। कुछ फ़ंड्स ग्रेडेड सिस्टम अपनाते हैं – पहले छह महीनों में 1 प्रतिशत, अगले छह महीनों में 0.5 प्रतिशत और एक साल के बाद शून्य।

"माइलेज कितना है?"

कोमल लगभग उम्मीद छोड़ ही चुकी थी कि तभी एक और चमचमाती एसयूवी ने उसकी नज़र खींची। उसने सेल्समैन से उसकी माइलेज के बारे में पूछा। सेल्समैन ने बताया कि माइलेज के मामले में यह गाड़ी सबसे अच्छी नहीं है। जितना अधिक वह इसे चलाएगी, पेट्रोल की ख़पत उतनी ही बढ़ेगी और ख़र्च भी बढ़ जाएगा। म्यूचुअल फ़ंड में इसका बराबर उदाहरण है–ख़र्च अनुपात (Expense Ratio)। यह उस फ़ीस को दर्शाता है, जो आपकी निवेश राशि को सँभालने के लिए फ़ंड मैनेजर को दी जाती है। इक्विटी फ़ंड्स का ख़र्च अनुपात ज़्यादा होता है (1% से 2.25% तक), क्योंकि इन्हें सक्रिय रूप से प्रबंधित करना पड़ता है। वहीं डेट फ़ंड्स का ख़र्च अनुपात कम होता है (0.5% से 1% तक), क्योंकि इनका रिटर्न कम होता है और इसलिए ये ज़्यादा फ़ीस नहीं ले सकते।

स्वचालित या मैन्युअल?

कई सालों तक, ऑटोमैटिक कारें एक लग्ज़री मानी जाती थीं। ना क्लच दबाना, ना गियर बदलना। आज ये हर जगह दिखती हैं और शहर के ट्रैफ़िक में आराम से चलने वालों के लिए ज़िंदगी आसान बना रही हैं, फिर भी कुछ लोग अब भी मैन्युअल कारों को ही बेहतर मानते हैं। उन्हें अपनी कार पर पूरा कंट्रोल पसंद है और वे चाहते हैं कि उनकी गाड़ी बिलकुल उनकी इच्छा के मुताबिक़ चले।

निवेश भी कुछ ऐसा ही है। पैसिव फ़ंड्स (Passive Funds) बिलकुल ऑटोमैटिक कारों की तरह होते हैं - आप बस बैठ जाइए और बाज़ार को अपना काम करने दीजिए। ये अपने रिटर्न को किसी इंडेक्स से मिलाकर ख़ुद-ब-ख़ुद एडजस्ट हो जाते हैं। एक बार निवेश कर दिया, तो आपको ज़्यादा कुछ करने की ज़रूरत नहीं पड़ती। इसके फ़ायदे भी साफ़ हैं:

- ✓ फ़ैसले लेने के लिए किसी फ़ंड मैनेजर की ज़रूरत नहीं होती, इसलिए ख़र्च (Expense Ratio) कम होता है।
- ✓ फ़ंड के रिटर्न सीधे Nifty 50 या Sensex जैसे इंडेक्स की नक़ल करते हैं।
- ✓ मार्केट के ट्रेंड को फ़ॉलो करते हैं, इसलिए कोई बड़ा झटका नहीं होता।
- ✓ बार-बार रिव्यू करने की ज़रूरत नहीं पड़ती।

याद रखें

कल्पना कीजिए कि आप घर से ऑफ़िस जा रहे हैं और आपने जीपीएस (GPS) का सहारा लिया है। ऐप कहता है कि आपको पहुँचने में तीस मिनट लगेंगे, लेकिन असली समय इस पर निर्भर करेगा कि ट्रैफ़िक कैसा है, रास्ते में कोई रुकावट है या नहीं और ड्राइवर रास्ता कितनी अच्छी तरह से फ़ॉलो करता है। अगर ड्राइवर बार-बार ग़लत मोड़ लेता है, बिना वजह धीरे चलता है या एक्सिट मिस करता है, तो इसे हाई **ट्रैकिंग एरर** कहा जाता है।

जीपीएस द्वारा बताए गए समय और असल में पहुँचने के समय के फ़र्क़ को **ट्रैकिंग डिफरेंस** कहा जाता है। अगर जीपीएस ने तीस मिनट बताए थे, लेकिन आप पैंतीस मिनट में पहुँचे, तो यह नेगेटिव ट्रैकिंग डिफरेंस है, यानी प्रदर्शन उम्मीद से कमज़ोर रहा। अगर आप अट्ठाईस मिनट में पहुँच गए, तो यह पॉज़िटिव ट्रैकिंग डिफरेंस है, यानी आपने बेहतर प्रदर्शन किया।

इंडेक्स फ़ंड और ETF के मामले में लक्ष्य यही होता है कि वे बेंचमार्क के जितना संभव हो उतना क़रीब रहें–बिलकुल वैसे जैसे कोई अच्छा ड्राइवर सबसे छोटा और कुशल रास्ता अपनाता है। **इसका मतलब है: कम ट्रैकिंग एरर और कम ट्रैकिंग डिफरेंस होना चाहिए।** इसलिए, किसी भी पैसिव फ़ंड में निवेश करने से पहले उसका ट्रैकिंग एरर और ट्रैकिंग डिफरेंस ज़रूर देखें।

एक्टिव फ़ंड्स मैन्युअल कार की तरह होते हैं। इसमें फ़ंड मैनेजर ख़ुद स्टॉक्स चुनते हैं, ताकि मार्केट से बेहतर प्रदर्शन किया जा सके, लेकिन इसके लिए मेहनत और लगातार निगरानी की ज़रूरत होती है।

✓ इसमें ज़्यादा रिटर्न कमाने की संभावना होती है। एक अच्छे मैनेजर की वजह से आपका निवेश मार्केट से बेहतर प्रदर्शन कर सकता है।

✓ आपका पोर्टफ़ोलियो समय के साथ बदलता रहता है, ताकि नए मौक़े और ट्रेंड्स का फ़ायदा उठाया जा सके।

लेकिन इसमें कुछ सावधानियाँ भी हैं:

- फ़ंड मैनेजर और विश्लेषक काफ़ी अनुभवी होते हैं, इसलिए इन फ़ंड्स की फ़ीस यानी ख़र्चा ज़्यादा होता है।
- अगर फ़ंड लंबे समय तक अच्छा प्रदर्शन नहीं करता, तो आपको तय करना पड़ता है कि इसमें बने रहना है या फ़ंड बदलना है।

तो फिर सबसे अच्छा तरीक़ा क्या है? दोनों का मिश्रण! जैसे कुछ लोग मैन्युअल कार कंट्रोल के लिए और ऑटोमैटिक कार आराम के लिए चलाते हैं, वैसे ही सबसे समझदारी भरी निवेश रणनीति एक्टिव और पैसिव फ़ंड्स का संतुलन होती है।

- एक्टिव फ़ंड्स उन जगहों पर लगाएँ, जहाँ फ़ंड मैनेजर की परफ़ॉर्मेंस का रिकॉर्ड अच्छा रहा हो।
- पैसिव फ़ंड्स का इस्तेमाल वहाँ करें, जहाँ आप कम लागत में पूरे मार्केट में निवेश करना चाहते हों और बिना तनाव के निवेश बनाए रखना चाहते हों।

मूलमंत्र: *बार-बार फ़ंड मैनेजर बदलना ऐसा है, जैसे हर सीज़न में टीम का कप्तान बदल दिया जाए – चीज़ें उलझ सकती हैं। इसलिए, निवेश करने से पहले स्थिरता ज़रूर देखें।*

क्या आपको ख़ुद निवेश करना चाहिए या किसी एक्सपर्ट से सलाह लेनी चाहिए?

आइए, एक बार फिर कोमल की कहानी पर लौटते हैं। उसने अपनी पसंद की कार तो ढूँढ ली थी, लेकिन अब ड्राइवर रखने के बारे में सोच रही थी। मुंबई की सड़कों पर गाड़ी चलाना किसी युद्ध से कम नहीं था–ऑटो रिक्शा ऐसे घुस जाते हैं, जैसे सड़क उनकी हो, मोटरसाइकिल वाले नामुमकिन जगहों से निकल जाते हैं और ट्रैफ़िक जाम दस मिनट की दूरी को एक घंटे की परीक्षा में बदल देता है। और अगर किसी तरह समय पर पहुँच भी गए, तो पार्किंग मिलना किसी खोए हुए ख़ज़ाने की खोज जैसा था।

इसलिए कोमल को यह अधिक पसंद था कि वह आराम से बैठकर अपने फ़ोन पर स्क्रॉल करे और यह सारा झँझट कोई और सँभाले। ड्राइवर होने से ट्रैफ़िक में बिताए गए उन घंटों को वह अपने काम के लिए इस्तेमाल कर सकती थी–नए डिज़ाइन पर काम करने के लिए या अपने ग्राहक से बातचीत करने के लिए, लेकिन इसका मतलब यह भी होता कि उसे नियंत्रण छोड़ना पड़ता। अगर वह ख़ुद गाड़ी चलाती, तो पैसे बच सकते थे, लेकिन तब हर गड्ढा, हर हॉर्न और हर अचानक आने वाला सड़क अवरोध उसे ख़ुद ही सँभालना पड़ता।

निवेश भी कुछ-कुछ ऐसा ही होता है।

रेगुलर प्लान ड्राइवर रखने जैसा होता है। थोड़ा महँगा ज़रूर होता है, लेकिन इसमें आपको एक एक्सपर्ट की गाइडेंस मिलती है और बाज़ार की उतार-चढ़ाव वाली सड़कों को सँभालने का काम आपका एडवाइज़र करता है। दूसरी ओर, **डायरेक्ट प्लान** ख़ुद गाड़ी चलाने जैसा है–किफ़ायती, लेकिन सारी ज़िम्मेदारी आपकी। आपको ख़ुद फ़ंड्स चुनने होते हैं, उनका परफ़ॉर्मेंस ट्रैक करना होता है और ज़रूरत पड़ने पर बदलाव भी ख़ुद ही करने होते हैं।

दोनों तरीक़ों से निवेश किया जा सकता है–यह सिर्फ़ आपकी पसंद पर निर्भर करता है कि आप ड्राइवर की सीट पर रहना चाहते हैं या आराम

से पीछे बैठकर सवारी का मज़ा लेना चाहते हैं। अगर आप ड्राइवर रखने का फ़ैसला करते हैं, तो आगे के अध्याय में हम अच्छे ड्राइवर (अर्थात् सही एडवाइज़र) को चुनने के तरीक़ों पर विस्तार से बात करेंगे।

उपयोग पुस्तिका

जब कोमल शोरूम से अपनी नई एसयूवी चला कर घर जा रही थी, तो उसने डैशबोर्ड के ग्लवबॉक्स में हाथ डाला और कार का यूज़र मैन्युअल निकाला। उसमें सबकुछ लिखा था–माइलेज से लेकर सर्विस इंटरवल, सेफ़्टी फ़ीचर्स, यहाँ तक कि अगर म्यूज़िक सिस्टम हैंग हो जाए, तो उसे कैसे रीसेट करें। "हाँ, ये तो ज़रूरी है," उसने सोचा। "जब आप किसी चीज़ में इतना बड़ा इन्वेस्टमेंट करते हैं, जैसे कि कार, तो ये जानना ज़रूरी होता है कि वो काम कैसे करती है।"

म्यूचुअल फ़ंड भी कुछ अलग नहीं हैं। हर फ़ंड के साथ एक दस्तावेज़ आता है, जिसमें जोखिम, पिछले रिटर्न, लागत और अन्य महत्त्वपूर्ण जानकारियाँ होती हैं। नीचे दी गई जानकारी अपनी म्यूचुअल फ़ंड उपयोग पुस्तिका को समझने में आपकी मदद करेगी। ये ज़रूरी विवरण उस एएमसी (एसेट मैनेजमेंट कंपनी) की वेबसाइट पर उपलब्ध होते हैं, जहाँ से आप फ़ंड ख़रीदते हैं।

- **रिस्क-ओ-मीटर (Risk-o-meter):** यह बताता है कि कोई फ़ंड कम, मध्यम, अधिक या बहुत अधिक जोखिम वाला है।
- **नेट एसेट वैल्यू (NAV):** यह म्यूचुअल फ़ंड की प्रति यूनिट क़ीमत होती है। निवेश करते समय आपको कितनी राशि देनी है और बेचते समय क्या मिलने की उम्मीद रखनी है, यह इससे पता चलता है। चूँकि यह बाज़ार के साथ ऊपर-नीचे होता है, यह आपके निवेश की स्थिति का अच्छा संकेतक है।
- **फ़ैक्टशीट (Factsheet):** फ़ैक्टशीट फ़ंड के प्रदर्शन का एक त्वरित विवरण होती है। इसमें उस फ़ंड की शीर्ष होल्डिंग्स (जैसे स्टॉक्स या

बॉन्ड्स), प्रदर्शन और ख़र्च अनुपात जैसी जानकारियाँ होती हैं। यह आमतौर पर हर महीने प्रकाशित की जाती है।

- **नियम पुस्तिका (Rulebook):** स्कीम इन्फॉर्मेशन डॉक्यूमेंट (SID) में फ़ंड के निवेश उद्देश्यों, रणनीति, एसेट अलोकेशन (पैसे का बँटवारा), जोखिम कारक, ख़र्च अनुपात (Expense Ratio) और फ़ंड मैनेजर से जुड़ी जानकारी होती है।
- **पोर्टफ़ोलियो:** इसमें यह बताया जाता है कि आपका पैसा कहाँ-कहाँ लगाया गया है–स्टॉक्स, बॉन्ड्स या अलग-अलग सेक्टर्स में। एएमसी (AMC) समय-समय पर अपनी पोर्टफ़ोलियो रणनीति में हुए बड़े बदलावों की जानकारी प्रजेंटेशन या वेबसाइट नोट्स के ज़रिए निवेशकों के साथ साझा करते हैं।
- **बेंचमार्क:** यह एक मानक होता है, जिससे फ़ंड के प्रदर्शन की तुलना की जाती है। उदाहरण के लिए, बड़े शेयरों वाले फ़ंड के लिए यह निफ़्टी 50 (Nifty 50) या सेंसेक्स (Sensex) हो सकता है, जबकि मिड-कैप फ़ंड्स के लिए निफ़्टी मिडकैप 150 (Nifty Midcap 150)। अगर आपका फ़ंड लगातार इस बेंचमार्क से बेहतर प्रदर्शन कर रहा है, तो वह अच्छा फ़ंड माना जाएगा, लेकिन अगर वह बार-बार पिछड़ रहा है, तो कम लागत वाला कोई पैसिव फ़ंड ज़्यादा बेहतर साबित हो सकता है।
- **ग्रोथ या पेआउट विकल्प:**
    - *ग्रोथ विकल्प:* इस विकल्प में मुनाफ़ा फ़ंड में ही दोबारा निवेश होता रहता है और समय के साथ बढ़ता जाता है। यह लंबी अवधि में संपत्ति निर्माण (Wealth Creation) के लिए उपयुक्त होता है, क्योंकि बीच में कोई पैसा नहीं मिलता।
    - *IDCW विकल्प (Income Distribution cum Capital Withdrawal):* इस विकल्प में मुनाफ़ा समय-समय पर आपको भुगतान के रूप में मिलता है, जैसे कि शेयरों में डिविडेंड। यह उनके लिए बेहतर है, जो नियमित आमदनी

चाहते हैं, लेकिन यह आय तय नहीं होती और इस पर टैक्स भी लगता है।

म्यूचुअल फ़ंड से जुड़ी ग़लतफ़हमियाँ

डिनर टेबल की सलाह, व्हाट्सऐप फ़ॉरवर्ड और ख़ुद को एक्सपर्ट मानने वाले सोशल मीडिया इंफ्लुएंसर्स के बीच कहीं न कहीं म्यूचुअल फ़ंड्स को लेकर कई ग़लतफ़हमियाँ बन चुकी हैं। कुछ तो पहली नज़र में तार्किक लगती हैं, जबकि बाक़ी या तो बस कल्पनिक सोच होती हैं या फिर पूरी तरह ग़लत होती हैं। इससे पहले कि आप भी इनके झाँसे में आ जाएँ, आइए, इन मिथकों को तोड़ते हैं।

₹10 का NAV ₹₹ 100 वाले से बेहतर है?

मान लीजिए, आपने पिज़्ज़ा के चार बड़े स्लाइस काटे या आठ छोटे–आख़िर में पेट में जाने वाली मात्रा वही रहती है। यही बात म्यूचुअल फ़ंड्स के NAV (नेट एसेट वैल्यू) पर भी लागू होती है। किसी नए फ़ंड ऑफ़र (NFO) में ₹10 NAV वाले फ़ंड को ख़रीदना, किसी पुराने फ़ंड के ₹100 NAV से बेहतर निवेश नहीं बनाता। प्रति यूनिट क़ीमत फ़ंड की कुल संपत्ति पर आधारित होती है। इसका मतलब है कि ₹10 और ₹100 वाले दो फ़ंड्स एक जैसे रिटर्न दे सकते हैं। इसलिए सिर्फ़ NAV पर ध्यान देने की बजाय, अपने निवेश के बढ़ने पर असर डालने वाले अन्य पहलुओं–जैसे कि फ़ंड का प्रदर्शन, जोखिम और ख़र्च का अनुपात (Expense Ratio)–पर ध्यान दें।

ज़्यादा हमेशा बेहतर नहीं होता

जैसे सही मात्रा में मसाले खाने का स्वाद बढ़ा देते हैं, वैसे ही रसोई के सारे मसाले एक साथ डाल देने से स्वाद बिगड़ जाता है। म्यूचुअल फ़ंड भी ऐसे ही काम करते हैं। अगर आपके पोर्टफ़ोलियो में तीस फ़ंड हैं,

तो इसका मतलब ये नहीं कि आपने अच्छी तरह डाइवर्सिफ़ाई किया है। अगर ये फ़ंड एक जैसे शेयरों में निवेश कर रहे हैं, तो आप सिर्फ़ अपने पोर्टफ़ोलियो को और जटिल बना रहे हैं। ज़्यादातर लोगों के लिए हर प्रमुख संपत्ति वर्ग और श्रेणी से कुछ अच्छे फ़ंड लेना और कुल मिलाकर लगभग दस म्यूचुअल फ़ंड का पोर्टफ़ोलियो बनाना ही पर्याप्त होता है।

एकदम सही समय जैसी कोई चीज़ नहीं होती

"मार्केट का क्या लग रहा है?" लोग निवेश से पहले जानना चाहते हैं कि मार्केट ऊपर जाएगा या नीचे। उन्हें लगता है कि अगर वे सही समय का इंतज़ार करें, तो वे हर तरह के रिस्क से बच सकते हैं, लेकिन सच्चाई यह है कि मार्केट हमेशा ऊपर नीचे होता रहेगा। ऐसा कोई समय कभी नहीं आएगा, जब सब कुछ स्थिर, अनुमानित और रिस्क-फ्री होगा। इसलिए जब आपके लिए समय सही हो, तभी निवेश करें।

एसआईपी की जादुई छड़ी

अगर आप दस लोगों से पूछें कि क्या वे म्यूचुअल फ़ंड में निवेश करते हैं, तो कुछ लोग कहेंगे, "नहीं, मैं तो एसआईपी में निवेश करता हूँ।" हक़ीक़त यह है कि एसआईपी, यानी सिस्टमैटिक इन्वेस्टमेंट प्लान, कोई अलग निवेश नहीं है। यह बस एक तरीक़ा है, जिससे आप अपने बैंक खाते से हर महीने एक तय रक़म अपने चुने हुए म्यूचुअल फ़ंड में स्वचालित रूप से डाल सकते हैं। असली फ़र्क़ उस फ़ंड से पड़ता है, जिसमें आप निवेश कर रहे हैं–न कि एसआईपी से। आपके रिटर्न्स इस बात पर निर्भर करते हैं कि आपने कौन-सा फ़ंड चुना है।

रिस्क-फ़्री इंडेक्स फ़ंड?

"मैं रिस्क नहीं लेना चाहता, इसलिए इंडेक्स फ़ंड में निवेश कर रहा हूँ।" कुछ जाना-पहचाना लग रहा है? आह! कई लोगों को लगता है कि

इंडेक्स फ़ंड एक तरह का सुरक्षित ज़ोन है–जैसे फ़िक्स्ड डिपॉज़िट, लेकिन बेहतर रिटर्न्स के साथ, पर हक़ीक़त यह है कि ऐसा नहीं है। अगर आपने स्मॉल-कैप इंडेक्स फ़ंड में निवेश किया है और आपके दोस्त ने कोई स्मॉल-कैप एक्टिव फ़ंड चुना है, तो आप दोनों ही एक जैसे रोलरकोस्टर पर सवार हैं। अगर स्मॉल-कैप्स गिरते हैं, तो दोनों को नुक़सान होगा। फ़र्क़ बस इतना होगा कि आपके दोस्त के फ़ंड में थोड़ा ज़्यादा या थोड़ा कम नुक़सान हो सकता है और यह इस पर निर्भर करता है कि वह फ़ंड कितना अच्छा मैनेज हो रहा है।

जिम ट्रेनर बनाम यूट्यूब फ़िटनेस इंफ्लुएंसर

याद है वरुण, जो आख़िरकार जिम जाने लगा था? एक बार उसने देखा कि एक लड़का बैठकर कसरत रैक के नीचे मेहनत कर रहा था–उसकी शारीरिक स्थिति सही नहीं थी और हर कुछ मिनट में वह वीडियो देखकर व्यायाम करने की कोशिश करता था। वह बिना किसी ठोस योजना के प्रयोग कर रहा था–ठीक वैसे ही जैसे कुछ लोग शेयर बाज़ार में बिना रणनीति या जानकारी के सीधे स्टॉक्स में निवेश करने लगते हैं।

दूसरी तरफ़ वे लोग थे, जो ट्रेनर के साथ ट्रेन हो रहे थे–उनकी एक ठोस योजना थी, वे धीरे-धीरे बेहतर कर रहे थे और चोटों से भी बच रहे थे। म्यूचुअल फ़ंड में निवेश करने वाले लोग भी ऐसे ही होते हैं–वे रिसर्च, जोखिम और निवेश से जुड़ी प्लानिंग पेशेवरों पर छोड़ देते हैं।

जैसे जिम में अकेले ट्रेन करना मेहनत माँगता है, वैसे ही सीधे स्टॉक्स में निवेश करना भी आसान नहीं होता। इसके लिए चाहिए:

- रोज़ाना रिसर्च–स्टॉक्स, सेक्टर्स और मार्केट ट्रेंड्स को ट्रैक करने के लिए।
- कंपनियों के फ़ाइनैंशियल्स, वैल्यूएशन और इकॉनॉमी की समझ।
- बाज़ार गिरने पर भी निवेश में डटे रहने का अनुशासन।

- रिस्क मैनेजमेंट–सही डाइवर्सिफ़िकेशन और स्टॉप-लॉस रणनीति के साथ।

अगर ये सब सुनकर आपको लग रहा है कि ये बहुत टेक्निकल है या मेहनत ज़्यादा है–तो स्टॉक चुनने का बोझ छोड़िए और म्यूचुअल फ़ंड्स को ये 'हेवी लिफ़्टिंग' यानी कि भारी काम करने दीजिए!

जिम वाला भाई, जो ज़रूरत से ज़्यादा ट्रेनिंग करता है

वरुण ने वहाँ एक और दिलचस्प किरदार देखा: एक ज़रूरत से ज़्यादा आत्मविश्वास से भरा लड़का, जो अपनी ताक़त से ज़्यादा वज़न उठाने की कोशिश कर रहा था। उसने जैसे-तैसे, लड़खड़ाते हुए, कुछ बार वज़न उठाया और फिर भारी वज़न को ज़ोर से ज़मीन पर पटक दिया। यह बिलकुल उन ट्रेडर्स जैसा था, जो तेज़ मुनाफ़े के चक्कर में फ़्यूचर्स और ऑप्शन्स में कूद पड़ते हैं, लेकिन अक्सर चोट खा बैठते हैं।

फ़्यूचर्स और ऑप्शन्स (Futures and Options) ऐसे टूल्स हैं, जिनसे आप स्टॉक मार्केट में कम पैसे लगाकर बड़ी वैल्यू के स्टॉक्स पर ट्रेड कर सकते हैं। इसे ऐसे समझिए–जैसे आप आज थोड़ा सा एडवांस देकर कोई कार बुक करें और बाद में तय क़ीमत पर उसे ख़रीदने या बेचने का विकल्प आपके पास हो।

रिटेल इन्वेस्टर्स अक्सर फ़्यूचर्स और ऑप्शन्स का इस्तेमाल सट्टा लगाने (Speculation) के लिए करते हैं, यानी वे अंदाज़ा लगाते हैं कि कोई स्टॉक या इंडेक्स ऊपर जाएगा या नीचे। अगर उनका अंदाज़ा सही निकल जाए, तो मुनाफ़ा बड़ा हो सकता है, क्योंकि वे कम पैसे में बड़ी क़ीमत पर सौदा कर रहे होते हैं, लेकिन अगर वे ग़लत साबित हुए, तो घाटा भी बड़ा हो सकता है–कभी-कभी तो लगाए गए पैसों से भी ज़्यादा।

इसलिए, भले ही फ़्यूचर्स और ऑप्शन्स रोमांचक लगे, इसमें बहुत ज़्यादा जोखिम होता है और इसमें उतरने से पहले अच्छी समझ होना ज़रूरी है।

यहाँ कुछ ज़रूरी बातें ध्यान रखने लायक़ हैं:

- सेबी की अध्ययन रिपोर्ट दिखाती है कि ज़्यादातर व्यापारी फ़्यूचर्स और ऑप्शन्स में नुक़सान उठाते हैं।
- शॉर्ट-टर्म जीत मज़ेदार लग सकती है, लेकिन लॉन्ग-टर्म में घाटा बढ़ता जाता है।
- टिकाऊ प्रगति हमेशा जोखिम भरे शॉर्टकट से बेहतर होती है।
- फ़्यूचर्स और ऑप्शन्स ट्रेडिंग में लिवरेज़ (Leverage) का मतलब है कि आप अपने पास मौजूद पैसों से कहीं बड़ी पोज़िशन ले रहे हैं। इसका नतीजा यह होता है कि आपका नुक़सान आपकी लगाई गई राशि से अधिक हो सकता है–और आप क़र्ज़ में भी फँस सकते हैं।

जिम ने वरुण को एक बात ज़रूर सिखाई थी–अगर योजना सही हो, तो जीत तय होती है, फिर वो फ़िटनेस हो या निवेश, असली सफलता का राज़ है धीरे-धीरे, लेकिन लगातार बढ़त।

ख़राब बॉस और बाहर निकलने की रणनीतियाँ

ख़राब बॉस और बाहर निकलने की रणनीति म्यूचुअल फ़ंड में निवेश करना कुछ हद तक एक नई नौकरी शुरू करने जैसा होता है। शुरुआत में सब कुछ बढ़िया लगता है, लेकिन समय के साथ चीज़ें बदल सकती हैं। हो सकता है कंपनी पहले जैसी न रही हो, या फिर आपने ख़ुद तरक़्क़ी कर ली हो या फिर सारी परेशानी की जड़ हो सकता है एक बुरा बॉस–यानी वो म्यूचुअल फ़ंड, जो अब आपके समय के लायक़ नहीं रहा। तो म्यूचुअल फ़ंड कब छोड़ना चाहिए?

बहानों की मशीन

आपके बॉस ने वायदा किया था तरक़्क़ी का, नए प्रोजेक्ट्स का और सैलरी बढ़ाने का, लेकिन अब कई साल बाद भी हर बार बस यही जवाब

मिलता है–"अगले साल देखेंगे।" उधर, आपके दोस्त या तो प्रमोशन पा चुके हैं या फिर 50% ज़्यादा सैलरी के साथ बेहतर नौकरियों में पहुँच गए हैं। अब वक़्त आ गया है छोड़ने का।

ठीक वैसे ही, एक-दो तिमाही ख़राब जाना कोई बड़ी बात नहीं है, लेकिन अगर कोई म्यूचुअल फ़ंड लगातार तीन से पाँच साल तक अपने बेंचमार्क और बाक़ी फ़ंड्स से पीछे चल रहा है, तो वो एक डेड-ऐंड फ़ंड (Dead-end Fund) बन चुका है। लंबे समय के रिटर्न्स की तुलना करें–अगर आपका फ़ंड बार-बार पीछे रह रहा है–इससे पहले कि वो आपके पूरे पोर्टफ़ोलियो को पीछे खींच ले, वक़्त आ गया है उसे अलविदा कहने का।

जब आप उससे आगे बढ़ जाते हैं

कभी आप उन रातों को पसंद करते थे, जब किसी ज़रूरी प्रेज़ेंटेशन के लिए आप पूरी रात जागकर मेहनत करते थे–और फिर उसे शानदार तरीक़े से पेश भी करते थे, लेकिन अब, आप बड़े हो चुके हैं और सबसे ज़्यादा अहमियत काम–ज़िंदगी के संतुलन को देते हैं, मगर आपका बॉस अब भी उम्मीद करता है कि आप आधी रात तक उपलब्ध रहें, लेकिन अब यह मुमकिन नहीं है।

इसी तरह, आपके वित्तीय लक्ष्य भी समय के साथ बदल सकते हैं। जहाँ कभी आपने हाई-रिस्क इक्विटी फ़ंड्स को पसंद किया होगा, अब आप स्थिरता या नियमित आमदनी की तलाश में होंगे–और आपके मौजूदा फ़ंड्स अब शायद आपके काम के नहीं रह गए हैं। ऐसे में इनसे आगे बढ़ जाना बिलकुल सही क़दम है।

नियम बदलने वाला

आप जिस कंपनी से जुड़े थे, वह स्थिर थी और उसके लक्ष्य साफ़-साफ़ तय थे, लेकिन फिर नया मैनेजमेंट आया और हर टीम मीटिंग का एजेंडा

बन गया–'कंपनी के विज़न को नए सिरे से परिभाषित करना'। यह थका देने वाला साबित हो सकता है और स्थिरता चाहने वालों के लिए ऐसी स्थिति बिलकुल अनुकूल नहीं होती।

इसी तरह, फ़ंड्स भी बदल सकते हैं। कोई स्थिर लार्ज-कैप निवेश अचानक मिड-कैप में जोखिम उठाने लगे, या नया फ़ंड मैनेजर आकर पूरी रणनीति ही पलट दे। अगर आपका फ़ंड अचानक कोई बिलकुल अलग खेल खेलने लगे और उस नई दिशा में आपको सहजता न लगे–तो यह आपके पोर्टफ़ोलियो पर दोबारा नज़र डालने का संकेत है।

योजना बनाकर बाहर निकलें, भावनात्मक गुस्से में नहीं

अपने बॉस के केबिन में गुस्से से घुसकर तुरंत नौकरी छोड़ देना सोचने में भले ही अच्छा लगे, लेकिन असल ज़िंदगी में समझदारी इसी में है कि आप शांत रहकर सोच-समझकर क़दम उठाएँ। यही सिद्धांत म्यूचुअल फ़ंड्स पर भी लागू होता है। उन्हें समय-समय पर समीक्षा करते रहें और जब वे आपके काम के न रहें, तो अलग हो जाएँ–पर फ़ैसला ठोस और तार्किक वजहों पर आधारित होना चाहिए। सही निवेश, ठीक वैसे ही जैसे सही नौकरी, आपको आगे बढ़ने की ताक़त देता है–न कि हर दिन के काम का तनाव।

मुख्य सीख (Key Learnings)

- कसरत या कारों की तरह, वही म्यूचुअल फ़ंड चुनें, जो आपके लक्ष्य, जोखिम और ज़रूरतों के मुताबिक़ हो।
- ख़र्च, नियमितता और नियंत्रण मायने रखते हैं।
- एक्सपेंस रेशियो, रोलिंग रिटर्न और फ़ंड मैनेजर की स्थिरता–म्यूचुअल फ़ंड्स की लंबी अवधि की सफलता तय करते हैं।
- स्मार्ट निवेश करें और उससे भी स्मार्ट निकासी। ख़राब फ़ंड्स को वैसे ही छोड़ दें, जैसे आप ख़राब बॉस को छोड़ते हैं–इससे पहले कि वे आपके पोर्टफ़ोलियो को बड़ा नुक़सान पहुँचाएँ!

15

पोर्टफ़ोलियो बनाना

ग्रेट इंडियन थाली से मिली सीखें

एक धूपभरी रविवार की दोपहर, मैं और मेरा परिवार एक ऐसे रेस्तराँ गए, जो अपनी मशहूर थाली के लिए जाना जाता है। जैसे ही चाँदी की वह थाली हमारी मेज़ की ओर बढ़ी, उसकी ख़ुशबू ने हमें मंत्रमुग्ध कर दिया। उस थाली का केंद्र बिंदु था – दाल-चावल। सब्ज़ियाँ करीने से किनारे पर सजी थीं और उनके पीछे थीं तीन तरह की चटनियाँ। अचार की थोड़ी-सी मात्रा थी और रोटियाँ बिलकुल गरमागरम थीं।

भोजन के अंत में एक छोटा-सा, सुनहरा-भूरा गुलाब जामुन अपनी बारी का इंतज़ार कर रहा था।

मैं दुनिया के किसी भी कोने में क्यों न चली जाऊँ, थाली मुझे हमेशा घर की याद दिला देती है। दाल, चावल, सब्ज़ी – इनकी जानी-पहचानी ख़ुशबू हमेशा सुकून देती है। यह कोई हैरानी की बात नहीं कि थालियाँ इतनी लोकप्रिय हैं – ये किफ़ायती होती हैं, हर क्षेत्र की ज़रूरतों के हिसाब से ढल जाती हैं और पोषण से भरपूर होती हैं।

निवेश का नज़रिया भी कुछ वैसा ही है, जैसा हमारे इस ग्रेट इंडियन थाली के पीछे छिपा होता है। अपनी फ़ाइनैंशियल थाली–यानी पोर्टफ़ोलियो–को बनाना भी एक ऐसा ही संतुलन साधने का काम है, जैसा एक बढ़िया थाली बनाने में होता है। स्टॉक्स, बॉन्ड्स, सोना और अन्य

निवेश विकल्पों का सही मिश्रण आपको बिना ज़रूरत से ज़्यादा जोखिम लिए धीरे-धीरे समृद्धि की ओर ले जा सकता है। जोखिम और रिटर्न के इस संतुलन को बनाना ही एसेट एलोकेशन (Asset Allocation) कहलाता है। अभी माथा मत खुजलाइए, हम तो बस शुरुआत कर रहे हैं!

एसेट एलोकेशन क्या है?

बहुत सरल शब्दों में, एसेट एलोकेशन का मतलब है, यह तय करना कि आप अपने पोर्टफ़ोलियो में अपने पैसों का कितना प्रतिशत हिस्सा किस संपत्ति वर्ग (Asset Class) में लगाएँगे–जैसे स्टॉक्स, बॉन्ड्स, सोना आदि। जैसे ही लोग यह शब्द सुनते हैं, सबसे आम सवाल होता है–"सबसे अच्छा एसेट एलोकेशन क्या है?"

इसका जवाब है–ऐसा कोई एक तरीक़ा नहीं है। यह वैसा ही है जैसे कोई पूछे–सबसे अच्छा खाना कौन सा है? इसका कोई एक जवाब नहीं होता। यह पूरी तरह आप पर निर्भर करता है–आपके लक्ष्य, जोखिम उठाने की क्षमता और हालात पर।

आपको आँध्र का तीखा मसाला भा सकता है या फिर हिमाचल का सादा स्वाद। हो सकता है केले के पत्ते पर परोसा गया केरल का साद्य (एक पारंपरिक भोज) आपको अच्छा लगे। हमारे खाने में दूध से बनी चीज़ें आम हैं, लेकिन अगर आपको लैक्टोज़ (Lactose) से परेशानी है, तो आप उन्हें नहीं चुनेंगे। ठीक वैसे ही, आपके वित्तीय चुनाव भी आपकी पसंद और संवेदनशीलताओं के हिसाब से होने चाहिए। सबसे अच्छी थाली–जैसे सबसे अच्छा पोर्टफ़ोलियो–वही होता है, जो ख़ासतौर पर आपकी ज़रूरतों को ध्यान में रखकर तैयार किया गया हो।

आपके लिए सही एसेट एलोकेशन चुनने में एक अच्छा वित्तीय सलाहकार आपकी मदद कर सकता है, ताकि अगर एक निवेश असफल हो भी जाए, तो बाक़ी निवेश मुश्किल समय को सँभालने में काम आएँ।

एसेट एलोकेशन के प्रकार

एसेट एलोकेशन को अपनी डाइट (Diet) की तरह समझिए। भारत में दाल-चावल एक ऐसा हर मौसम में भरोसेमंद खाना है, जो हमेशा साथ निभाता है–एक सादा हीरो, जो कभी निराश नहीं करता। बचपन में जब भी मैं बीमार पड़ती थी, मेरी माँ मुझे दाल-चावल बनाकर देतीं, ताकि शरीर को पोषण मिले और मैं जल्दी ठीक हो जाऊँ। आज भी, दाल-चावल मेरी डाइट का अहम हिस्सा है। ठीक वैसे ही, आपकी वित्तीय डाइट में भी एक **कोर पोर्टफ़ोलियो (Core Portfolio)** होता है। यह आपके निवेश का दाल-चावल है–वो हिस्सा, जो समय की कसौटी पर खरा उतरा है। आपका कोर पोर्टफ़ोलियो ऐसे लॉन्ग टर्म डाइवर्सिफ़ाइड फ़ंड्स से बनना चाहिए, जैसे मल्टी-कैप फ़ंड्स या फिर लार्ज-कैप और मिड-कैप इंडेक्स फ़ंड्स या ब्रॉड-बेस्ड इंडेक्स फ़ंड्स। ये आमतौर पर सरल और टिकाऊ आइडिया होते हैं–हर मौसम के लिए सटीक।

इसके बाद आता है सैटेलाइट पोर्टफ़ोलियो (Satellite Portfolio)। यह आपकी थाली की चटनी या मिठाई की तरह है, जो स्वाद और उत्साह जोड़ते हैं, जैसे जीवन में आप कभी-कभी स्कूबा डाइविंग या ट्रायथलॉन जैसी रोमांचक गतिविधियाँ आज़माते हैं, वैसे ही सैटेलाइट पोर्टफ़ोलियो भी आपके निवेश का छोटा, लेकिन ऊर्जा से भरपूर हिस्सा होता है, जो आपके कोर पोर्टफ़ोलियो की स्थिरता को मज़बूती देता है।

इसमें वे साहसिक और अवसरवादी संपत्तियाँ (Assets) शामिल होती हैं, जैसे सेक्टर-विशिष्ट म्यूचुअल फ़ंड्स और इंटरनेशनल स्टॉक्स, जो ज़्यादा रिटर्न का मौका देते हैं, लेकिन साथ ही उतना ही ज़्यादा उतार-चढ़ाव भी लेकर आते हैं। और जैसे चटनी में ज़ोरदार स्वाद हो सकता है, पर वह सिर्फ़ थोड़ी मात्रा में ही अच्छी लगती है–पूरा खाना नहीं बन सकती। उसी तरह, इन निवेशों का कुल हिस्सा आपके पोर्टफ़ोलियो का 20 प्रतिशत से कम होना चाहिए।

निवेश करते समय लोग, जो सबसे आम ग़लती करते हैं, वह यह है कि वे अपने सैटेलाइट पोर्टफ़ोलियो पर ज़रूरत से ज़्यादा ध्यान देने लगते

हैं। कई निवेशक यह सोचते-सोचते उलझ जाते हैं कि कौन-सा सेक्टर फ़ंड ख़रीदा जाए या चीन के किस फ़ंड में पैसा लगाया जाए–और इस चक्कर में वे बड़ी तसवीर को ही भूल जाते हैं।

यह कुछ ऐसा है, जैसे आप छुट्टी पर जाएँ, किसी नए रेस्तराँ में खाना खाने बैठें–और फिर दो घंटे सिर्फ़ इस पर चर्चा करते रह जाएँ कि वे किस तेल का इस्तेमाल करते हैं, लेकिन असल में अपने खाने का स्वाद ही न ले सकें! हक़ीक़त यह है कि उस एक रेस्तराँ का तेल आपकी लंबी सेहत पर कोई असर नहीं डालेगा, लेकिन आपके घर में जो तेल रोज़ इस्तेमाल होता है–वही ज़्यादा मायने रखता है, क्योंकि आप रोज़ाना उसे खा रहे हैं। घर का तेल ही आपके पोर्टफ़ोलियो का कोर है–जिस पर आपका ज़्यादातर ध्यान और समय जाना चाहिए। एक बार जब आपका कोर पोर्टफ़ोलियो सही बन गया, तो बाक़ी चीज़ों की चिंता करने की ज़रूरत नहीं पड़ेगी, क्योंकि तीखी से तीखी चटनी भी एक बेस्वाद खाने को नहीं बचा सकती।

मूलमंत्र: *एक अच्छा पोर्टफ़ोलियो एक बढ़िया थाली की तरह होता है–मसालों की अति न करें और मूल चीज़ों को भूलें नहीं।*

पोर्टफ़ोलियो बनाना कैसे शुरू करें

मेरे भाँजे को हाल ही में सॉफ़्टवेयर इंजीनियरिंग की नौकरी से अच्छा-ख़ासा बोनस मिला था और उसका दिमाग़ ढेरों आइडियाज़ से भरा हुआ था। उसने मुझे अपने तीन बड़े सपनों के बारे में बताया–छह महीने में यूरोप घूमने जाना, तीन साल में घर के लिए बचत करना और पच्चीस साल की अवधि में रिटायरमेंट फ़ंड बनाना।

"लेकिन शुरुआत कहाँ से करूँ?" उसने मुझसे पूछा।

मैंने उसे **बकेट अप्रोच (Bucket Approach)** से परिचित कराया, जिसमें हम अपने लक्ष्यों को छोटे-छोटे हिस्सों में बाँटते हैं और हर हिस्से के लिए एक स्पष्ट समय सीमा तय करते हैं। उसकी यूरोप यात्रा के लिए, मैंने उसे लिक्विड फ़ंड्स में पैसा रखने की सलाह दी, ताकि पैसे सुरक्षित रहें और ज़रूरत पड़ने पर तुरंत निकाले जा सकें। हमने उसके कुल पैसे का 10 प्रतिशत हिस्सा इसी में लगाया। **छोटे समय के लक्ष्य के लिए सबसे अच्छा यही होता है कि हम अपनी पूँजी को मार्केट रिस्क से दूर रखें।**

घर ख़रीदने के लक्ष्य के लिए हमने 30 प्रतिशत हिस्सा बैलेंस्ड एडवांटेज फ़ंड्स (BAFs) में लगाया। ये ऐसे म्यूचुअल फ़ंड्स होते हैं जो मार्केट की स्थिति के अनुसार इक्विटी (स्टॉक्स) और डेट (बॉन्ड्स) के बीच अपने निवेश का संतुलन ख़ुद ही बनाते रहते हैं। इनका मक़सद होता है ग्रोथ और स्थिरता–दोनों के बीच संतुलन बनाए रखना। इसलिए, ये उन निवेशकों के लिए अच्छा विकल्प होते हैं, जिनकी जोखिम उठाने की क्षमता मध्यम स्तर की हो। जहाँ तक उसके रिटायरमेंट प्लान की बात है, हमने 60 प्रतिशत हिस्सा मल्टी-कैप और स्मॉल-कैप फ़ंड्स में लगाया–जो अधिक रिटर्न देते हैं, लेकिन जोखिम भी ज़्यादा होता है। लंबे समय तक निवेश करने से जोखिम कम हो जाता है, क्योंकि बाज़ार समय के साथ सँभल जाते हैं। इस तरह, जब उसका रिटायरमेंट आएगा, तो वह आर्थिक रूप से निश्चिंत रहेगा।

अगर आपके निवेश के लिए कोई ख़ास लक्ष्य तय नहीं है, तो वह आमतौर पर लॉन्ग-टर्म श्रेणी में आता है, लेकिन अगर आपके लक्ष्य के हिसाब से 80 प्रतिशत इक्विटी में निवेश करना बेहतर होता, लेकिन आपकी जोखिम उठाने की क्षमता या मानसिकता ऐसा नहीं करने देती, तो आपको अपनी इक्विटी एलोकेशन को थोड़ा कम करने की ज़रूरत हो सकती है। याद रखिए: जोखिम उठाने की क्षमता हर व्यक्ति की अलग होती है। मेरे पिताजी सीनियर सिटीजन हैं, लेकिन उनका जोखिम उठाने का नज़रिया ज़्यादा है, क्योंकि उन्हें नियमित पेंशन मिलती है और ख़र्चे भी कम हैं, इसलिए वे अब भी इक्विटी में निवेश करते हैं। वहीं, मैं कुछ

ऐसे साथियों को भी जानती हूँ, जो अभी सिर्फ़ पच्चीस-छब्बीस साल के हैं, लेकिन अपने पारिवारिक और आर्थिक दबावों के चलते वे मार्केट रिस्क से कतराते हैं। इसलिए, एसेट एलोकेशन पूरी तरह व्यक्तिगत होता है–हर इंसान के लिए अलग।

पोर्टफ़ोलियो का पुनः संतुलन करें

अमरजीत सिंह लुधियाना में एक स्पोर्ट्स गुड्स फ़ैक्ट्री के मालिक थे। वे पूरे भारत में दुकानों को हॉकी स्टिक बेचकर अच्छा मुनाफ़ा कमा रहे थे। कोविड के बाद जब बाज़ार सँभलने लगे और ऊपर जाने लगे, तो उन्होंने अपने बढ़ते मुनाफ़े का एक बड़ा हिस्सा मार्केट में निवेश कर दिया।

जैसा कि उम्मीद थी, उन्हें 2022 से लेकर 2024 के मध्य तक लगभग बिना रुके चलने वाली एक बुल रन का फ़ायदा मिला, लेकिन अक्टूबर, 2024 में भारतीय स्टॉक मार्केट अचानक बहुत अस्थिर हो गया–कमज़ोर कॉर्पोरेट नतीजे, विदेशी निवेशकों द्वारा पैसा निकालना और रुपया कमज़ोर पड़ना, इन सबने मिलकर माहौल बदल दिया।

अमरजीत परेशान होकर अपने निवेशों को बस देखते ही रह गए। बढ़त के समय उनके पोर्टफ़ोलियो में इक्विटी का हिस्सा 60 प्रतिशत से बढ़कर 80 प्रतिशत तक पहुँच गया था, लेकिन अब वही इक्विटी उनके पूरे पोर्टफ़ोलियो को नीचे खींच रही थी। उन्होंने 'संतुलन' में देरी कर दी थी, क्योंकि उनके मन में यही चल रहा था–'जो चीज़ ठीक चल रही है, उसे क्यों छेड़ना?'

लेकिन अचानक सब कुछ बदल गया–यह एक चेतावनी थी। अमरजीत को समझ में आ गया कि बिना पोर्टफ़ोलियो को एडजस्ट किए सिर्फ़ ज़्यादा रिटर्न का मज़ा लेना, सालाना स्वास्थ्य जाँच को नज़रअंदाज़ करने जैसा है। शुरुआत में सब कुछ ठीक लगता है, लेकिन धीरे-धीरे असंतुलन आ सकता है। और जब तक हमें इसका एहसास होता है, तब तक नुक़सान हो चुका होता है।

जैसे नियमित स्वास्थ्य जाँच से शरीर की समस्याएँ समय रहते पकड़ में आ जाती हैं और सेहत ठीक बनी रहती है, वैसे ही रीबैलेंसिंग आपके पोर्टफ़ोलियो के असंतुलन को समय पर पकड़कर आपकी वित्तीय सेहत को ठीक रखती है। बाज़ार में उतार-चढ़ाव–बिलकुल लाइफस्टाइल में अचानक आए बदलावों की तरह–कभी भी संतुलन बिगाड़ सकते हैं। संतुलन बनाना, यानी रीबैलेंसिंग, एक भरोसेमंद तरीक़ा है, जिससे समय रहते दिक़्क़तों को पहचाना और सुधारा जा सकता है, ताकि आपके वित्तीय लक्ष्य सही पटरी पर बने रहें।

रीबैलेंस कब करना चाहिए?

- **शेड्यूल्ड रीबैलेंसिंग:** आप साल में एक या दो बार अपने पोर्टफ़ोलियो की समीक्षा और समायोजन के लिए एक रिमाइंडर सेट कर सकते हैं। इससे आपका पोर्टफ़ोलियो ट्रैक पर बना रहेगा और मार्केट के उतार-चढ़ाव के दौरान भावात्मक प्रतिक्रिया से बचा जा सकेगा। बस इतना ध्यान रखें कि ज़रूरत से ज़्यादा रीबैलेंसिंग न करें–वरना ट्रांजैक्शन ख़र्च और टैक्स का बोझ बढ़ सकता है।
- **डिविएशन-बेस्ड रीबैलेंसिंग:** आप अपने पोर्टफ़ोलियो में बड़े बदलावों पर भी नज़र रख सकते हैं, जैसे अगर आपकी टारगेट एलोकेशन से 5–10 प्रतिशत तक का अंतर दिखने लगे, तो यह दोबारा संतुलन बनाने का समय हो सकता है। उदाहरण के लिए, अगर आपकी इक्विटी एलोकेशन 60 प्रतिशत होनी चाहिए थी, लेकिन मार्केट ग्रोथ के चलते अब वह 70 प्रतिशत हो गई है, तो यह रीसेट करने और अपनी मूल योजना पर लौटने का अच्छा मौक़ा हो सकता है।
- **जीवन की महत्त्वपूर्ण घटनाएँ:** शादी, घर ख़रीदना, बच्चों का जन्म या रिटायरमेंट की योजना, जैसे बड़े मोड़ आपकी वित्तीय प्राथमिकताओं को बदल सकते हैं। इसलिए, ये मौक़े बिलकुल सही होते हैं, यह सोचने के लिए कि अब आपके नए लक्ष्य क्या हैं–और आपका पोर्टफ़ोलियो उनके अनुसार ढल रहा है या नहीं।

आप रीबैलेंस कैसे कर सकते हैं?

- **कितना?** सबसे पहले अपने पोर्टफ़ोलियो के कुल मूल्य की समीक्षा करें। यह तय करें कि लक्ष्य आवंटन (टारगेट एलोकेशन) के अनुरूप लाने के लिए आपको कितना बदलाव करना है। उदाहरण के लिए, अमरजीत का पोर्टफ़ोलियो 20 प्रतिशत तक गड़बड़ा गया था।
- **कहाँ?** अपने मौजूदा आवंटन की तुलना अपने लक्ष्यों से करें। उदाहरण के लिए, अगर आपका पोर्टफ़ोलियो 60 प्रतिशत इक्विटी और 40 प्रतिशत डेट से बदलकर 70 प्रतिशत इक्विटी और 30 प्रतिशत डेट हो गया है, तो इक्विटी घटाकर और डेट बढ़ाकर इसे मूल लक्ष्य के अनुरूप लाएँ।
- **क्या?** अपने फ़ंड के प्रदर्शन पर पैनी नज़र रखें। अगर कुछ फ़ंड कमज़ोर प्रदर्शन कर रहे हैं, तो उन्हें मज़बूत विकल्पों से बदलने का समय हो सकता है, बशर्ते कि वे आपके लक्ष्य और जोखिम स्तर से मेल खाते हों, लेकिन किसी फ़ंड में निवेश के बाद कम से कम तीन साल इंतज़ार करें, फिर उसके रिटर्न को उसी श्रेणी (कैटेगरी) के अन्य फ़ंड और बेंचमार्क से तुलना करके प्रदर्शन का मूल्यांकन करें। अगर फ़ंड बेंचमार्क और श्रेणी के औसत से बेहतर है, तो निवेश बनाए रखें।

निवेश उत्पाद चुनने के दिशा-निर्देश

जैसा कि पहले बताया गया है, आपके वित्तीय लक्ष्य आपके जोखिम सहनशीलता और समय सीमा से मेल खाने चाहिए। जोखिम सहनशीलता यह तय करती है कि आप कितने उतार-चढ़ाव को सहजता से झेल सकते हैं, जबकि समय सीमा यह बताती है कि पैसे की ज़रूरत पड़ने से पहले आप कितने समय तक निवेश बनाए रख सकते हैं। ये दोनों कारक मिलकर तय करते हैं कि आपके लिए कौन से निवेश विकल्प सबसे उपयुक्त होंगे। यहाँ कुछ विकल्प दिए गए हैं:

समय अवधि	जोखिम उठाने का माद्दा कम जोखिम	मध्यम जोखिम	अधिक जोखिम
6 महीने से 1 साल	• बचत खाता, • लिक्विड फ़ंड, • आर्बिट्राज फ़ंड	• बचत खाता • लिक्विड फ़ंड • आर्बिट्राज फ़ंड	• बचत खाता • लिक्विड फ़ंड • आर्बिट्राज फ़ंड
2 साल तक	• फ़िक्स्ड डिपॉज़िट, • शॉर्ट-टर्म डेट फ़ंड • आर्बिट्राज फ़ंड	• फ़िक्स्ड डिपॉज़िट • शॉर्ट-टर्म डेट फ़ंड • आर्बिट्राज फ़ंड	• फ़िक्स्ड डिपॉज़िट • शॉर्ट-टर्म डेट फ़ंड • आर्बिट्राज फ़ंड
3 साल तक	• फ़िक्स्ड डिपॉज़िट • शॉर्ट-टर्म डेट फ़ंड	• इक्विटी सेविंग्स फ़ंड	• बैलेंस्ड एडवांटेज फ़ंड
3–5 साल	• फ़िक्स्ड डिपॉज़िट • इक्विटी सेविंग्स फ़ंड	• बैलेंस्ड एडवांटेज फ़ंड • एग्रेसिव हाइब्रिड फ़ंड	• डाइवर्सिफ़ाइड इक्विटी फ़ंड • मिड-कैप फ़ंड, • स्मॉल-कैप फ़ंड
5–10 साल और उससे अधिक	• फ़िक्स्ड डिपॉज़िट • इक्विटी सेविंग्स फ़ंड	• डाइवर्सिफ़ाइड इक्विटी फ़ंड	• डाइवर्सिफ़ाइड इक्विटी फ़ंड, • मिड-कैप फ़ंड • स्मॉल-कैप फ़ंड

आपके पोर्टफ़ोलियो का विकास

दीवाली हमेशा से मेरा पसंदीदा त्यौहार रहा है – दीयों की रौशनी, फुलझड़ियों की चमक और स्वादिष्ट मिठाइयों की मिठास का आनंद। बचपन में यह भरपूर पारिवारिक दावतों का समय होता था, लेकिन समय के साथ जैसे-जैसे सेहतमंद खाने पर ज़ोर बढ़ा, थालियाँ हल्की होने लगीं। लड्डुओं की मात्रा कम हुई और दोपहर के भारी-भरकम भोजन की जगह हल्के-फुल्के रात के खाने ने ले ली।

आपका पोर्टफ़ोलियो भी इसी तरह का रास्ता अपना सकता है। शुरुआती उम्र में यह ज़्यादा जोखिम उठाने के लिए तैयार हो सकता है – जैसे स्मॉल-कैप फ़ंड्स और हाई-ग्रोथ निवेश, लेकिन मध्यम आयु में संतुलन की ज़रूरत महसूस होने लगती है और आपका ध्यान स्थिरता और विकास, दोनों पर बराबर केंद्रित हो सकता है, जहाँ आप स्थिर

फ़ंड्स को प्राथमिकता देंगे। जैसे-जैसे रिटायरमेंट क़रीब आता है, अपना पोर्टफ़ोलियो सरल रखना बेहतर होता है—कम जोखिम और स्थिर विकल्पों के साथ। यह ठीक वैसा ही है, जैसे समय के साथ हम भव्य उत्सव की तुलना में दीयों की सुकूनभरी रोशनी में ज़्यादा आनंद लेने लगते हैं।

मुख्य सीख (Key Learnings)

- थाली में दाल-चावल जितने ज़रूरी होते हैं, वैसे ही आपके निवेश में कोर पोर्टफ़ोलियो की अहमियत होती है। बुनियादी चीज़ों को नज़रअंदाज़ न करें।
- एक हॉट स्टॉक (Hot Stock) आपको अमीर नहीं बना सकता, लेकिन एक ख़राब निवेश आपको पीछे धकेल सकता है।
- आपका पोर्टफ़ोलियो आपके साथ बदलना चाहिए। जो आपकी बीस की उम्र में सही था, वह पचास की उम्र में शायद न हो। दिल-दिमाग़ खुला रखें और अपनी बदलती ज़रूरतों के अनुसार इसे ढालते रहें

16

फ़ाइनैंशियल टूल्स और फ़ीचर्स

एसआईपी फ़ैमिली से मिलिए

देर रात तक राज मल्होत्रा अपनी मेज़ पर बैठे टाइपराइटर पर टक-टक करते लिख रहे थे। रिटायरमेंट के बाद लिखना उनका सहारा बन गया था – इससे उन्हें एक उद्देश्य और थोड़ी आय मिल जाती थी। वे गहरी रचनात्मक सोच में डूबे थे कि अचानक उनका बड़ा बेटा कमरे में आया, खीझा हुआ। "पापा, क्या आप ये शोर बंद कर सकते हैं, प्लीज़? हम आप जैसे नहीं, हममें से कुछ को सुबह ऑफ़िस भी जाना होता है।"

राज का चेहरा शर्म से लाल हो गया। "माफ़ करना," उन्होंने कहा।

अपमान की टीस उन्हें भीतर तक चुभ गई। राज ने अपने काग़ज़ समेट दिए और टेबल लैंप बुझा दिया। बुज़ुर्ग अवस्था में बेटे की छत के नीचे रहने को मजबूर, उनके पास मान लेने के अलावा कोई विकल्प नहीं था। कभी परिवार के मुखिया रहे राज, अब एक अनचाहे मेहमान बन गए थे, आर्थिक निर्भरता ने उनकी गरिमा छीन ली थी।

मिलेनियल्स इस दृश्य को *बाग़बान* (2003) से पहचान सकते हैं, जहाँ राज मल्होत्रा (अमिताभ बच्चन द्वारा निभाया गया किरदार), एक बैंकर, ने अपना जीवन परिवार को समर्पित कर दिया, लेकिन बुज़ुर्ग अवस्था में उसे छोड़ दिया गया। बेटे रिटायरमेंट के बाद उनका ख़याल रखेंगे, यह सोचकर उन्होंने कोई वैकल्पिक योजना नहीं बनाई। फ़िल्म के

अंत तक, उन्होंने एक बेस्टसेलर उपन्यास लिख डाला, जिसने उन्हें फिर से उनका स्वाभिमान और आर्थिक स्वतंत्रता लौटा दी।

ज़रा सोचिए, अगर आप इस दुर्भाग्यपूर्ण स्थिति में होते (और यह हमारी सोच से कहीं ज़्यादा बार होता है), तो आपके पास एक बेस्टसेलिंग किताब लिखने की कितनी संभावना होती, जो आपको आर्थिक संकट से बाहर निकाल सके? अब हक़ीक़त से रूबरू होने का समय है: भारत में 90 प्रतिशत किताबें 2,000 से कम प्रतियाँ ही बेच पाती हैं, यानी सफल होने की संभावना बहुत कम होती है। इसके उलट, अगर आपके पास अच्छी तरह से बनाई गई निवेश योजना हो, तो उसके ज़रिये आपका रिटायरमेंट जीवन सुरक्षित होने की संभावना कहीं ज़्यादा है।

फ़िलहाल एक पल के लिए इस विडंबना को भूल जाइए कि एक बैंकर ने अपनी ही वित्तीय योजना नहीं बनाई और आइए, राज मल्होत्रा की कहानी को एक समझदार इंसान की तरह फिर से लिखते हैं।

नियमित निवेश

क्या होता अगर राज ने रिटायरमेंट से बहुत पहले ही इसकी योजना बना ली होती? उनकी बैंक की नौकरी स्थिर भी थी और आय भी ठीक-ठाक थी। मान लीजिए, उन्होंने अपने करियर के शुरुआती सालों में ही हर महीने सिर्फ़ 10,000 रुपये का एसआईपी शुरू कर दिया होता। जैसे-जैसे उनकी सैलरी बढ़ती, उन्होंने अपने **एसआईपी** में भी हर साल 10 प्रतिशत की बढ़ोतरी की होती, यानी इसे एक **स्टेप-अप एसआईपी** (Step-up SIP) बना लिया होता।

डेढ़ दशक तक निवेश करने के बाद चक्रवृद्धि का जादू चलने लगता। राज के छोटे, लेकिन लगातार किए गए निवेश ने एक शानदार आकार ले लिया होता। अगर उन्हें औसतन 12 प्रतिशत वार्षिक रिटर्न मिला होता, तो पच्चीस साल तक निवेश करने के बाद रिटायरमेंट के समय राज के पास यह रक़म होती:

वर्ष	निवेश की गई राशि (₹)	वर्ष के अंत में कुल संपत्ति (₹)
1	1,20,000	1,27,665
5	7,32,612	9,69,179
10	19,12,491	32,68,898
15	38,12,698	82,74,718
20	68,73,000	1,86,31,383
25	1,18,01,647	3,93,44,018

जैसा कि आप देख सकते हैं, राज लगभग ₹3.93 करोड़ जमा कर सकते थे! सोने पर सुहागा यह कि अगर उन्होंने अलग-अलग लक्ष्यों के लिए भी एसआईपी शुरू की होती, जैसे रिटायरमेंट कोष बनाना, पत्नी (पूजा) के साथ कभी-कभार यात्रा पर जाना और अपनी सपनों की कार ख़रीदना–वे ये लक्ष्य भी आसानी से हासिल कर सकते थे।

आपमें से कुछ को याद होगा कि फ़िल्म में राज मर्सिडीज़ बेंज के शो-रूम में गए थे और सिर्फ़ टेस्ट-ड्राइव लेने पर सेल्समैन ने उन्हें अपमानित कर दिया था, क्योंकि वह मानता था कि राज कार ख़रीदने की स्थिति में नहीं हैं। सोचिए ज़रा – हमारी कहानी में राज की एसआईपी ने उन्हें सच में उनकी सपनों की बेंज कार ख़रीदने लायक़ बना दिया होता। और सबसे अच्छी बात, उन्हें अपने गोद लिए बेटे के अमीर बनने और उस बदतमीज़ सेल्समैन को सबक़ सिखाने का इंतज़ार भी नहीं करना पड़ता।

नई सोच वाले राज मल्होत्रा की तरह, आप भी एसआईपी का इस्तेमाल निवेश के लिए कर सकते हैं। यहाँ एसआईपी की कुछ ख़ासियतें हैं, जो उन्हें बेहतरीन वित्तीय उत्पाद बनाती हैं:

- **स्टेप-अप:** आप हर साल अपनी आय में बढ़ोतरी के अनुपात में, एक तय प्रतिशत या रक़म के हिसाब से, अपनी एसआईपी की राशि अपने-आप बढ़ा सकते हैं।

- **पॉज़:** अगर किसी वित्तीय आपात स्थिति के कारण आप कुछ समय के लिए अपनी एसआईपी में निवेश नहीं कर पाते, तो आप बिना इसे बंद किए अपनी एसआईपी को बस रोक सकते हैं। लोकप्रिय धारणा के विपरीत, एसआईपी ईएमआई जैसी चीज़ नहीं है– जहाँ हर महीने तय राशि न भरने पर आपको कोई पेनल्टी भरनी पड़े।
- **वैल्यू/पावर एसआईपी:** इस तरह की एसआईपी मार्केट की स्थिति के अनुसार आपकी मासिक किश्त को एडजस्ट करती है। जब मार्केट नीचे होता है, तो ये आपको ज़्यादा निवेश करने देती हैं, जिससे आप कम एनएवी पर ज़्यादा यूनिट्स ख़रीद पाते हैं।

एक आम ग़लतफ़हमी यह है कि एसआईपी (SIP) कोई अलग वित्तीय प्रोडक्ट या संपत्ति वर्ग है। सच बताऊँ? ऐसा बिलकुल नहीं है। एसआईपी (SIP) का मतलब बस इतना है कि आप एक तय रक़म को तय अंतराल पर म्यूचुअल फ़ंड्स में निवेश करते हैं। एक बार उड़ान के दौरान मैंने किसी को यह कहते सुना कि वे म्यूचुअल फ़ंड में नहीं, बल्कि 'एसआईपी' (SIP) में निवेश कर रहे हैं। यह सुनकर मैंने चुपचाप आँखें घुमा लीं।

रुपया लागत औसत (Rupee Cost Averaging)

मज़ेदार बात यह है कि राज मल्होत्रा इस तरह सोचने वाले अकेले नहीं थे। क्या आपको पता है कि उनकी पीढ़ी के बहुत से लोगों ने निवेश करके शानदार रिटर्न कमाने की बजाय एफ़डी (एफ़डी) की सुरक्षा से चिपके रहना क्यों पसंद किया? एक वजह यह हो सकती है कि वे शायद इक्विटी की अल्पकालिक अस्थिरता से डरते थे। अगर मैं कहूँ कि एक ऐसी रणनीति मौजूद है, जिससे आप इस अस्थिरता का बेहतर तरीक़े से सामना कर सकते हैं, तो?

यह कहलाता है 'रुपया लागत औसत' (Rupee Cost Averaging)। सोचिए, आप अपने पसंदीदा पिज़्ज़ा रेस्तराँ में हैं और

एक बार में पूरा पिज़्ज़ा लेने की बजाय, पूरे महीने हर दिन सिर्फ़ एक स्लाइस लेते हैं। कुछ दिनों में आपको यह सामान्य दाम पर मिलेगा और कुछ दिनों में छूट पर। समय के साथ, आपके पिज़्ज़ा खाने की कुल लागत औसतन बराबर हो जाएगी। यही सिद्धांत म्यूचुअल फ़ंड्स में भी लागू होता है।

आप एक निश्चित राशि को तय समयांतराल पर म्यूचुअल फ़ंड में निवेश करते हैं, चाहे बाज़ार का हाल कैसा भी हो। जब क़ीमतें ऊँची होती हैं, तो आपको उसी राशि में कम यूनिट मिलेंगी और जब क़ीमतें कम होती हैं तो ज़्यादा यूनिट। समय के साथ, आपके निवेश की लागत औसतन संतुलित हो जाती है, जिससे बाज़ार की उठापटक का असर कम होता है और आपको सही समय पर निवेश करने की चिंता नहीं करनी पड़ती।

नियमित नक़दी प्रवाह की ज़रूरतें

मेरी सास को यात्रा का बेहद शौक़ है। रिटायरमेंट के बाद भी वे अक्सर नए-नए स्थानों की खोज में देश-विदेश घूमने निकल पड़ती हैं। नई संस्कृतियों, व्यंजनों और नज़ारों का अनुभव करने का उनका जुनून कभी कम नहीं हुआ और उनकी सक्रिय जीवनशैली देखकर उनकी सहेलियाँ हमेशा हैरान रहती हैं।

"आप यह सब कैसे कर लेती हैं?" उनकी एक सहेली ने एक बार पूछा। "ज़रूर आपके बेटे आपकी अच्छी देखभाल करते होंगे।" मेरी सास हँसते हुए सिर हिलाती हैं, "मेरी छुट्टियों का ख़र्च मेरे बेटे नहीं उठाते, मेरा एसडब्ल्यूपी (SWP) उठाता है।"

कमरे में एकदम सन्नाटा छा गया। उनकी सहेलियाँ हैरानी से एक-दूसरे को देखने लगीं। परंपरागत रूप से, रिटायर लोग अपनी नियमित ज़रूरतों के लिए फ़िक्स्ड डिपॉज़िट से मिलने वाले ब्याज, प्रॉपर्टी किराए की आमदनी या पेंशन पर निर्भर रहते थे, लेकिन अब समय बदल चुका है। 1990 के दशक तक, पेंशन सरकारी और निजी–दोनों तरह की

नौकरियों में आम थी, लेकिन 2005 के बाद, न्यू पेंशन स्कीम (NPS) के आने और कार्यस्थल की नीतियों में बदलाव के साथ पेंशन मिलना कम होता गया। फिर भी, रिटायरमेंट के बाद नियमित आय की ज़रूरत आज भी उतनी ही अहम है, जितनी पहले थी।

मेरी सास को अपनी यात्रा के शौक़ और रोज़मर्रा के ख़र्च पूरे करने का ऐसा तरीक़ा चाहिए था, जिससे उनकी बचत समय से पहले ख़त्म न हो। इसी कारण उन्होंने अपने कमाई के सालों का एक बड़ा हिस्सा हाइब्रिड म्यूचुअल फ़ंड्स में निवेश किया। जब उनका कॉर्पस (निवेश राशि) काफ़ी बढ़ गया, तो उन्होंने सिस्टमेटिक विदड्रॉअल प्लान (SWP) शुरू किया। अब ज़रा समझते हैं कि SWP होता क्या है।

SWP निवेशकों को अपने म्यूचुअल फ़ंड निवेश से तय रक़म नियमित रूप से निकालने की सुविधा देता है, जबकि बाक़ी रक़म निवेशित रहती है और बढ़ती रहती है। यह जैसे अपनी ख़ुद की पेंशन योजना बनाने जैसा है। मेरी सास के लिए, उनका SWP आर्थिक सशक्तिकरण का साधन बन गया है। हर महीने की 29 तारीख़ को, उनकी कॉर्पस से एक तय रक़म उनके खाते में जमा हो जाती है, बिलकुल वेतन या पेंशन की तरह। यह भरोसेमंद कैश फ़्लो उनकी यात्रा और अन्य ख़र्च पूरे करता है, जिससे उन्हें अपने शौक़ पूरे करने की आज़ादी मिलती है, बिना किसी पर निर्भर हुए।

अपने एसडब्ल्यूपी (SWP) का बेहतर उपयोग कैसे करें

मान लीजिए, आपने एक म्यूचुअल फ़ंड में 50 लाख रुपये निवेश किए हैं। आप तय करते हैं कि एसडब्ल्यूपी के ज़रिए हर साल 6 प्रतिशत निकालेंगे–यानी सालाना 3 लाख रुपये या हर महीने 25,000 रुपये–जबकि फ़ंड ख़ुद सालाना 12 प्रतिशत की दर से बढ़ रहा है। अब सोचिए, पाँच साल बाद आपके म्यूचुअल फ़ंड में कितनी रक़म बचेगी। आइए, गणना करते हैं:

वर्ष	प्रारंभिक कोष (₹)	निकासी (₹)	अंतिम कोष (₹)
1	50,00,000	3,00,000	52,83,838
2	52,83,838	3,00,000	56,01,736
3	56,01,736	3,00,000	59,57,781
4	59,57,781	3,00,000	63,56,553
5	63,56,553	3,00,000	68,03,177

भले ही आप हर साल ₹3,00,000 निकालते रहें, फिर भी आपका फ़ंड पाँच साल में ₹50 लाख से बढ़कर ₹68 लाख हो जाएगा। कैसे? दरअसल, 6 प्रतिशत की निकासी दर को 12 प्रतिशत के रिटर्न से आसानी से पूरा किया जा सकता है, जिससे आपका फ़ंड साल-दर-साल बढ़ता रहेगा। बची हुई राशि पर रिटर्न जुड़ता रहेगा और यह लगातार चक्रवृद्धि (Compound) होकर बढ़ता जाएगा। यही वजह है कि आपका फ़ंड सिर्फ़ स्थिर नहीं रहता, बल्कि समय के साथ और बड़ा और बेहतर बनता जाता है।

एसडब्ल्यूपी (SWP) के फ़ायदे

- **कर दक्षता (Tax Efficiency):** क्योंकि एसडब्ल्यूपी में निकाली गई राशि में से सिर्फ़ लाभ वाले हिस्से पर ही कर लगता है, पूरी निकासी पर नहीं, इसलिए यह फ़िक्स्ड डिपॉज़िट से मिलने वाली ब्याज आय की तुलना में अधिक कर-दक्ष होता है।
- **पूँजी का संरक्षण और वृद्धि (Capital Preservation and Growth):** शेष कोष को निवेशित रखने से आपका पोर्टफ़ोलियो समय के साथ बढ़ता है, जिससे महँगाई और निकासी का असर संतुलित हो जाता है।
- **लचीलापन (Flexibility):** एसडब्ल्यूपी आपको समय के साथ बदलती वित्तीय ज़रूरतों के अनुसार निकासी राशि को समायोजित करने की सुविधा देता है। यह आपको कठोर पेंशन योजनाओं की

तुलना में अधिक नियंत्रण देता है। आप अपनी एसडब्ल्यूपी राशि कभी भी बढ़ा या घटा सकते हैं।

जैसा मेरी सासू माँ अक्सर कहती हैं: "मेरा एसडब्ल्यूपी मुझे अपनी ज़िंदगी अपने तरीक़े से जीने की आज़ादी देता है।"

मूलमंत्र: *एसआईपी (SIP) संपत्ति बनाते हैं, एसडब्ल्यूपी (SWP) उसका आनंद दिलाते हैं।*

ब्याज से होने वाली आमदनी के परिचित स्रोत

रवि, जो एक सरकारी कर्मचारी हैं और जल्द ही रिटायर होने वाले हैं, अपनी पेंशन के साथ-साथ ब्याज से अतिरिक्त आय चाहते थे। उनके पास ₹12 लाख निवेश करने के लिए थे। पूरी राशि को एक ही लंबी अवधि की एफ़डी में लगाने की बजाय, उन्होंने लैडरिंग रणनीति (Laddering Strategy) अपनाई और अपनी राशि को अलग-अलग मैच्योरिटी वाली एफ़डी में बाँट दिया:

- **₹3 लाख** – एक साल की **एफ़डी में**
- **₹3 लाख** – दो साल की **एफ़डी में**
- **₹3 लाख** – तीन साल की **एफ़डी में**
- **₹3 लाख** – चार साल की **एफ़डी में**

हर साल एक एफ़डी मैच्योर होती, जिससे रवि को ख़र्च या पुनर्निवेश के लिए नियमित नक़दी प्रवाह मिलता। इस तरीक़े से उन्हें नियमित तरलता (Liquidity) मिली और बदलती ब्याज दरों का लाभ भी। अगर ब्याज दरें बढ़ीं, तो वे अपनी अगली मैच्योर होने वाली एफ़डी को बढ़ी हुई दर

पर लॉक कर सकते थे और अगर ब्याज दरें घटीं, तो उनकी बाक़ी एफ़डी पहले से ही ऊँची दर पर लॉक थीं।

लैडरिंग (Laddering) सिर्फ़ एफ़डी तक सीमित नहीं है; यह टार्गेट मैच्योरिटी फ़ंड्स (Target Maturity Funds) में भी काम करता है। ये कम-जोखिम वाले डेट फ़ंड होते हैं, जो सरकारी बॉन्ड या पीएसयू बॉन्ड में निवेश करते हैं और लंबे समय के लक्ष्यों के लिए स्थिरता और अनुमानित रिटर्न प्रदान करते हैं।

हममें से ज़्यादातर लोग भारत में सहज रूप से ऐसे उत्पादों की ओर झुकते हैं, जो नियमित आमदनी की गारंटी देते हैं। '*पैसा वापस आना चाहिए*' – यह एक आम सोच है, भले ही इसका मतलब यह हो कि कुल रिटर्न कम हो जाए। मैंने यह बात अपने स्टार्टअप दिनों में फ़ोरफ़्रंट (Forefront) पर काम करते हुए सीखी थी।

लेकिन हम यह नहीं समझते कि नियमित आय सिर्फ़ पुराने, ब्याज देने वाले उत्पादों से ही नहीं आनी चाहिए। एसडब्ल्यूपी (SWPs) और लैडरिंग, नियमित आमदनी पाने के साथ-साथ आपके बड़े कोष को बढ़ाते रहने के स्मार्ट तरीक़े हैं।

आपातकालीन कोष (Emergency Funds)

अंजलि एक फ़ूड डिलीवरी स्टार्टअप में मार्केटिंग मैनेजर के रूप में शानदार प्रदर्शन कर रही थीं। उनकी रचनात्मक सोच और परिणाम देने की क्षमता के लिए उन्हें सराहा जा रहा था, लेकिन फिर 2022 की वैश्विक फ़ंडिंग मंदी आई, जिसने स्टार्टअप इकोसिस्टम को हिला दिया और उनकी कंपनी ने भी कई अन्य कंपनियों की तरह लागत घटाने के लिए बड़े पैमाने पर छँटनी की घोषणा कर दी। अंजलि अचानक बेरोज़गार हो गईं।

हालाँकि यह स्थिति तनावपूर्ण थी, लेकिन वे घबराई नहीं। सालों पहले उन्होंने एक आपातकालीन कोष बनाना शुरू किया था, जिसमें उन्होंने सावधानी से इतनी राशि बचा रखी थी कि बारह महीनों के ख़र्च

पूरे हो जाएँ। यह सुरक्षा कवच इस अनिश्चित समय में उनकी जीवनरेखा बन गया। अंजलि पर सबसे पहले मिलने वाली नौकरी तुरंत स्वीकार करने का दबाव नहीं था – ख़ासकर तब, जब कई नौकरियों में पिछली सैलरी से कहीं कम वेतन की पेशकश थी।

इसकी बजाय, उन्होंने इस समय का इस्तेमाल अपने कौशल को निखारने में किया। उन्होंने ऑनलाइन कोर्स के ज़रिए उन्नत मार्केटिंग टूल्स और रणनीतियाँ सीखीं और डिजिटल एनालिटिक्स (Digital Analytics) में सर्टिफ़िकेशन भी पूरा किया – जो उनके क्षेत्र में एक बेहद माँग वाला कौशल है। छह महीने बाद, अंजलि को एक तेज़ी से बढ़ रही टेक कंपनी में नौकरी मिली, जहाँ उनका वेतन पिछली नौकरी से 25 प्रतिशत अधिक था।

"मेरा आपातकालीन कोष उस समय मेरी सुरक्षा ढाल था, जब हालात अचानक बिगड़ गए," अंजलि ने कहा। "इसने मुझे यह आत्मविश्वास दिया कि मैं सही अवसर का इंतज़ार कर सकती हूँ, बजाय इसके कि मजबूरी में किसी कमतर विकल्प को चुन लूँ।"

आइए, देखें कि अंजलि को इस मुश्किल समय से उबरने में किन साधनों ने मदद की:

- **सेविंग अकाउंट:** छोटी राशि तक तुरंत पहुँच के लिए, ताकि रोज़मर्रा की ज़रूरतें पूरी हो सकें।
- **लिक्विड फ़ंड्स या बैकअप रिज़र्व:** बड़े ख़र्चों के लिए, जो सेविंग अकाउंट से बेहतर रिटर्न देते हैं और जल्दी उपलब्ध हो जाते हैं।
- **क्रेडिट कार्ड:** तात्कालिक और बड़े ख़र्चों के लिए अस्थायी सहारा, जिसे उन्होंने भारी ब्याज से बचने के लिए जल्द-से-जल्द चुका दिया।

अंजलि की कहानी दिखाती है कि संकट के समय भी साहसिक और सशक्त निर्णय लेने के लिए आपातकालीन कोष होना बेहद ज़रूरी है। एसडब्ल्यूपी (SWP), एसआईपी (SIP), लिक्विड फ़ंड्स और एन्युटीज़

(Annuities) जैसे वित्तीय साधनों को उस पुल के सहारे और रस्सियों की तरह सोचिए, जो आपको आपकी वित्तीय आज़ादी तक पहुँचाए रखते हैं। स्पष्ट लक्ष्यों और सही उत्पादों के साथ, आप जल्द ही अपने भविष्य को किसी माहिर की तरह सुरक्षित कर पाएँगे।

मुख्य सीख (Key Learnings)

- आज शुरू की गई एसआईपी आपको कल आर्थिक तनाव से बचा सकती है। छोटा शुरू करें, लेकिन अभी शुरू करें।
- रिटायरमेंट कोई परीकथा नहीं है। इसकी योजना बनाइए, वरना 'बाग़बान' जैसा अंजाम भुगतना पड़ सकता है।
- एसडब्ल्यूपी (SWP) आपके निजी एटीएम की तरह है, जो समय के साथ बनाई गई संपत्ति से आपको लगातार नक़दी प्रवाह देता है।

17

मनी हाइजीन

साफ़-सफ़ाई, जिससे कमाई बढ़ाई जाए

मेरा दोस्त धना भारत पहुँचा। उसके चेहरे पर कई रातों की नींद खराब करने और न्यू ज़ीलैंड से लंबी उड़ान की थकान का बोझ साफ़ झलक रहा था, जिसके लिए वह पूरी तरह तैयार नहीं था। ऑकलैंड में एक सॉफ़्टवेयर कंपनी में धना डेवऑप्स इंजीनियर (DevOps Engineer) के रूप में काम करता था। उसकी माँ के अचानक निधन की ख़बर ने उसकी ज़िंदगी को पूरी तरह बदल दिया। वह तुरंत उपलब्ध अगली उड़ान से भारत आया और ख़ुद को अंतिम संस्कार और अन्य रस्मों में पूरी तरह डुबो दिया।

कई हफ़्तों बाद जाकर धना धीरे-धीरे सँभल पाया। अब उसके न्यू ज़ीलैंड लौटने का समय क़रीब आ गया था। अभी भी कई काम बाक़ी थे–सबसे अहम था अपनी माँ का बैंक लॉकर खोलना, जिसमें वे संपत्ति के ज़रूरी काग़ज़ रखती थीं, जो समय आने पर उनके पुश्तैनी घर को बेचने के लिए काम आते। ज़रूरी दस्तावेज़ों का फ़ोल्डर लेकर वह बैंक मैनेजर की मेज़ तक पहुँचा। मैनेजर मध्यम आयु के, दयालु आँखों वाले व्यक्ति थे, जिन्होंने उसे एक छोटे से केबिन में बुलाया, ताकि प्रक्रिया शुरू की जा सके।

"मुझे मृत्यु प्रमाण-पत्र दिखाइए, कृपया," मैनेजर ने कहा। "और पहचान से जुड़े आपके दस्तावेज़ भी।"

धना ने उन्हें दस्तावेज़ थमा दिए। मैनेजर ने उन्हें ध्यान से देखा और फिर अपना लैपटॉप खोला। कुछ देर तक क्लिक करने के बाद उन्होंने भौंहें सिकोड़ते हुए धना की तरफ़ देखा।

"मिस्टर धनशेखरन," उन्होंने कहा, "मुझे खेद है, लेकिन हमारे रिकॉर्ड के अनुसार, आपकी माँ ने अपने लॉकर के लिए कोई नामिनी दर्ज नहीं किया था।"

ये शब्द धना के लिए बिजली की तरह थे। उसकी माँ बेहद सटीक और व्यवस्थित स्वभाव की थीं–ऐसी इंसान, जो हर रसीद को लेबल लगे फ़ोल्डरों में सँभाल कर रखती थीं। यह सोचना भी असंभव लग रहा था कि उन्होंने नामिनी का ज़िक्र न किया हो, फिर भी वह इस सच्चाई के सामने खड़ा था।

मैनेजर ने आगे समझाया–धैर्य से, लेकिन दृढ़ता के साथ–कि नियम बिलकुल साफ़ है:

"मृत लॉकर धारक के क़ानूनी उत्तराधिकारी को ही लॉकर खोलने और उसका सामान निकालने की अनुमति होगी, बशर्ते वे विधिवत प्रमाणित क़ानूनी प्रतिनिधित्व की प्रति प्रस्तुत करें, यानी वसीयत का प्रोबेट (Probate of a Will), प्रशासन पत्र (Letter of Administration) या उत्तराधिकार प्रमाण-पत्र (Succession Certificate) के साथ मृत्यु प्रमाण पत्र की प्रति भी दें।"

साधारण भाषा में कहें तो, बिना ज़रूरी क़ानूनी मंज़ूरी के कुछ भी आगे नहीं बढ़ सकता था। धना वहाँ स्तब्ध बैठा था, इस सोच से डरते हुए कि इस एक अहम काम को पूरा करने के लिए उसे कितनी जटिल सरकारी प्रक्रिया से गुज़रना पड़ेगा–जिसके लिए न उसके पास समय था, न ऊर्जा। यह प्रक्रिया महीनों तक, और कुछ हालात में सालों तक भी चल सकती थी–सब इस बात पर निर्भर करता कि परिस्थितियाँ किस तरह बनती हैं, लेकिन उसके पास कोई और विकल्प नहीं था।

कई महीनों और दो देशों के बीच कई चक्कर लगाने के बाद, धना आख़िरकार अपनी माँ का लॉकर खोलने और प्रॉपर्टी के काग़ज़ हासिल

करने में सफल हुआ, लेकिन इस पूरी प्रक्रिया ने उसे मानसिक रूप से बेहद थका दिया।

सबक़ साफ़ था: सिर्फ़ एक नामिनी का नाम दर्ज करना, हमारे प्रियजनों को भविष्य में भारी आर्थिक अव्यवस्था से बचा सकता है। और यह बात सिर्फ़ नामिनी पर ही लागू नहीं होती; पासवर्ड, दस्तावेज़, वसीयत आदि भी वित्तीय स्वच्छता (Financial Hygiene) के अहम पहलू हैं, जो हमें भले ही मामूली या झँझट भरे लगें, लेकिन हमारे और हमारे प्रियजनों के वित्तीय भविष्य पर गहरा असर डालते हैं। यह एक ऐसा लक्ष्य है, जिसे हमें ज़रूर हासिल करने की कोशिश करनी चाहिए–और आप इसे मेरे नीचे दिए गए सरल चेकलिस्ट की मदद से आसानी से कर सकते हैं।

मनी हाइजीन चेकलिस्ट

चाहे अचानक कोई संकट आ जाए या सपनों का कोई सुनहरा अवसर–आपका पैसा भी उतना ही तैयार होना चाहिए, जितना आप ख़ुद हैं। अपनी वित्तीय ज़िंदगी को व्यवस्थित रखने के लिए इस चेकलिस्ट को ज़रूर अपनाएँ:

- ☐ केवाईसी (KYC)
- ☐ नामिनी (Nominations)
- ☐ पते का अपडेट (Address Updates)
- ☐ टैक्स रिटर्न और रसीदें (Tax Returns and Receipts)

केवाईसी (KYC)

जब अमित को अपने पिताजी के अस्पताल के बिल चुकाने के लिए पैसे की ज़रूरत पड़ी, तो वह फँस गया–उसका खाता फ्रीज़ कर दिया गया था क्योंकि उसने बैंक की केवाईसी (Know Your Customer) अपडेट करने वाली ईमेल्स नज़रअंदाज़ कर दी थीं। नतीजा, वह कोई लेन-देन नहीं कर पा रहा था। उफ़्फ़!

अमित जैसी ग़लती न करें। केवाईसी (KYC) इसलिए होती है, ताकि आपका बैंक यह सुनिश्चित कर सके कि आपके पैसों का प्रबंधन वास्तव में आप ही कर रहे हैं। इसमें आमतौर पर पहचान का प्रमाण (आधार, पैन कार्ड आदि) और वर्तमान पते का प्रमाण शामिल होता है। ये नियम सिर्फ़ औपचारिकताएँ नहीं हैं–ये धोखाधड़ी, ठगी और मनी लॉन्ड्रिंग और आतंकी गतिविधियों के लिए पैसा देने जैसी अवैध गतिविधियों को रोकने के लिए बनाए गए हैं। इस अहम प्रक्रिया को नज़रअंदाज़ करने का मतलब हो सकता है कि आपका अपना खाता ही फ्रीज़ हो जाए और आप अपने ही पैसों तक पहुँच न पाएँ। इसलिए अपने सभी वित्तीय संस्थानों में केवाईसी की जानकारी हमेशा ताज़ा और सही बनाए रखें।

नामांकन

धन का मामला याद है? अगर उनकी मां ने बैंक लॉकर में उन्हें नामांकित कर दिया होता, तो उन्हें महीनों की भागदौड़ और तनाव से नहीं गुज़रना पड़ता। नामांकन को अपने प्रियजनों के लिए ख़ज़ाने के नक़्शे की तरह समझें–इसके बिना वे आपके संपत्ति के दरवाज़े खोलने का 'खुल जा सिम सिम' ढूँढते रह जाएँगे। और अगर किसी चमत्कार से उन्हें वह मिल भी गया, तो नामांकित न होने पर भी उन्हें अंदर नहीं जाने दिया जाएगा। शादी, तलाक़, बच्चों का जन्म या किसी प्रियजन के निधन जैसे बड़े जीवन-परिवर्तनों के बाद अपने नामांकन अपडेट करते रहें, ताकि आपकी संपत्ति सही लोगों तक पहुँचे।

पते का रिकॉर्ड

प्रिया अपने नए घर में ख़ुशहाल ज़िंदगी जी रही थी, जब उसे पता चला कि उसने अपनी एफ़डी के मैच्योर होने का रिमाइंडर मिस कर दिया है। थोड़ी जाँच-पड़ताल करने पर पता चला कि बैंक अब भी उसका सारा पत्राचार पुराने पते पर भेज रहा था। नतीजा, उसकी एफ़डी ऑटो-रिन्यू हो गई–वह भी कम ब्याज दर पर–इससे पहले कि वह ज़्यादा ब्याज वाले विकल्प को चुन पाती। उफ़्फ़!

हमेशा अपने बैंक और निवेश खातों में नया पता और सही ईमेल रखें। न मिलने वाला पत्र, जल्द ही न मिलने वाला पैसा बन सकता है।

टैक्स रिटर्न और रसीदें

मनीष को लगा कि टैक्स रिटर्न देर से भरने का नोटिस कोई बड़ी समस्या नहीं है, लेकिन एक साल बाद उसने देखा कि टैक्स विभाग ने उसका खाता फ्रीज़ कर दिया था। ऊपर से, उस पर लगी पेनल्टी ने उसके बटुए पर और बोझ डाल दिया। हर बार, समय पर अपना टैक्स भरें। यह भी याद रखें कि अपनी रसीदें और रिटर्न कम से कम छह साल तक सँभालकर रखें, क्योंकि ऑडिट कभी भी आ सकता है, बिलकुल वैसे जैसे पार्टी में अचानक पुलिस का छापा पड़ जाए।

मूलमंत्र: आपका पैसा आसानी से मिलने लायक़ होना चाहिए, न कि काग़ज़ी कार्यवाही में फँसा हुआ।

निवेश पर नज़र रखना

क्या आप अपने पास मौजूद हर चीज़ का हिसाब रखते हैं? सुनने में तो यह बिलकुल साफ़-सी बात लगती है, है ना? मेरे अंकल निखिल पुराने तरीक़े के निवेशक थे। उन्होंने उस ज़माने में शेयर ख़रीदे थे जब 'शेयर' मोबाइल ऐप पर आइकन नहीं, बल्कि असली काग़ज़ के सर्टिफ़िकेट होते थे। सालों में, उन्होंने शेयर ऐसे इकट्ठा किए, जैसे समुद्र किनारे सीपियाँ। 250 अलग-अलग शेयरों के साथ, उनके पोर्टफ़ोलियो में लगभग पूरा इंडेक्स ही था।

कुछ साल बाद, नौकरी के सिलसिले में वे अमेरिका चले गए और उनके सारे शेयर यहीं घर पर पड़े रह गए। एक दिन, जब उनकी माँ घर

की अच्छी-ख़ासी सफ़ाई कर रही थीं, तो उन्हें धूल से ढके कुछ काग़ज़ मिले, जिन्हें इतने सलीके से सँभालकर रखा गया था कि साफ़ लग रहा था कि ये काफ़ी अहम होंगे। उन्होंने निखिल को फ़ोन किया और कहा, "मुझे लगता है, मैंने तुम्हारे पुराने शेयर ढूँढ लिए हैं।" उनमें से एक था नेस्ले, एक नाम, जिसे वह रसोईघर से पहचानती थीं।

उन्हें क्या पता था कि उन्होंने सोने की चिड़िया ढूँढ ली है–वह शेयर चुपचाप बढ़ते-बढ़ते अब करोड़ों का हो गया था। हाँ, करोड़ों का।

निखिल अंकल इस खोज से बेहद ख़ुश और अचंभित रह गए। यह भूला-बिसरा ख़ज़ाना उन्हें भारत लौटकर आरामदायक रिटायरमेंट जीने का सपना सच करने का मौक़ा दे गया। सोचिए ज़रा–ऐसा रिटायरमेंट प्लान, जिसके बारे में उन्हें ख़ुद भी कभी पता नहीं था!

मुझे याद है, एक बार मेरी एक दोस्त ने घबराहट में मुझे फ़ोन किया। उसके दिवंगत पति के क्रेडिट कार्ड पर बक़ाया राशि का नोटिस आया था। उनके गुज़र जाने के कई साल बाद भी, उनके पास मौजूद कई क्रेडिट कार्डों में से एक अब भी सक्रिय था और किसी ने उसका इस्तेमाल धोखाधड़ी वाले लेन-देन के लिए कर लिया था। ढेरों फ़ोन कॉल्स और काग़ज़ी कार्यवाही के बाद हम उस खाते को बंद कर पाए और उसे मानसिक सुकून लौटा सके। यह पूरा दर्दनाक अनुभव आसानी से टल सकता था, अगर उसके पति ने पहले ही अपना क्रेडिट कार्ड खाता विवरण उससे साझा कर दिया होता।

सच तो यह है कि ज़्यादातर लोग अपने निवेशों का हिसाब रखने और सभी खातों के रिकॉर्ड सुरक्षित रखने को लेकर उतने गंभीर नहीं होते। पहले के ज़माने में, भौतिक शेयरों को डिजिटल फ़ॉर्मेट में बदलना आज जितना आसान है, उतना आसान नहीं था। और जब आपके पास रियल एस्टेट, शेयर, म्यूचुअल फ़ंड और यूटीआई बॉन्ड जैसे कई तरह के निवेश हों, तो उन सब पर नज़र रखना वाक़ई चुनौतीपूर्ण काम बन जाता है।

तो फिर इसका हल क्या है? आजकल हर काम के लिए ऐप्स मौजूद हैं, लेकिन ये हमेशा वह बारीकी, सुरक्षा या व्यापकता नहीं दे पाते

जिसकी ज़रूरत होती है। इसीलिए यह सलाह दी जाती है कि आप अपना एक निवेश ट्रैकर तैयार करें, ताकि आपके निवेशों की जानकारी उन लोगों के साथ सुरक्षित रूप से साझा हो सके, जिन्हें आप उससे लाभान्वित होते देखना चाहते हैं।

निवेश ट्रैकिंग चेकलिस्ट

अपने निवेशों पर नज़र रखना शायद कोई रोमांचक काम न लगे, लेकिन यह आपके पैसों को आपके लिए और मेहनत करने में मदद करता है। चाहे बात हो किसी एफ़डी के चुपचाप कम ब्याज दर पर रिन्यू हो जाने की, किसी म्यूचुअल फ़ंड की, जिसने अपनी चमक खो दी हो, या भूले-बिसरे प्रॉपर्टी टैक्स की–ऐसी छोटी-छोटी चूकें समय के साथ बड़े मौक़े गँवाने का कारण बन सकती हैं।

अच्छी ख़बर यह है कि अपने पोर्टफ़ोलियो पर नज़र रखना मुश्किल नहीं है। थोड़ी-सी संगठन क्षमता और सही साधनों के साथ आप अपने सभी एसेट्स को आसानी से सँभाल सकते हैं। यहाँ एक आसान गाइड है, जो आपके निवेशों को, एक-एक संपत्ति वर्ग के हिसाब से, व्यवस्थित रखने में आपकी मदद करेगी।

फ़िक्स्ड डिपॉज़िट

एफ़डी उस शांत दोस्त की तरह होते हैं, जो बार-बार ध्यान नहीं माँगते। अपने नेटबैंकिंग खाते में नियमित रूप से लॉगिन करें और ब्याज दरों व रिन्यूअल डेट्स की जाँच करें। जब आपकी एफ़डी परिपक्व होने के क़रीब हो, तो बैंक के रिमाइंडर ईमेल्स को नज़रअंदाज़ न करें। यक़ीन मानिए, अपनी एफ़डी को यूँ ही बरसों तक औसत दर्जे पर लुढ़कने देने से कहीं बेहतर है कि आप समय रहते ध्यान दें।

रियल एस्टेट

अपने सभी प्रॉपर्टी डॉक्यूमेंट्स सुरक्षित रखें और उनकी डिजिटल कॉपी

भी स्कैन करके बना लें। किराए के समझौते (टेनेंट एग्रीमेंट) के साथ भी यही करें–ख़ासकर अगर आप रेंटल में रहते हैं। क्यों? क्योंकि रिसेल या किसी क़ानूनी मसले में, इन काग़ज़ों को खोजने की भागदौड़ आपको अनावश्यक तनाव दे सकती है।

म्यूचुअल फ़ंड्स और स्टॉक्स

मोबाइल ऐप्स की वजह से अब म्यूचुअल फ़ंड्स और स्टॉक्स पर नज़र रखना बेहद आसान हो गया है। स्टॉक्स पर ख़ास ध्यान देना ज़रूरी है, क्योंकि इनमें लगातार डिविडेंड्स, कॉर्पोरेट बदलाव और क़ीमतों में उतार-चढ़ाव जैसे कई अपडेट आते रहते हैं–ऐसी बातें, जिन्हें आप नज़रअंदाज़ नहीं करना चाहेंगे। अपने डिमैट अकाउंट को किसी ट्रेडिंग प्लेटफ़ॉर्म या ऐप से लिंक करें, ताकि नियमित अपडेट मिलते रहें। अपने पोर्टफ़ोलियो की पूरी जानकारी पाने के लिए एनएसडीएल के कंबाइंड अकाउंट स्टेटमेंट (CAS) की सदस्यता लें।

बीमा पॉलिसी

अपने बीमा दस्तावेज़ों को ई-इंश्योरेंस अकाउंट (eIA) में दर्ज कर लें, जिससे प्रीमियम अनुसूची, पॉलिसी नंबर और नवीनीकरण की तिथियाँ आसानी से ट्रैक की जा सकें। चाहे आप मोबाइल ऐप का इस्तेमाल करें या स्प्रेडशीट का, प्रीमियम के लिए समय पर याद दिलाने वाला नोटिस सेट करें, ताकि कवरेज़ ख़त्म न हो। प्रीमियम देने से पहले हर साल अपनी पॉलिसी की समीक्षा ज़रूर करें, ताकि यह सुनिश्चित हो सके कि यह आपकी वर्तमान ज़रूरतों के अनुसार ही है।

सोना और क़ीमती धातुएँ

अगर आपके पास असली सोना है, तो उसे सुरक्षित जगह रखें और ख़रीद का बिल साथ रखें। डिजिटल गोल्ड या ETFs के लिए आपका ब्रोकरेज़ प्लेटफ़ॉर्म सारी जानकारी देता है। अगर आप ऑफ़लाइन तरीक़े से रिकॉर्ड

रखते हैं, तो समय-समय पर ख़रीद क़ीमत और मौजूदा बाज़ार मूल्य अपडेट करते रहें। इससे आपको अपनी निवेश की असली चमक का पता चलता रहेगा!

लोन और देनदारियाँ

लोन असल में आपके दोस्त की कार उधार लेने का बड़ा रूप है। अगर आप समय पर इसे वापस नहीं करते, तो रिश्ता थोड़ा तनावपूर्ण हो सकता है। अपने सभी लोन का हिसाब- किताब किसी भी ट्रैकर में रखें, जिसमें ईएमआई, ब्याज दर और अवधि शामिल हों।

पर्सनल फ़ाइनैंशियल लॉग

पर्सनल फ़ाइनैंशियल लॉग एक ऐसा दस्तावेज़ होता है, जहाँ आप अपने बैंक अकाउंट डिटेल्स, पॉलिसी नंबर, मैच्योरिटी डेट्स और बैंक या इंश्योरेंस कंपनी के संपर्क विवरण लिखते हैं। इसे सुरक्षित जगह रखें और केवल परिवार के भरोसेमंद सदस्यों या वित्तीय सलाहकारों के साथ साझा करें। कभी-कभी ज़िंदगी हमें अनपेक्षित चुनौतियाँ देती है और यह तरीक़ा आपको उनकी तैयारी में मदद करता है।

हमने आपके लिए मैंगो मिलियनेयर वेबसाइट पर एक नमूना पर्सनल फ़ाइनैंशियल लॉग भी उपलब्ध कराया है, जिसे आप डाउनलोड कर सकते हैं। इसे नियमित रूप से देखें और अपडेट करें। इसे अपने प्रियजनों के प्रति प्यार और ज़िम्मेदारी समझें, क्योंकि इससे न केवल उन्हें अनावश्यक तनाव से बचाया जा सकेगा, बल्कि आपकी वित्तीय विरासत भी सुरक्षित रहेगी।

मुख्य सीख (Key Learnings)

- वित्तीय अव्यवस्था एक बिखरी हुई अलमारी जैसी है, जिसे आप तब तक नज़रअंदाज़ कर सकते हैं, जब तक आपको किसी ज़रूरी चीज़ की तलाश न करनी पड़े।
- नामांकन यह सुनिश्चित करने के लिए ज़रूरी है कि आपका धन भविष्य में सही हाथों तक पहुँचे।
- आप अपने क़दम, कैलोरी और स्क्रीन टाइम ट्रैक करते हैं, वही अनुशासन अपनी वित्तीय स्थिति पर नज़र रखने में भी अपनाएँ।

18

पैसों का व्यवहार

भीड़ के पीछे नहीं, अपनी राह पर आगे बढ़ें

यूनानी पौराणिक कथाओं में, डेडलस–एक अद्भुत कारीगर–और उसका बेटा इकारस, ईर्ष्यालु राजा मिनोस द्वारा क्रीट द्वीप पर क़ैद कर दिए गए थे। उन्हें भागने में मदद करने के लिए डेडलस ने पंख और मोम से पंख बनाए–एक शानदार आविष्कार–लेकिन उड़ान भरने से पहले उसने इकारस को चेतावनी दी, "संतुलित उड़ना। बहुत नीचे उड़ोगे, तो समुद्र तुम्हारे पंख ख़राब कर देगा। बहुत ऊपर उड़ोगे, तो सूरज उन्हें पिघला देगा। बीच में रहोगे तो सुरक्षित रहोगे।"

शुरुआत में इकारस ने उसकी बात मानी। वह समुद्र के ऊपर उड़ने लगा, हवा उसके पास से गुज़र रही थी, लेकिन जल्द ही उड़ान का रोमांच उस पर हावी हो गया। उसने सोचा, क्यों न और ऊपर जाया जाए? पिता की बात को अनसुना करते हुए, इकारस जलते सूरज की ओर उड़ने लगा और उसके पंखों का मोम पिघल गया, जिससे वह सीधे समुद्र में गिर पड़ा।

हालाँकि यह कहानी एक मिथक है, लेकिन इसमें हम सबके लिए एक अहम सीख छिपी है। डेडलस की बुद्धिमत्ता ने बेहतरीन योजना बनाई, लेकिन उसने इकारस के व्यवहार को नहीं समझा और वही उनकी असफलता का कारण बना। जीवन में–और ख़ासतौर पर निवेश में–सब

कुछ इस बात पर निर्भर करता है कि आप अपनी बुद्धि और अपने व्यवहार के बीच सही संतुलन बना पाते हैं या नहीं। आपकी बुद्धि आपके पंख बनाएगी, लेकिन आपकी उड़ान का अंजाम केवल आपका व्यवहार तय करेगा। अगर आप शुरुआत में ही अपने अनुपयोगी व्यवहार नहीं बदलते, तो सबसे अच्छे पंख भी बेकार हो सकते हैं। यही उन मुख्य कारणों में से एक है, जिसकी वजह से बहुत से निवेशक बाज़ार में पैसा गँवा बैठते हैं।

तो, आदर्श निवेशक का व्यवहार कैसा होना चाहिए? आइए, इसे और क़रीब से समझते हैं।

अंतराल में बाहर मत निकलें

दो दोस्त, डॉमिनिक और ज़हीर, ने दिसंबर 2007 में शेयर बाज़ार में क़िस्मत आज़माने का फ़ैसला किया। दोनों ने 10,000 रुपये एक मिडकैप म्यूचुअल फ़ंड में लगाए, 1,000 यूनिट्स ख़रीदीं, जिनका एनएवी 10 रुपये था, लेकिन तभी 2008 की वैश्विक वित्तीय मंदी आ गई। मार्च तक एनएवी गिरकर 3 रुपये पर आ गया, यानी चौंका देने वाली 70 प्रतिशत की गिरावट।

डॉमिनिक यह झटका बर्दाश्त नहीं कर सका और घबराकर अपना पैसा फ़िक्स्ड डिपॉज़िट में डाल दिया। उसने कहा, "कम से कम अब चैन की नींद तो आएगी।" लेकिन ज़हीर डगमगाया नहीं, "बॉलीवुड फ़िल्मों में विलेन चाहे जितने थप्पड़ मार ले, हीरो आख़िर में वापसी करता है और जीतता है।" उसने निवेश बनाए रखा। दिसंबर, 2024 तक आते-आते, डॉमिनिक का फ़िक्स्ड डिपॉज़िट 7 प्रतिशत सालाना की दर से बढ़ा। वह काफ़ी आत्मसंतुष्ट होकर ज़हीर को फ़ोन करने लगा, ताकि अपनी कमाई का गर्व से बखान कर सके।

लेकिन जो हुआ, उसने उसे हिला दिया। मिडकैप फ़ंड का एनएवी बढ़कर 100 रुपये पर पहुँच गया था, और ज़हीर के 1,000 यूनिट्स अब 1,00,000 रुपये के हो चुके थे–यानी शानदार 10 गुना बढ़ोतरी और 14.4 प्रतिशत का वार्षिक रिटर्न (CAGR)।

"ये धमाकेदार काम तुमने कैसे किया?" डॉमिनिक ने पूछा।

"मैंने तो बस इंतज़ार किया कि अंतराल के बाद क्या होता है!" और वाक़ई, ज़हीर बिलकुल सही था! जैसा कि हम पहले भी कह चुके हैं, समय के साथ बाज़ार सँभलते हैं। यह एक सच है, ख़ासकर भारतीय संदर्भ में। किसी भी दस साल की अवधि में निफ़्टी 50 के सकारात्मक रिटर्न देने की संभावना काफ़ी ज़्यादा रही है–इसकी वजह है भारत की लगातार आर्थिक वृद्धि, चक्रवृद्धि ब्याज का जादू और समय के साथ बाज़ार सुधार, जो ग्राफ़ को संतुलित कर देते हैं, लेकिन जैसे किसी बेहतरीन फ़िल्म का पूरा मज़ा लेने के लिए आपको अंतिम मोड़ (Climax) तक इंतज़ार करना पड़ता है, वैसे ही निवेश में भी अंतराल से पहले बाहर नहीं निकलना चाहिए।

रंभ से रोना: ज़रूरत से ज़्यादा शान की क़ीमत

सोलहवीं सदी के भारत में, एक दिन एक किसान राजा कृष्णदेवराय के पास एक अजीब-सी गुज़ारिश लेकर पहुँचा।

"महाराज, मेरे पास एक ऐसी गाय है, जो पूरे राज्य में सबसे बढ़िया दूध देती है। अगर उसके गले में एक सुनहरी घंटी हो, तो वह सचमुच रानी जैसी लगेगी, जिसकी वह हक़दार है।"

राजा मुस्कराए और उसकी इच्छा पूरी कर दी। किसान ने वह सुनहरी घंटी गाय के गले में बाँध दी, लेकिन जैसे ही उसने पीछे मुड़कर अपनी साधारण सी झोपड़ी देखी, उसे लगा कि यह उसकी गाय की शान के बिलकुल लायक़ नहीं है।

तो उसने क़र्ज़ लेकर अपना घर नया बनवाया। फिर उसकी नज़र अपने कपड़ों पर पड़ी और उसे लगा कि ऐसे शानदार घर में रहने वाले व्यक्ति को ऐसे कपड़े शोभा नहीं देते। उसने महँगे नए कपड़े ख़रीद लिए। कुछ महीनों बाद, किसान फिर महल में आया, इस बार आँखों में आँसू लिए।

"महाराज, मैं बर्बाद हो गया! मैंने अपना सब कुछ घर, कपड़े और शाही दावतों पर ख़र्च कर दिया। अब तो अपनी बेचारी गाय के लिए चारा भी नहीं ख़रीद सकता।"

जैसे ही राजा को इस बात का अफ़सोस होने लगा कि उन्होंने किसान की सुनहरी घंटी वाली बेवकूफ़ाना इच्छा पूरी कर दी थी, उनके भरोसेमंद और चतुर सलाहकार तेनालीराम बोले,

"महाराज, उसे बर्बाद करने वाली चीज़ सुनहरी घंटी नहीं थी, बल्कि उसका अपना लालच था, जिसने उसे ऐसी ज़िंदगी में धकेल दिया, जिसे वह निभा ही नहीं सकता था। अपनी क़ीमती गाय के सहारे खेत सँवारकर धीरे-धीरे समृद्ध बनने के बजाय, वह दिखावे के चक्कर में पड़ गया और जो थोड़ा-बहुत था, सब गँवा बैठा।"

यह कहानी जीवनशैली महँगाई (Lifestyle Inflation) का एकदम सही उदाहरण है–जैसे-जैसे आमदनी बढ़ती है, वैसे-वैसे ख़र्च करने की चाह भी बढ़ती जाती है, लेकिन बेक़ाबू ख़र्च धीरे-धीरे संभावित दौलत को खा जाता है, जिससे न आपातकालीन ज़रूरतों के लिए कुछ बचता है और न लंबे समय के लक्ष्यों के लिए।

इसलिए अपने वित्तीय फ़ैसले ऐसे लें, जो आपके लक्ष्यों से मेल खाते हों, न कि किसी और के इंस्टाग्राम रील्स से। बीच-बीच में छोटी-छोटी ख़ुशियों पर ख़र्च ज़रूर करें, लेकिन निवेश को हमेशा प्राथमिकता दें।

खिलने से गिरने तक

सत्रहवीं सदी के नीदरलैंड में, अमीर व्यापारी से लेकर साधारण बेकरीवाले तक–हर कोई ट्यूलिप के पीछे पागल था। वजह फूलों का शौक़ नहीं, बल्कि इसलिए कि चारों तरफ़ हर कोई यही कर रहा था। कुछ दुर्लभ बल्ब (पौधों के कंद) तो इतने महँगे बिक रहे थे कि उनकी क़ीमत एक पूरे मकान के बराबर थी! हाँ, एक मकान के बराबर!

लोगों को यक़ीन था कि दाम बस बढ़ते ही रहेंगे, लेकिन फिर–धड़ाम! सपना टूटा और सबको एहसास हुआ, "अरे, ये तो बस फूल हैं।" जिन लोगों ने अपनी ज़िंदगीभर की कमाई ट्यूलिप में लगा दी थी, उनके हाथ आए सिर्फ़ बेकार के बल्ब और ढेर सारा पछतावा।

इस घटना को 'ट्यूलिप मेनिया' कहा जाता है और इसे अक्सर भीड़ मानसिकता के उदाहरण के रूप में याद किया जाता है।

मैं भी यह हर बार देखती हूँ, जब दिल्ली जाती हूँ। लगता है, जैसे पूरा शहर नए निवेश ट्रेंड के पीछे दौड़ रहा हो–एक साल बिटकॉइन, तो अगले साल स्मॉल-कैप फ़ंड्स। बिटकॉइन के दौर में तो हाल यह था कि किसी भी पार्टी या डिनर में चैन से बैठना मुश्किल था, बिना यह सुने–"सब बिटकॉइन ले रहे हैं! मैं कैसे पीछे रह सकता हूँ!"

लेकिन सोचिए ज़रा–FOMO (कुछ छूट जाने का डर) कोई अच्छी निवेश रणनीति नहीं है, चाहे वह कितनी भी रोमांचक क्यों न लगे। सिर्फ़ इसलिए किसी नए ट्रेंड पर मत कूद पड़िए, क्योंकि सब लोग कर रहे हैं। पड़ोसी की कॉकटेल पार्टी में जो चीज़ सबके हाथ में दिख रही है, उसे पाना लुभा सकता है, लेकिन याद रखिए–रुझान आते-जाते रहते हैं। एक अच्छा निवेश वही है, जो समय के उतार-चढ़ाव में आपके साथ खड़ा रहे और उत्साह ख़त्म होने के बहुत बाद भी आपकी दौलत बढ़ाता रहे।

ख़राब जूते, ख़राब शेयर: छोड़ दीजिए

मान लीजिए, आपने एक जोड़ी जूते ख़रीदे, जो आपकी उम्मीद के मुताबिक़ फ़िट नहीं होते। क्या आप इन्हें सँभालकर रखेंगे इस उम्मीद में कि एक दिन ये जादुई तौर पर आरामदेह हो जाएँगे? बिलकुल नहीं–आप तो इन्हें बदलकर अपने नाप के सही जूते ले लेंगे, लेकिन निवेश में, लोग अक्सर घाटे वाले शेयर पकड़े रहते हैं, इस अँधी उम्मीद में कि एक दिन ये वापस चढ़ेंगे–भले ही बेहतर मौक़े उनके सामने ही क्यों न हों।

याद कीजिए 2007 का इंफ्रा स्टॉक का पागलपन। रियल एस्टेट और इंफ्रास्ट्रक्चर के आईपीओ बाज़ार में छा गए थे और भारी सब्सक्रिप्शन जुटा रहे थे, लेकिन जल्द ही ये शेयर धड़ाम से गिरे और फिर कभी सँभले ही नहीं–एक दशक से ज़्यादा बीत जाने के बाद भी।

अगर आपने कोई ग़लत शेयर ख़रीद लिया है, तो बेहतर है समय रहते नुक़सान रोक लें, बजाय इसके कि बेकार की उम्मीद आपको और गहरे गड्ढे में ले जाए। कई बार सबसे समझदारी भरा क़दम होता है–उसे छोड़ देना।

गर्म शेयर और ठंडी हकीक़त

90 के दशक के मध्य से लेकर अंत तक, इंटरनेट भारत में नई सनसनी बन चुका था और सिफ़ी ब्रॉडबैंड उस लहर पर सवार था। 1999 में यह नैस्डेक (NASDAQ) पर सूचीबद्ध होने वाली पहली भारतीय इंटरनेट कंपनी बनी। इसके शेयर $18 पर लॉन्च हुए और निवेशक टूट पड़े। सिफ़ी का शेयर भाव आसमान छूने लगा और लोगों को यक़ीन हो गया कि भारत इंटरनेट क्रांति के कगार पर है।

लेकिन इस पूरे उत्साह के पीछे ठोस कारोबारी समझ से ज़्यादा **रीसेंसी बायस** (Recency Bias) काम कर रहा था। निवेशकों ने उस समय भारत के सीमित इंटरनेट ढाँचे की हक़ीक़त को नज़रअंदाज़ कर दिया था। 2000 आते-आते, सिफ़ी के शेयर भी पश्चिमी कंपनियों की तरह धड़ाम हो गए। खरबों डॉलर हवा हो गए।

यह कहानी याद दिलाती है कि सिर्फ़ 'इस वक़्त क्या गर्म है' पर ध्यान देना ख़तरनाक हो सकता है। ऐसे फ़ैसले अक्सर डर और लालच के घालमेल से पैदा होते हैं। लालच वहीं जन्म लेता है, जहाँ उम्मीदें हक़ीक़त से बहुत दूर होती हैं। दिसंबर, 2024 तक, मिडकैप फ़ंड्स ने कम समय में बहुत अच्छे रिटर्न दिए हैं–एक साल में 31% और तीन साल में 22%। लेकिन यह आम बात नहीं है। मिडकैप फ़ंड्स का लंबे समय का औसत रिटर्न करीब 15% है–यही आँकड़ा निवेशकों के दिमाग़ में रहना चाहिए।

मार्च, 2020 में, महामारी के चलते वैश्विक बाज़ार धराशायी हो गए और रिटर्न लाल निशान में जा पहुँचे, लेकिन उसके बाद के तीन सालों ने बिलकुल अलग तसवीर पेश की–बाज़ार न सिर्फ़ सँभले, बल्कि शानदार रिटर्न भी दिए। यह निवेश की चक्रीय प्रकृति का बेहतरीन उदाहरण है। आप रीसेंसी बायस से बच सकते हैं अगर एक सोच-समझकर और अनुशासित तरीक़ा अपनाएँ:

- **लंबी अवधि में सोचें:** किसी निवेश के प्रदर्शन को सिर्फ़ हालिया ऊँचे या निचले रिटर्न देखकर न आँकें, बल्कि पाँच से दस साल के समय-सीमा में उसका मूल्यांकन करें। लंबी अवधि का नज़रिया छोटे-मोटे उतार-चढ़ाव से आगे देखने में आपकी मदद करेगा और उसकी असली क्षमता की स्पष्ट तसवीर देगा।
- **विविधता लाएँ:** अपने निवेश अलग-अलग एसेट मैनेजमेंट कंपनियों (AMCs) में वितरित करें, जिनकी निवेश शैली अलग हो–जैसे ग्रोथ, वैल्यू और गुणवत्ता पर ध्यान। साथ ही, अपने निवेश अलग-अलग संपत्ति वर्ग–इक्विटी, डेट, हाइब्रिड, अंतरराष्ट्रीय फ़ंड और सोना–में फैलाकर रखें, ताकि किसी एक संपत्ति वर्ग पर निर्भरता कम हो और पोर्टफ़ोलियो मज़बूत बने।
- **गहराई से जाँचें:** अगर किसी फ़ंड ने पिछले कुछ सालों में बेहतरीन प्रदर्शन किया है, तो उसकी सफलता के पीछे के असली कारण खोजें। क्या यह किसी विशेष सेक्टर के पक्ष में झुकाव है? कुछ चुनिंदा शेयरों में केंद्रित निवेश का असर है? या फ़ंड मैनेजर की निवेश शैली इस समय कामयाब हो रही है? सोचें कि क्या ये कारक लंबे समय तक बने रह सकते हैं। याद रखें–बेहद ऊँचे या बेहद कम रिटर्न, अक्सर समय के साथ औसत स्तर पर लौट आते हैं।

मूलमंत्र: *भावनाएँ शानदार कहानियाँ बनाती हैं, लेकिन बेहद ख़राब निवेश रणनीतियाँ।*

कोई सही समय नहीं होता

क्या आपने या आपके आस-पास कोई ऐसा था, जिसने 2008 के वित्तीय संकट या 2020 की महामारी को पहले से भाँपा था? शायद बहुत कम लोग। **मार्केट का सही समय पकड़ना एक मिथक है,** सही समय पर सस्ता ख़रीदना और महँगा बेचने की कोशिश व्यर्थ है। बाज़ार कई अज्ञात कारणों से प्रभावित होते हैं, जिनकी कोई भी लगातार सही भविष्यवाणी नहीं कर सकता–यहाँ तक कि विशेषज्ञ भी नहीं।

2020 को ही लें। महामारी आई और मार्च तक बाज़ार धड़ाम से गिर गया। कई निवेशकों ने अपने सभी शेयर बेच दिए, यह सोचकर कि अभी सबसे बुरा समय आने वाला है, लेकिन फिर–आश्चर्य! साल के अंत तक बाज़ार तेज़ी से उबर गया, सरकार के प्रोत्साहन पैकेज और बढ़ती उम्मीदों की वजह से। जो लोग तब बाज़ार से निकल गए, वे न सिर्फ़ वापसी का मौक़ा खो बैठे, बल्कि इस तेज़ी के साथ मिलने वाले अप्रत्याशित मुनाफ़े से भी वंचित रह गए।

छोटे-छोटे उतार-चढ़ाव को मात देने की कोशिश अक्सर बड़ी तसवीर को नज़रअंदाज़ करवा देती है। बेहतर रणनीति यह है कि निवेश में लगातार बने रहें। लोग मुझसे अक्सर पूछते हैं, "कब निवेश करना चाहिए?" लेकिन सही सवाल है, "कब तक निवेश में बने रहना चाहिए?"

तेज़ी में होने वाली ग़लतियाँ

क्या आप जानते हैं कि ज़्यादातर निवेश में ग़लतियाँ कब होती हैं? जवाब है–बाज़ार की तेज़ी के दौर में! ये उछाल सबसे सतर्क निवेशकों को भी

ख़ुद को अजेय महसूस करवा देते हैं, लेकिन जो रणनीति तेज़ी में सही लगती है, मंदी में अक्सर पछतावे में बदल जाती है। तेज़ी के समय सब कुछ नए उच्चतम स्तर पर दिखता है और लोग जल्दी अमीर बनने की चाह में ऐसे निवेशों में पैसा लगाते हैं, जिन्हें वे पूरी तरह समझ नहीं पाते–जैसे कोई नई क्रिप्टोकरेंसी (Cryptocurrency), लेकिन जब बाज़ार गिरते या स्थिर होते हैं, तो उन्हें भारी नुक़सान झेलना पड़ता है।

अपनी व्यावहारिक आदतों से सावधान रहें, चाहे वो बाज़ार के गिरने पर घबराकर तुरंत बेचने का मन हो, या अपनी हर थोड़ी-बहुत कमाई को फ़िज़ूलख़र्ची में उड़ाने का। आपकी समझदारी और आपका धैर्य आपको एक अनमोल इनाम देगा–अपनी वित्तीय स्थिति पर नियंत्रण होने का सुकून।

मुख्य सीख (Key Learnings)

- अगर आप बीच में बाहर निकल गए, तो आप बड़ी सफलता (रिटर्न) से चूक जाएँगे।
- ख़राब शेयर अपने आप ठीक नहीं होते। नुक़सान मानकर उनसे अलग हो जाएँ।
- आपका एकमात्र FOMO (फ़ियर ऑफ़ मिसिंग आउट) होना चाहिए–लंबी अवधि के मुनाफ़े से वंचित रहने का डर।

सहायक स्रोत

- 'सत्यम ने NASDAQ पर किया ज़बरदस्त डेब्यू', टेलीग्राफ़ इंडिया, 19 अक्टूबर 1999। उपलब्ध: https://www.telegraphindia.com/business/satyam-sizzles-on-nasdaq-debut/cid/911473।

19

वित्तीय सलाह

क्योंकि गूगल सब कुछ नहीं बता सकता

मोंटी बंदर एक निर्माण स्थल के पास से गुज़र रहा था, जब उसने लकड़ी के एक बड़े टुकड़े में गड़ी हुई कुल्हाड़ी देखी। कामगार लंच ब्रेक पर थे, तो मोंटी ने अपने कौशल आज़माने का अवसर पाकर फुर्ती दिखाई। आख़िरकार, वह कई दिन से कामगारों को देख रहा था। अगर वे कर सकते हैं, तो वह क्यों नहीं?

"हम्म," मोंटी ने कुल्हाड़ी को देखा और कहा, "यह क्या है? कोई ख़ास लकड़ी का डंडा?"

शरारती मुस्कान के साथ उसने कुल्हाड़ी को खींचा। कुछ नहीं हुआ। फिर उसने सारी ताक़त लगाकर उसे खींचा और कुल्हाड़ी निकल गई। ज़ोरदार आवाज़ के साथ लकड़ी दो भागों में टूट गई और उस धमाके से पेड़ के पंछी उड़ गए। दुर्भाग्य से, मोंटी की पूँछ उन दो टुकड़ों के बीच फँस गई। वह चिल्लाने लगा, इधर-उधर कूदने लगा, लेकिन ख़ुद को छुड़ाने में असमर्थ था। कामगार लौटे और मोंटी को फँसा हुआ देखा, उसके चेहरे पर पछतावा साफ़ दिख रहा था। उन्होंने फ़ौरन उसे छुड़ाया और समझाया, "मोंटी, अगली बार बढ़ई का काम बढ़ई पर ही छोड़ना बेहतर है!"

मोंटी का बढ़ई के औज़ार से खेलने का तरीक़ा कुछ अलग नहीं है, जैसा हममें से कई लोग अपने पैसों के मामले में करते हैं। हम बिना जोखिम पूरी तरह समझे, ख़ुद ही सब ठीक करने की कोशिश करते हैं और फिर ऐसी स्थितियों में फँस जाते हैं, जिनसे निकलना आसान नहीं होता। ऐसे क़िस्से मैं अक्सर सुनती हूँ–यहाँ तक कि अपने ही रिश्तेदारों से भी।

म्यूचुअल फ़ंड्स और म्यूचुअल पछतावे

एक दिन मेरी एक चचेरी बहन का अचानक फ़ोन आया। उसकी आवाज़, जो आमतौर पर चहकती रहती थी, इस बार थरथरा रही थी–क्योंकि उसकी आर्थिक हालत बिगड़ चुकी थी। पिछले दो साल से वह म्यूचुअल फ़ंड और शेयर बाज़ार की लहर पर सवार थी, लेकिन मज़बूत और विविध पोर्टफ़ोलियो बनाने की बजाय उसने अपनी लगभग सारी बचत बैंकिंग, अंतरराष्ट्रीय और उद्योग-आधारित फ़ंड्स में लगा दी थी–जिनका प्रदर्शन उस समय सबसे अच्छा था।

लेकिन इन सेक्टर्स में आई गिरावट ने उसके पोर्टफ़ोलियो की हालत ख़राब कर दी। नतीजा, जब व्यापक बाज़ार में बढ़त थी, तब भी उसका कुल पोर्टफ़ोलियो घाटे में था।

मैंने पूछा, "निवेश करने से पहले किसी वित्तीय सलाहकार से राय ली थी?" वह बोली, "नहीं... मुझे पता ही नहीं था कि कहाँ से शुरू करूँ। लगा कि ये बहुत महँगा और झँझट वाला काम है।" मैंने आह भरते हुए कहा, "सलाह लेने का ख़र्च, अब तक हुए नुक़सान से कहीं कम होता।"

एक वित्तीय सलाहकार उसके पोर्टफ़ोलियो को विविधता देता और उन जोखिमों को कम कर देता, जिन्हें वह पहले से नहीं देख पाई थी। अगले कुछ हफ़्तों में हमने उसकी वित्तीय स्थिति को फिर से पटरी पर लाने पर काम शुरू किया। और यह सब एक साधारण सीख से शुरू

हुआ–"अच्छी वित्तीय सलाह कोई ख़र्च नहीं, बल्कि आगे चलकर महँगी ग़लतियों से बचने का निवेश है।"

समुद्रतट के सुख से वित्तीय चूक तक

क्या आप जल्दी रिटायर होने का सपना देखते हैं? अरे भई, कौन नहीं देखता! आजकल एफ़आईआरई (Financially Independent, Retired Early) का बड़ा चलन है। सोचिए, 45 साल की उम्र में धूप से नहाए बीच पर नारियल पानी पीते हुए और सोमवार की टेंशन से हमेशा के लिए मुक्त ... कितना सुखद लगता है, है ना? लेकिन हक़ीक़त यह है कि इस सपने का पीछा करने वाले दस में से आठ लोगों को यह तक नहीं पता होता कि सुकून से रिटायर होने के लिए कितने पैसे चाहिए होंगे।

किसी मिलेनियल से उसका इन्वेस्टमेंट गोल पूछिए, तो अक्सर जवाब होगा,"भविष्य के लिए बचत कर रहा हूँ।" फिर आते हैं म्यूचुअल फ़ंड के नए निवेशक, जो सिर्फ़ पिछले प्रदर्शन के आधार पर पैसा लगाते हैं। और हाँ, शुरुआती क़िस्मत वाले ट्रेडर्स को मत भूलिए। फ़्यूचर्स और ऑप्शन्स में ₹10,000 दुगना करना भले ही मास्टरस्ट्रोक लगे, लेकिन यह अक्सर अति-आत्मविश्वास में बदलकर आगे चलकर भारी नुक़सान दे जाता है। तो इतने निवेशक ये ग़लतियाँ आख़िर क्यों करते हैं? इसके तीन बड़े कारण हैं–

- **समय बनाम विशेषज्ञता:** कई लोग सोचते हैं कि निवेश बस कुछ फ़ंड या शेयर चुनने और उन्हें बढ़ने देने जितना आसान है। हक़ीक़त में, सही निवेश के लिए एक व्यापक वित्तीय योजना चाहिए, जो आपके लक्ष्यों और परिस्थितियों के हिसाब से तैयार हो, लेकिन ज़्यादातर लोग पहले से ही काम, परिवार और बाक़ी ज़िम्मेदारियों में इतने व्यस्त रहते हैं कि ख़ुद से ऐसी योजना बनाने और शोध करने का समय ही नहीं निकाल पाते।
- **लक्ष्यों की जटिलता:** वित्तीय लक्ष्य कभी एक-आयामी नहीं होते।

घर ख़रीदना, बच्चे की पढ़ाई के लिए बचत करना, या रिटायरमेंट की योजना बनाना–इन सबकी समयसीमा, जोखिम और निवेश की ज़रूरतें अलग होती हैं। लोग अक्सर 'सबसे अच्छा प्रदर्शन करने वाले फ़ंड' के पीछे भागते हैं, लेकिन समझदारी इसी में है कि ऐसे निवेश चुने जाएँ, जो आपके लक्ष्यों के अनुरूप हों। जो फ़ंड शॉर्ट-टर्म में अच्छे रिटर्न दे रहा है, वह 20 साल बाद के लक्ष्य के लिए सही नहीं भी हो सकता।

- **आत्म-जागरूकता:** जोखिम उठाने की क्षमता हर व्यक्ति में अलग होती है और समय के साथ बदल भी सकती है। हो सकता है जो हाई-रिस्क, हाई-रिवार्ड रणनीति आज आपको रोमांचक लग रही है, वही 10 साल बाद डराने लगे। एक भरोसेमंद वित्तीय सलाहकार इन बदलावों को सही ढंग से समझकर आपके निवेश को आपकी बदलती ज़रूरतों के अनुरूप ढाल सकता है।

वित्तीय विशेषज्ञों को समझना

मेरी चचेरी बहन ने ख़ुद से निवेश योजना बनाने की कोशिश की थी, क्योंकि उसे यह भी नहीं पता था कि शुरुआत कहाँ से करें। उसने मुझसे पूछा, "आपको कैसे पता चलता है कि किस सही व्यक्ति के पास जाना चाहिए?"

उसकी चिंता और उसके संदेह बिलकुल वाजिब थे। वित्तीय मध्यस्थ (Financial Intermediaries) की दुनिया, उसके नियम-क़ायदे और जटिल शब्दावली किसी नए व्यक्ति के लिए भूलभुलैया जैसी होती है। मैंने तय किया कि मैं उसकी मदद करूँगी और ऐसे विशेषज्ञ खोजूँगी, जो उसका मार्गदर्शन कर सकें।

मैंने उसे समझाया–एक अच्छा वित्तीय सलाहकार आपकी आर्थिक यात्रा में सह-पायलट की तरह होता है, लेकिन हर सलाहकार एक जैसा नहीं होता। ग़लत चुनाव आपको अनावश्यक जोखिमों या कमज़ोर नतीजों

तक पहुँचा सकता है, यानी यह एक छोटा-सा फ़ैसला लग सकता है, पर इसका असर बड़ा होता है।

मैंने कहा, "सबसे पहले उनके प्रमाण पत्र जाँचो। वित्तीय सलाहकारों के लिए सेबी-रजिस्टर्ड इन्वेस्टमेंट एडवाइज़र (RIA) प्रमाण पत्र और म्यूचुअल फ़ंड डिस्ट्रीब्यूटर (MFDs) के लिए एसोसिएशन ऑफ़ म्यूचुअल फ़ंड्स इन इंडिया (AMFI) प्रमाण पत्र देखो। ये अच्छे संकेत होते हैं कि वह पेशेवर या संस्था योग्य है और नैतिक मानकों का पालन करती है।"

आरआईए (RIA) एक वित्तीय पेशेवर होता है, जिसे सेबी (SEBI) द्वारा निवेश संबंधी सलाह देने के लिए अधिकृत किया गया है। एएमएफ़आई (AMFI) म्यूचुअल फ़ंड वितरकों को नियंत्रित करता है और यह सुनिश्चित करता है कि वे म्यूचुअल फ़ंड बेचते समय आवश्यक नैतिक मानकों का पालन करें। जब बात आपके पैसे के प्रबंधन की हो, तो आपके पास दो विकल्प होते हैं–बैंकों या वेल्थ फ़र्म्स जैसी बड़ी संस्थाओं के साथ जाना, या फिर व्यक्तिगत एमएफ़डी (MFD) और आरआईए (RIA) के साथ काम करना।

अगर आप व्यक्तिगत जुड़ाव चाहते हैं–ऐसा कोई जो आपकी वित्तीय कहानी को उतना ही अच्छी तरह जानता हो, जितना एक भरोसेमंद पारिवारिक डॉक्टर आपकी मेडिकल हिस्ट्री को–तो आपके लिए व्यक्तिगत सलाहकार या म्यूचुअल फ़ंड वितरक सही विकल्प हो सकते हैं। वहीं, अगर आप बड़ी संस्था की साख को प्राथमिकता देते हैं, तो बैंक या वेल्थ फ़र्म्स आपके लिए बेहतर हो सकते हैं। इन संस्थाओं में आपका रिलेशनशिप मैनेजर बदल सकता है, लेकिन संस्था बनी रहती है।

आख़िरकार, चुनाव आपके व्यक्तिगत आराम और पसंद पर निर्भर करता है। यहाँ दोनों तरह के पेशेवरों के बीच मुख्य अंतर का एक संक्षिप्त विवरण है–

पहलू (Aspect)	म्यूचुअल फ़ंड वितरक (Mutual Fund Distributor)	पंजीकृत निवेश सलाहकार (Registered Investment Advisor)
दायरा (Scope)	म्यूचुअल फ़ंड का चयन और लेन-देन	सभी वित्तीय उत्पादों (स्टॉक्स, F&O, म्यूचुअल फ़ंड) में सहायता
दृष्टिकोण (Approach)	• निवेश उद्देश्यों के आधार पर सिफ़ारिशें • म्यूचुअल फ़ंड पोर्टफ़ोलियो तैयार करना	लक्ष्य और जोखिम-विशिष्ट योजना
प्रतिफल (Compensation)	म्यूचुअल फ़ंड कंपनी द्वारा दिया गया ब्रोकरेज़	निवेशक द्वारा दी गई फ़ीस
उपयुक्त (Ideal For)	म्यूचुअल फ़ंड पोर्टफ़ोलियो तैयार करना और उसमें लेन-देन करना	• लक्ष्य-आधारित योजना • कर और संपत्ति योजना • शेयरों की सिफ़ारिश
नियमन (Regulation)	एएमएफ़आई-पंजीकृत	सेबी-पंजीकृत

"फ़ीस के बारे में क्या?" उसने पूछा।

"एक अच्छा विशेषज्ञ अपनी फ़ीस संरचना पहले ही साफ़-साफ़ बता देगा," मैंने कहा। "अगर वह इस सवाल से बचने लगे या 'गारंटीड रिटर्न' का लालच देकर कोई उत्पाद थमाने की कोशिश करे, तो समझ लो यह ख़तरे की घंटी है। ऐसे में तुरंत पलटकर जितनी जल्दी हो सके, वहाँ से निकल जाओ।"

इस चेकलिस्ट के साथ उसने अपनी तलाश शुरू की। कुछ लोगों से बात करने के बाद उसे एक ऐसा योजनाकार, सलाहकार और वितरक मिल गया, जो हर कसौटी पर खरा उतरता था।

चेकलिस्ट

- ☐ अपने सलाहकार के RIA या अपने MFD के AMFI प्रमाण-पत्र की जाँच करें।
- ☐ फ़ीस संरचना के बारे में पूछें।
- ☐ 'गारंटीड रिटर्न' जैसी बातों और सवाल टालने वालों से सावधान रहें।
- ☐ पारदर्शिता और स्पष्ट संवाद सुनिश्चित करें।
- ☐ क्या आप इस व्यक्ति/संस्था पर भरोसा करते हैं?
- ☐ निवेश करने से पहले सभी नियम व शर्तें ध्यान से पढ़ें।

त्रैमासिक समीक्षा, आजीवन लाभ

विशेषज्ञों को नियुक्त करना तो सिर्फ़ पहला क़दम था। इसके बाद मैंने अपनी चचेरी बहन को यह समझाना शुरू किया कि अपने वित्तीय सलाहकार के साथ नियमित समीक्षा बैठकों का महत्त्व क्या है, ताकि उसकी प्रगति का आकलन हो सके और जीवन या बाज़ार में आए बदलावों के अनुसार रणनीति बदली जा सके।

"इन समीक्षाओं के दौरान पूरी ईमानदारी बरतना," मैंने उसे चेताया, "चाहे वह क़र्ज़ हो, ख़र्चे, उम्मीदें या डर–सब कुछ अपने सलाहकार से खुलकर साझा करो। पूरी तसवीर बताए बिना कोई भी पेशेवर आपकी मदद नहीं कर सकता।"

वह अपने सलाहकार से मिलने को लेकर घबराई हुई थी। मैंने उसके साथ काफ़ी समय बिताया और उसे अपने वित्तीय लक्ष्य स्पष्ट रूप से तय करने में मदद की–क़र्ज़ चुकाना, जीवन के अहम पड़ावों के लिए बचत करना और दीर्घकालिक योजना बनाना। इससे वह कुछ शांत हो गई।

इसके बाद, हमने एक त्रैमासिक समीक्षा ढाँचा तैयार किया, ताकि वह नियमित रूप से अपनी प्रगति पर नज़र रख सके:

- **निश्चित तारीख़ें:** हर तीन महीने पर पहले से तय समीक्षा बैठकें रखें।
- **तैयारी:** बैठक से पहले अपने सलाहकार के लिए सवालों और जानकारियों की सूची तैयार करें, ताकि समय का अधिकतम उपयोग हो।
- **प्रगति पर नज़र:** अपने लक्ष्यों के लिए एक सरल ट्रैकर बनाएँ और उसे अपडेट करते रहें।
- **लचीलापन:** जीवन में बदलाव–जैसे नौकरी बदलना या आपात स्थिति–के बाद योजनाओं में आवश्यक संशोधन करें।

तीसरी त्रैमासिक समीक्षा तक, मेरी चचेरी बहन आत्मविश्वासी, तैयार और सक्रिय हो चुकी थी। उसका अपने सलाहकार के साथ रिश्ता भरोसे पर आधारित था और उसकी वित्तीय यात्रा का अहम स्तंभ बन चुका था। अब उसके पास एक ऐसा पेशेवर था, जो उसके साथ खड़ा था और जीवन की चुनौतियों के बीच उसकी वित्तीय स्थिति को मज़बूती से सँभाल रहा था।

मूलमंत्र: *अमीर बनने के लिए आपको पेशेवर वित्तीय सलाह की ज़रूरत नहीं, लेकिन अमीर बने रहने के लिए यह ज़रूरी है।*

कब न करें 'ख़ुद इलाज'

डिजिटल युग में इंटरनेट हर समय तरह-तरह की सलाह देने के लिए मौजूद है। पोर्टफ़ोलियो ट्रैकर्स से लेकर डीआईवाई (स्वयं करो) वित्तीय टूल्स–ये सब जानकारी आपको बस एक क्लिक में मुफ़्त उपलब्ध है। ऐसे में पेशेवर मार्गदर्शन पर पैसा ख़र्च करने के बजाय ख़ुद सब सँभाल लेने का मन होना स्वाभाविक है। आख़िर, जब गूगल आपको मुफ़्त में बता सकता है कि कहाँ निवेश करना है, तो किसी सलाहकार को क्यों रखें?

लेकिन ज़रा सोचिए–क्या आप किसी गंभीर बीमारी के इलाज के लिए गूगल पर भरोसा करेंगे या डॉक्टर पर? मामूली सिरदर्द के लिए (हालाँकि इसकी भी सलाह हम नहीं देंगे) शायद ऑनलाइन टिप्स चल जाएँ, लेकिन किसी जटिल बीमारी में, हालत बिगड़ने से बचने के लिए आप निश्चित ही डॉक्टर से सलाह लेना पसंद करेंगे।

आपकी वित्तीय सेहत भी उतनी ही देखभाल की हक़दार है। सोचिए–अगर आपका पोर्टफ़ोलियो ₹5 करोड़ का है, तो एक सलाहकार की फ़ीस सालाना 1% यानी ₹5 लाख (लगभग ₹41,000 प्रति माह) हो सकती है। यह रक़म भले बड़ी लगे और टाली जा सकती हो, लेकिन बिना तकनीकी समझ के निवेश करने के ख़तरे, बचाए गए पैसों के सुख से कहीं ज़्यादा भारी पड़ते हैं।

एक छोटी-सी ग़लती–जैसे ग़लत प्रोडक्ट में निवेश करना, पोर्टफ़ोलियो में ज़रूरत से ज़्यादा जोखिम लेना, या बाज़ार के रुझान का ग़लत आकलन–आपको बड़े रिटर्न के नुक़सान में डाल सकती है। इसलिए हमेशा सोच-समझकर चुनाव करें।

मूलमंत्र: नाम मात्र शुल्क में मिलने वाली सटीक सलाह, ख़र्च नहीं बल्कि एक निवेश है।

ग़ायब निवेशकों का दिलचस्प मामला

मुझे एक बार गोवा में आयोजित मैनेजमेंट डेवलपमेंट प्रोग्राम (MDP) में बोलने के लिए आमंत्रित किया गया। ऑडिटोरियम वरिष्ठ कामकाजी पेशेवरों से खचाखच भरा हुआ था। मंच पर आते ही मैंने एक आसान-सा सवाल पूछा–"आपमें से कितने लोग जानते हैं कि म्यूचुअल फ़ंड क्या होते हैं?"

लगभग हर हाथ हवा में था।

"बेहतरीन! और आपमें से कितने लोग वास्तव में म्यूचुअल फ़ंड में निवेश करते हैं?"

तुरंत 90 प्रतिशत हाथ नीचे हो गए! जिज्ञासावश, मैंने पूछा कि म्यूचुअल फ़ंड के बारे में जानते हुए भी वे निवेश क्यों नहीं कर रहे। जवाब तुरंत आए–"हमें पता नहीं कहां से शुरू करें"; "यह जटिल लगता है"; "क्या यह जोखिम भरा नहीं है?"

उनकी झिझक ने मुझे अचरज में नहीं डाला। शुरुआत में पैसों का प्रबंधन सचमुच भारी-भरकम लग सकता है, लेकिन मदद के ढेरों साधन मौजूद हैं–वित्तीय सलाहकारों से लेकर निवेश प्लेटफ़ॉर्म तक, जो प्रक्रिया को आसान बना सकते हैं।

याद रखिए–वित्तीय सफलता शायद ही कभी अकेले हासिल होती है। सबसे अच्छे निवेशकों के पास भी कोई न कोई होता है, जो रणनीति बनाता है और उनकी नज़र से छूटे पहलुओं को कवर करता है। एक अच्छा सलाहकार या म्यूचुअल फ़ंड डिस्ट्रीब्यूटर (एमएफ़डी) आपको निवेश की दुनिया में आगे बढ़ने के लिए दो सबसे अहम ताक़तें देता है–आत्मविश्वास और स्पष्टता। ये दोनों ही आपको वित्तीय स्वतंत्रता की राह पर मज़बूती से आगे ले जाने के लिए अनिवार्य हैं।

मुख्य सीख (Key Learnings)

- वित्तीय मामलों में ख़ुद सब कुछ करने (DIY) का तरीक़ा उलटा भी पड़ सकता है। एक ग़लत क़दम आपको उतना नुक़सान पहुँचा सकता है, जितना कभी किसी विशेषज्ञ की सलाह की क़ीमत नहीं होगी।
- रुझानों के पीछे भागने से सफलता नहीं मिलती। बिना योजना के बीते विजेताओं (हॉट स्टॉक्स, सबसे बेहतर प्रदर्शन करने वाले फ़ंड्स) का पीछा करना वैसा ही है, जैसे कल के लॉटरी नंबरों पर दाँव लगाना।
- अच्छी सलाह अपनी क़ीमत ख़ुद चुका देती है। एक भरोसेमंद वित्तीय सलाहकार या म्यूचुअल फ़ंड डिस्ट्रीब्यूटर (एमएफ़डी) महँगी ग़लतियों और छूटे मौक़ों से बचाने वाला बीमा है।

20

अर्थव्यवस्था और पैसा

पतंग और हवा की तरह

मुंबई की एक सुनहरी सुबह, स्वप्निल चर्चगेट जाने के लिए ठसाठस भरी लोकल ट्रेन में किसी तरह घुसकर खड़ा था। होटल मैनेजमेंट स्कूल से ताज़ा-ताज़ा निकले हुए, उसे एक बड़े होटल में ट्रेनी (Trainee) के रूप में नौकरी मिली थी। उसकी पहली सैलरी कुछ ही दिनों में आने वाली थी और वह पहले से ही दोपहिया गाड़ी के सपने बुन रहा था। वह उसे लोन पर ख़रीदेगा और हमेशा के लिए भीड़-भाड़ वाली लोकल ट्रेन को अलविदा कह देगा।

वह ख़यालों की दुनिया से अपने खड़खड़ाते डिब्बे में लौटा, तभी दो यात्रियों की बातचीत ने उसका ध्यान खींचा। "लोन अब महँगे होने वाले हैं," उनमें से एक कह रहा था। "आरबीआई रेपो रेट बढ़ाने वाली है।" "पिछली तिमाही का राजकोषीय घाटा देखा?" दूसरे ने जवाब दिया। "विकास पर असर पड़ेगा।"

स्वप्निल को समझ ही नहीं आया कि वे किस बारे में बात कर रहे थे।

जूनियर कॉलेज में उसने ज़्यादातर अर्थशास्त्र की कक्षाएँ बंक मारकर पास के सिनेमाघरों में फ़िल्में देख कर निकाल दी थीं।

'रेपो रेट' और 'राजकोषीय घाटा' जैसे शब्द कुछ हद तक परिचित लग रहे थे, लेकिन 'लोन' के ज़िक्र की अनदेखी करना उसके लिए

मुश्किल था, क्योंकि यह उसकी ज़िंदगी से सीधे जुड़ा था। जैसे-जैसे ट्रेन अपने गंतव्य के क़रीब पहुँच रही थी, स्वप्निल ने तय किया कि उसे अपनी वित्तीय समझ बढ़ानी होगी, ताकि वह समझ सके कि अर्थव्यवस्था उसके जीवन को–उसकी ख़रीदारी, वेतन और अभी जो नौकरी उसने शुरू की है–कैसे प्रभावित कर सकती है और यह उससे कहीं ज़्यादा महत्त्वपूर्ण था, जितना वह सोचता था।

जैसा कि आप अब तक समझ चुके होंगे, अपने वित्त को अच्छी तरह सँभालने के लिए स्वप्निल या आपको कोई बड़ी आर्थिक विशेषज्ञता हासिल करने की ज़रूरत नहीं है, हालाँकि, पूरी तरह वित्तीय जागरूकता की कमी से घबराहट हो सकती है, लेकिन घबराएँ नहीं, यह अध्याय कुछ महत्त्वपूर्ण अवधारणाओं को सरल भाषा में समझाएगा ताकि आप अपने निवेश के लिए अधिक यथार्थवादी उम्मीदें रख सकें और डराने-धमकाने और अन्य जालों से बच सकें।

वैश्विक अर्थव्यवस्था = स्थानीय परेशानियाँ

पहली पीढ़ी के व्यवसायी इशान अपने गोरमेट फ़ूड स्टोर (उत्तम और विशेष व्यंजनों की दुकान) में घूमते हुए, आधे भरे चॉकलेट और जैतून के तेल के शेल्फ़ पर पड़ती रोशनी में झाँक रहे थे। यूरोप में बंदरगाह की हड़ताल ने उसकी खेप देर से पहुँचाई, जिससे दुकान के शेल्फ़ ख़ाली हो गए और ग्राहक नाराज़ हो उठे–यह अप्रत्याशित तूफ़ान उसे अपने कारोबार के पहले ही महीने में झेलना पड़ा। तभी उसकी दोस्त नेहा, जो एक व्यापार पत्रिका में पत्रकार थी, दुकान में आई। "एक ऐसी हड़ताल, उस बंदरगाह पर, जिसे मैंने कभी सुना भी नहीं था," इशान ने कहा, "और मेरी दुकान पहले ही डूबते जहाज़ जैसी महसूस हो रही है।"

"देखो, सब कुछ कितना जुड़ा हुआ है," नेहा ने कहा।

"लेकिन मैं क्या कर सकता हूँ?" इशान ने पूछा।

"अगर तुम अपने व्यवसाय को प्रभावित करने वाले विभिन्न कारकों के जुड़ाव को समझो, तो तुम अलग-अलग परिस्थितियों से बेहतर तरीक़े से निपट पाओगे। मैं समझाती हूँ। अपनी दुकान को एक देश समझो। तुम जो भी सामान या सेवाएँ बेचते हो, वे उस देश की अर्थव्यवस्था में जोड़ती हैं। तुम्हारी सारी बिक्री का कुल योग देश की सकल घरेलू उत्पाद या जीडीपी (GDP) कहलाता है।'

"ठीक है। तो इस सब में सप्लायर्स का कहाँ स्थान है?"

"लगभग सबसे ऊपर। जब भी वे अपनी क़ीमतें बढ़ाते हैं, तो इसका असर धीरे-धीरे पूरे चेन के सभी स्तरों तक पहुँचता है। यही महँगाई है। जितना अधिक आप अपने सप्लायर्स को भुगतान करते हो, उतना ही आपको अपने ग्राहकों से अपने सामान या सेवाओं के लिए ज़्यादा माँगना पड़ता है।"

"पर अगर महँगाई की वजह से वे मुझसे ख़रीदना बंद कर दें तो?'

"इससे माँग में गिरावट आ सकती है और अगर ये स्थिति एक साथ कई व्यवसायों में हो, तो देश में बढ़ती क़ीमतों की वजह से माँग धीमी हो जाती है, जिसे अर्थव्यवस्था में स्टैगफ्लेशन (Stagflation) कहा जाता है।"

"समझ गया। माँग कम होने की वजह से मैं अपनी दुकान के ख़र्च और कर्मचारियों की सैलरी तक पूरा नहीं कर पा रहा और इस मुश्किल वक़्त में छोटे समय का लोन भी नहीं ले सकता। क्या तुमने हाल ही की ब्याज दरें देखी हैं?"

"हाँ, उच्च ब्याज दरें इस चक्र का हिस्सा हैं। केंद्रीय बैंक महँगाई को क़ाबू में रखने के लिए इन्हें बढ़ाते हैं, ताकि उधारी कम हो और महँगाई के असर अर्थव्यवस्था के बाक़ी हिस्सों तक न पहुँचे।"

"तो हर बार जब वैश्विक स्थिति बदलती है, तो तुम मुझे कह रही हो कि मेरा 'देश' भारी मंदी का शिकार हो सकता है?"

"हाँ, अगर तुम पूरी तरह से वैश्विक आर्थिक स्थिरता के भरोसे हो,

तो ऐसा हो सकता है, लेकिन हमेशा बदलाव और भविष्य की चुनौतियों से निपटने का रास्ता होता है। तुम अपने माल के स्रोतों को विविध बना सकते हो। तुम्हारी दुकान के लिए, भले ही स्थानीय विकल्प पूरी तरह आयात की जगह न ले सकें, लेकिन उनका पर्याप्त उपयोग तुम्हें तब भी कमाई जारी रखने में मदद करेगा, जब तक बड़ी समस्या ख़ुद-ब-ख़ुद सुलझ न जाए। यही वजह है कि अर्थशास्त्र को समझना इतना महत्त्वपूर्ण है – यह तुम्हें भविष्य देखने की क्षमता देता है, ताकि तुम जान सको कि किन घटनाओं का तुम्हारे व्यवसाय पर क्या असर होगा और उसी के अनुसार तैयारी कर सको।"

इशान ने नेहा की समझदारी के लिए उनका धन्यवाद किया। नेहा ने उन्हें बताया कि हालात हमेशा इतने आसान नहीं होते, इसलिए हर तरह की आर्थिक परिस्थिति से निपटने का कोई एक निश्चित तरीक़ा नहीं होता। सबसे ज़रूरी यह है कि हम अपने आप को इतना ज्ञान और समझ से लैस करें कि जब बदलाव की ज़रूरत हो, तो उसे पहचान सकें और समय रहते उसके अनुसार तैयार हो सकें।

अगले कुछ हफ़्तों में, सप्लाई की स्थिति सामान्य हो गई और इशान की दुकान में पर्याप्त सामान आ गया, जिससे ग्राहक फिर से अपनी पसंदीदा गोरमेट वस्तुएँ लेने के लिए बड़ी संख्या में आने लगे।

मूलमंत्र: मंदी अर्थव्यवस्था का अंत नहीं, बल्कि एक नया आरंभ है। निवेश जारी रखें।

अद्भुत भारतीय आर्थिक फेरिस व्हील

नेहा अब इशान की दुकान पर ज़्यादा आने लगी थी, सिर्फ़ यह देखने के लिए कि उसकी स्थिति कैसी है और वैश्विक अर्थव्यवस्था के बारे में सीखना

उसके लिए कैसा चल रहा है। उनके बीच इस विषय पर कई गहरी और महत्त्वपूर्ण बातचीत हुईं और धीरे-धीरे इशान समझने लगा कि उसके व्यवसाय के उतार-चढ़ाव बड़े आर्थिक चक्रों से कैसे मेल खाते हैं। उसने अपने नए ज्ञान को व्यावहारिक रूप से इस्तेमाल करने का फ़ैसला किया, अपनी दुकान की कमाई को समझदारी से निवेश किया और समय-समय पर नेहा की सलाह लेने लगा।

"याद रखना," नेहा ने कहा, "जैसे फेरिस व्हील की हर सीट को चक्र पूरा करना होता है, वैसे ही हर व्यवसाय को भी अर्थव्यवस्था और निवेश के उतार-चढ़ाव से गुज़रना पड़ता है। हम साथ मिलकर इन बदलावों का सामना कर सकते हैं।"

एक दोपहर, इशान अपनी दुकान के शेल्फ़ भरने में व्यस्त था, जब नेहा आई। उसने ख़ुशी से उसे ग्राहकों की लगातार बढ़ती भीड़ की ओर इशारा किया। उसके कर्मचारी चारों ओर व्यस्त थे, क्योंकि शादी का मौसम था और सभी ग्राहक थोक में खरीदारी कर रहे थे। व्यवसाय फल-फूल रहा था और अर्थव्यवस्था तेज़ी से बढ़ रही थी। नेहा ने सिर हिलाया। "हम विकास के दौर से गुज़र रहे हैं, देखो। इसलिए तुम्हारी दुकान ग्राहकों से भरी हुई है। इसका आनंद लो!"

नेहा ने उसे बताया कि 2021 से 2024 तक का समय भारतीय अर्थव्यवस्था के लिए भी अच्छा रहा था। वित्त वर्ष 2024 में भारत की जीडीपी 8.2 प्रतिशत बढ़ी, जिसका कारण था बढ़ी हुई उपभोक्ता माँग और महामारी के बाद बाज़ार की सुधार प्रक्रिया। हर कोई स्टॉक और रियल एस्टेट में निवेश कर रहा था और यह ऐसा समय था, जब निवेश करना लाभकारी था। इससे उत्साहित होकर इशान ने तय किया कि वह इन दोनों संपत्ति वर्गों में निवेश शुरू करेगा, क्योंकि विकास के दौर में उनका प्रदर्शन अच्छा रहता है।

कई महीने बाद, दिवाली के समय, इशान की दुकान पहले से भी ज़्यादा व्यस्त थी, फिर भी, एक शाम जब वह अपनी खाता पुस्तिकाएँ अपडेट कर रहा था, तो उसने महसूस किया कि चीज़ें महँगी होती जा रही

हैं–सप्लायर्स ने अपने दाम बढ़ा दिए थे और मुनाफ़ा उसकी उम्मीद के मुताबिक़ नहीं बढ़ रहा था। अगली बार जब नेहा आई, तो उसने अपनी चिंता उसको बताई। नेहा ने समझाया, "यह चरम समय है। अर्थव्यवस्था तेज़ी से बढ़ रही है, लेकिन ख़र्च भी बढ़ रहे हैं।"

नेहा ने बताया कि 2008 में, जब वैश्विक वित्तीय संकट के दौरान शेयर बाज़ार गिर गए थे, तो लोगों ने अपनी नौकरियाँ खो दी थीं, लेकिन सोने की क़ीमत स्थिर बनी रही। उनकी सलाह मानते हुए, इशान ने अपनी कुछ कमाई सोने और फ़िक्स्ड डिपॉज़िट में निवेश किया–यह एक सुरक्षित फ़ैसला था। अपनी दुकान के लिए, उसने अनिश्चित समय में केवल ज़रूरी चीज़ों पर ध्यान केंद्रित करने का फ़ैसला किया।

दिवाली के बाद, व्यापार धीमा हो गया। ग्राहक कम आने लगे और बिना बिके माल का अंबार लगने लगा। इशान ने आह भरी, "ऐसा लग रहा है, जैसे जश्न ख़त्म हो गया हो।"

नेहा की राय कुछ अलग थी। "बिलकुल नहीं, मेरे दोस्त। यह संकुचन (Contraction) का दौर है," उसने कहा। "ऐसे समय में कारोबार धीमे पड़ जाते हैं, माँग घटती है और सब हालात के अनुसार ख़ुद को ढाल लेते हैं, लेकिन तब स्थिरता सबसे ज़रूरी होती है।"

उनकी सलाह मानते हुए, इशान ने बॉन्ड्स और फ़िक्स्ड-इनकम निवेशों में पैसा लगाया, जो अनिश्चित समय में स्थिर और निश्चित रिटर्न देते हैं।

इसके बाद साल के सबसे धीमे महीने आए। बिक्री सबसे कम थी और इशान को पुराने स्टॉक को ख़त्म करने के लिए क़ीमतें कम करनी पड़ीं। उसने फिर से नेहा से वजह जाननी चाही। नेहा ने कहा, "यह मंदी का सबसे निचला दौर (**Trough**) है। और यह विकास के लिए निवेश करने का सबसे अच्छा समय होता है।"

नेहा ने उसे याद दिलाया कि कोविड-19 महामारी की मंदी के बाद, जैसे-जैसे अर्थव्यवस्था सँभली, भारतीय शेयर बाज़ार ने तेज़ी से उछाल मारी थी। उन्होंने इशान को अगले उछाल पर दाँव लगाते हुए शेयर और

रियल एस्टेट में निवेश करने के लिए प्रोत्साहित किया। "सबसे निचला दौर," उन्होंने कहा, "नई शुरुआत का आधार होता है।"

अपने निवेश में अर्थशास्त्र का इस्तेमाल कैसे करें

आर्थिक चक्रों और उनके आपसी संबंधों को समझना समझदारी से निवेश करने का पहला क़दम है। बड़े आर्थिक हालात की यह समझ अनिश्चित समय में सही फ़ैसले लेने और आत्मविश्वास के साथ अवसरों का लाभ उठाने में आपकी मदद करती है। यहाँ कुछ आसान तरीक़े दिए गए हैं, जिनसे आप इस समझ का इस्तेमाल करके अपने निवेश को बेहतर बना सकते हैं।

- **उम्मीद तय करना:** महँगाई, ब्याज दर और जीडीपी जैसे आर्थिक संकेतक बताते हैं कि किसी तय समय में आपके निवेश से कितनी वास्तविक कमाई हो सकती है। एफ़डी का रिटर्न ब्याज दर पर निर्भर करता है, जबकि शेयर बाज़ार का रिटर्न आर्थिक विकास और महँगाई के साथ बदलता रहता है। पिछले तीस सालों में भारत के शेयर बाज़ार ने औसतन 13–14% सालाना रिटर्न दिया है, जो आर्थिक रुझानों के अनुरूप है। इससे ज़्यादा मिले तो वह बोनस है, लेकिन यह रिटर्न हर साल एक जैसा नहीं होता–कुछ साल नकारात्मक होते हैं, तो कुछ साल बहुत अच्छे।
- **विविधता रखें:** विकास के दौर में शेयर अच्छा प्रदर्शन करते हैं, जबकि गिरावट के समय बॉन्ड और सोना स्थिरता देते हैं। सही अनुपात में इन तीनों में निवेश करने से आर्थिक चक्र का सफ़र आसान हो जाता है। ज़रूरत के अनुसार हर संपत्ति वर्ग (Asset Class) में समय पर निवेश करें।
- **लंबी अवधि सोचें:** आर्थिक चक्र हक़ीक़त हैं। छोटे-मोटे उतार-चढ़ाव को नज़रअंदाज़ करके बड़े चित्र पर ध्यान दें। बढ़ती अर्थव्यवस्था में सालों नहीं, दशकों में सोचें। बॉन्ड के फ़ंड में भी कभी-कभार गिरावट आ सकती है–घबराएँ नहीं और निवेश जारी रखें।

धीमी होती अर्थव्यवस्था अंत नहीं, बल्कि एक नया शुरुआती बिंदु है। निवेश में बने रहें।

भारत का **सकल घरेलू उत्पाद** (GDP) वित्त वर्ष 2024 में 8.2 प्रतिशत बढ़ा है, और विश्व बैंक के अनुसार, अगले दो वित्तीय वर्षों में अर्थव्यवस्था के 6.5 प्रतिशत की दर से बढ़ने का अनुमान है, हालाँकि, दुनिया के अन्य हिस्सों में युद्ध जैसे वैश्विक घटनाक्रम और बदलते ब्याज दर के रुझान हमारे सकल घरेलू उत्पाद वृद्धि के आँकड़ों को प्रभावित कर सकते हैं। एक दीर्घकालिक निवेशक और बुनियादी वित्तीय समझ रखने वाले के रूप में, हम भारत की ताक़तों का अपने हित में उपयोग कर सकते हैं – युवा जनसंख्या, बढ़ता मध्यम वर्ग और डिजिटल क्रांति।

मुख्य सीख (Key Learnings)

- महँगाई, ब्याज दरें और सकल घरेलू उत्पाद सीधे तौर पर आपकी सैलरी, लोन और निवेश को प्रभावित करते हैं।
- तेज़ी के समय शेयर; अनिश्चितता में सोना; और मंदी में बॉन्ड।
- बाज़ार चढ़ते हैं, गिरते हैं और फिर से चढ़ते हैं। जो टिके रहते हैं, वही फ़ायदा उठाते हैं।

सहायक स्रोत (References)

- 'अगले दो वित्तीय वर्षों में भारतीय अर्थव्यवस्था 6.7% की दर से बढ़ेगी: वर्ल्ड बैंक', स्क्रॉल, 17 जनवरी 2025। उपलब्ध है: https://scroll.in/latest/1078055/indian-economy-to-grow-at-6-7-for-next-two-financial-years-says-world-bank.

21

पैसा और परिवार

छोटी सीखें, बड़े असर

राज और प्रिया की प्रेम कहानी में एक परीकथा के सारे रंग थे। राज एक करिश्माई उद्यमी था और प्रिया एक सुसंस्कृत गृहिणी। शादी के बाद उन्होंने उम्मीद और उत्साह के साथ अपनी नई ज़िंदगी शुरू की। उनका रोमांस कभी न ख़त्म होने वाला लगता था... कम से कम शुरुआत में।

लेकिन अचानक, राज का व्यापार घाटे में जाने लगा। बढ़ते आर्थिक दबाव ने उसकी ख़ुशमिज़ाजी को धीरे-धीरे तोड़ना शुरू कर दिया। उसे इस बोझ तले दबते देख, प्रिया ने मदद के लिए उनके एक पुराने दोस्त से संपर्क किया। उसका इरादा नेक था, लेकिन उसने यह नहीं सोचा था कि इसके क्या नतीजे होंगे। जब राज को यह बात पता चली, तो वह ग़ुस्से से भर उठा। "क्या तुम्हें लगता है कि मैं ख़ुद यह सँभाल नहीं सकता?" वह चिल्लाया।

इसके बाद बहस इस कदर बढ़ी कि दोनों ने एक-दूसरे से ऐसी बातें कह दीं, जो कभी वापस नहीं ली जा सकती थीं। जब कमरे में आख़िरकार सन्नाटा छा गया, तो हवा में उनके शब्दों का बोझ महसूस हो रहा था। उनका प्यार, जो कभी सपनों और वादों से भरा था, अब आर्थिक तनाव से थक चुका था।

चलते चलते (2003) में शाहरुख़ ख़ान और रानी मुखर्जी अभिनीत यह अहम मोड़ इस बात का बेहतरीन उदाहरण है कि आर्थिक चिंता कैसे

न सिर्फ़ आपकी, बल्कि आपके परिवार की मानसिक शांति को भी हिला सकती है, हालाँकि फ़िल्म का अंत सुखद है, हक़ीक़त में ऐसे कठिन समय में कई परिवार और रिश्ते टिक नहीं पाते। इसलिए एक मज़बूत आर्थिक नींव बनाना ज़रूरी है, ताकि हमारे रिश्ते भी ऐसे चुनौतियों का सामना कर सकें।

यह मुझे इमरान हाशमी की फ़िल्म *जन्नत* के एक संवाद की भी याद दिलाता है, जो क्रिकेट सट्टेबाज़ी की ऊँची दाँव-पेंच वाली दुनिया और लालच से होने वाले पतन पर आधारित है – *''ग़रीबी जब दरवाज़े से अंदर आती है न, तो प्यार खिड़की से बाहर निकल जाता है।''*

जो परिवार मिलकर बजट बनाता है, वही साथ टिकता है

मिलिए साहनी परिवार से – विवान, चारुल और उनका बेटा आरव। हर शाम उनके खाने की मेज़ पर क्रिकेट, बॉलीवुड की गपशप और उनके पसंदीदा फ़ैमिली ड्रामा के ताज़ा मोड़ों पर ज़ोरदार चर्चाएँ होती थीं, लेकिन पैसों की बात कभी नहीं होती थी। वजह यह नहीं थी कि वे आर्थिक तंगी में थे। विवान इंटीरियर डिज़ाइनर थे और उनकी पत्नी चारुल मैनेजमेंट एक्ज़ीक्यूटिव–दोनों अच्छी-ख़ासी कमाई करते थे, फिर भी उन्हें अक्सर लगता था कि बचत पर्याप्त नहीं है। वे अपने-अपने आर्थिक फ़ैसले अलग-अलग लेते, बिना किसी स्पष्ट पारिवारिक योजना के।

एक शाम, आरव ने माहौल बदलने का फ़ैसला किया, “हम पैसों के बारे में वैसे ही क्यों नहीं बात करते, जैसे बाक़ी सब चीज़ों पर करते हैं?”

शुरुआत में उसके माता-पिता थोड़े झिझके, लेकिन धीरे-धीरे उन्हें लगा कि पैसों पर खुलकर चर्चा करना सबके लिए अच्छा रहेगा। आख़िर, अगर कभी कोई संकट आया, तो उसमें वे सब साथ ही होंगे।

सबसे पहले, उन्होंने साझा आर्थिक लक्ष्य तय किए – बड़ा घर ख़रीदना, हर साल छुट्टियों पर जाना और आरव की पढ़ाई, लेकिन पैसा लगाने से पहले, उन्हें एक-दूसरे की जोखिम लेने की क्षमता, नक़दी की

ज़रूरतें और देनदारियों को समझना था। विवान को ऊँचे जोखिम और ऊँचे मुनाफ़े वाले निवेश पसंद थे, जबकि चारुल स्थिरता चाहती थीं। बीच का रास्ता निकालना ज़रूरी था।

इसके बाद, उन्होंने एक संपत्ति योजना बनाई। जोखिम और रिटर्न में संतुलन लाने के लिए उन्होंने अपने निवेश को शेयर बाज़ार, रियल एस्टेट, फ़िक्स्ड डिपॉज़िट और सोने में बाँटा। उन्होंने निवेश को तीन हिस्सों में वर्गीकृत किया – अल्पकालिक (आपातकालीन फ़ंड और सालाना छुट्टियाँ), मध्यम अवधि (घर की डाउन पेमेंट और गाड़ी अपग्रेड) और दीर्घकालिक (रिटायरमेंट और आरव की उच्च शिक्षा)।

वे अपनी देनदारियों, जैसे होम लोन की क़िस्तें और मासिक ख़र्च, पर कड़ी नज़र रखते, ताकि रास्ते से न भटकें। चारुल और विवान ने यह भी सुनिश्चित किया कि सभी निवेश और संपत्तियों में नामांकित व्यक्ति तय हों, ताकि भविष्य में आरव को किसी तरह की चिंता न हो।

साहनी परिवार ने यह आदत बना ली कि हर तीन महीने में अपने वित्त की समीक्षा करें और ख़र्च, निवेश व बचत को एक साधारण स्प्रेडशीट में ट्रैक करें। ज़रूरत पड़ने पर वे अपनी योजना में बदलाव करते, ताकि लक्ष्य पर टिके रहें। घर पर पैसों पर खुलकर चर्चा करने की आदत ने न सिर्फ़ उनकी आर्थिक समझ और अनुशासन को मज़बूत किया, बल्कि हर डिनर-टाइम बातचीत के साथ आने वाली पीढ़ियों के लिए सुव्यवस्थित संपत्ति की नींव भी डाल दी।

गुल्लक से पोर्टफ़ोलियो तक

आरव को पैसों के प्रबंधन का पहला सबक़ तब मिला, जब वह छह साल का था। एक दिन, चारुल ने उसे एक चमकदार नीली गुल्लक थमाई। उस उम्र में, पैसे बस काग़ज़ या धातु के टुकड़े थे, जिन्हें उसके माता-पिता आइसक्रीम या उसकी पसंदीदा कॉमिक किताबों के बदले में देते थे। उसे ठीक-ठीक समझ नहीं आता था कि पैसे का काम कैसे होता है।

"यह तुम्हारा ख़ज़ाने का डिब्बा है," चारुल ने मुस्कराते हुए कहा, जब उन्होंने उसे गुल्लक दी। "इसे सँभालकर रखना।"

सिक्कों की खनक सुनकर उसे अपार ख़ुशी और उत्साह मिलता। उसने छोटे-छोटे सपनों के लिए बचत करना सीखा–जैसे क्रिकेट बैट या खिलौना कार। जब वह दस साल का हुआ, विवान और चारुल उसे बैंक ले गए, जहाँ उसका पहला बचत खाता खोला गया। क्लर्क ने जब उसके नाम की पासबुक थमाई, तो वह पल बेहद रोमांचक था! आरव को पता था कि इसे कैसे इस्तेमाल करना है और वह बड़े मन से अपना जन्मदिन का पैसा और गुल्लक की बचत खाते में जमा करता रहा।

तेरह साल का होते-होते उसने देखा कि उसके माता-पिता हर महीने कुछ पैसे अलग रखते हैं। जिज्ञासावश उसने पूछा क्यों, तो चारुल ने समझाया, "यह तुम्हारी पढ़ाई के लिए एसआईपी है। जब तक तुम कॉलेज जाने के लिए तैयार हो जाओगे, यह पैसा बढ़ चुका होगा और तुम्हारे सपनों को पूरा करने में मदद करेगा।"

विवान और चारुल एक बिलकुल अलग भारत में बड़े हुए थे, जहाँ हर रुपये को सोच-समझकर ख़र्च करना पड़ता था और आर्थिक सुरक्षा की कोई गारंटी नहीं होती थी। बुरे वक़्त के लिए बचत करना कोई विकल्प नहीं, बल्कि जीवन का हिस्सा था। जनरेशन एक्स के सदस्य होने के नाते, वे 'सस्ता, सुंदर, टिकाऊ' वाली सोच के साथ पले-बढ़े थे, जहाँ सबसे ऊपर थी किफ़ायत, टिकाऊपन और पैसों की सही क़ीमत।

दूसरी ओर, आरव जनरेशन अल्फ़ा का हिस्सा था, जो एक अधिक समृद्ध भारत में बड़ा हो रहा था, जहाँ अवसर भरपूर थे और जीवनशैली पूरी तरह बदल चुकी थी। आम धारणा थी कि जनरेशन अल्फ़ा अपने माता-पिता की तरह पैसों की क़द्र नहीं करती, इसलिए विवान और चारुल ने ख़ास ध्यान रखा कि आरव पैसों का महत्त्व समझे और उसे हल्के में न ले।

कई साल बाद, आरव को विदेश की एक प्रतिष्ठित यूनिवर्सिटी से प्रवेश पत्र मिला। वह बेहद ख़ुश था, लेकिन मन में यह चिंता भी थी कि

क्या वे इसकी फ़ीस भर पाएँगे। उसने पूछा, "डैड, हम इसकी फ़ीस कैसे भर पाएँगे?"

"याद है, हमने वो एसआईपी शुरू की थी?" विवान ने कहा। "वह तुम्हारी पढ़ाई के लिए ही थी।"

उसने अपने बेटे को दिखाया कि उनका निवेश कैसे बढ़ा है, जिससे उसे योजना और धैर्य के महत्त्व का एहसास हुआ। उनके अनुशासित प्रयासों ने उसे दुनिया की सबसे प्रतिष्ठित विश्वविद्यालयों में से एक में पढ़ाई करने का मौक़ा दिया–जो कभी उसकी आसमान छूती फ़ीस के कारण दूर की बात लगती थी।

आख़िरकार, आरव ने ऑनर्स के साथ ग्रेजुएशन किया और जल्द ही एक प्रतिष्ठित कंपनी में नौकरी पा ली। अपनी पहली सैलरी का उत्साह बेमिसाल था, लेकिन अपने कई साथियों के विपरीत, जो यह तय नहीं कर पाते थे कि अपनी कमाई को समझदारी से कैसे सँभालें, आरव पहले से ही तैयार था। सालों से माता-पिता से सीखे वित्तीय सबक़ ने उसकी सोच को स्पष्ट बना दिया था। जब उसकी पहली सैलरी बैंक खाते में आई, तो विवान और चारुल ने उसकी अपनी एसआईपी शुरू करने में मदद की।

"यह तुम्हारा बड़ा हो चुका गुल्लक है," चारुल ने गर्व से मुस्कराते हुए कहा। आरव मुस्कराया, क्योंकि वह अपने माता-पिता द्वारा शुरू की गई परंपरा को न सिर्फ़ अपने लिए, बल्कि अपने आने वाले परिवार के लिए भी आगे बढ़ा रहा था। पैसों के प्रबंधन की मज़बूत नींव यह सुनिश्चित करती है कि जब बच्चे बड़े होकर कमाना शुरू करें, तो वे बचत, निवेश और ख़र्च की योजना बनाना जानते हों, ताकि पैसों की कभी कमी न पड़े। जो माता-पिता इस बात से चिंतित रहते हैं कि उनके बच्चे शायद पैसों की कद्र उतनी न करें, जितनी करनी चाहिए, उनके लिए सबसे अच्छा और आसान उपाय है–इसके बारे में खुलकर बात करना। आज जो सबक़ आप अपने बच्चे को देंगे, वे कल उसके सपनों को पूरा करने में मदद करेंगे।

मूलमंत्र: पैसों से जुड़ी आदतें पीढ़ी-दर-पीढ़ी चलती हैं–इसलिए अगली पीढ़ी को सही आदतें ही सौंपें।

वो अँगूठा, जो लगा ही नहीं

कई फ़िल्मों और धारावाहिकों की कहानी अक्सर जायदाद से जुड़े झगड़ों के इर्द-गिर्द घूमती है। कई साल पहले, चिपकाने वाले सीलेंट 'एम-सील' का एक विज्ञापन अपने काले हास्य (Dark Humour) के लिए काफ़ी मशहूर हुआ था। इसमें एक बुज़ुर्ग व्यक्ति को बिस्तर पर नाज़ुक हालत में दिखाया गया था। पास ही उसका बेटा–लालची वारिस–खड़ा था। पिता को ढाँढस बँधाने के बजाय उसकी निगाहें केवल पारिवारिक दौलत पर टिकी थीं। वह जल्दी से एक काग़ज़ उठा लाता है–शायद कोई नक़ली वसीयत जो उसने ख़ुद बनाई हो–और ज़बरदस्ती अपने पिता से उस पर अँगूठा लगवा लेता है। वह मुस्कुराता है, सोचता है कि उसकी चालाकी कामयाब रही, लेकिन कर्म अपना हिसाब चुकाने में देर नहीं करता। छत से कुछ बूँदें टपककर सीधे उस अनमोल अँगूठे के निशान पर गिरती हैं। बेटा अपनी नाकाम कोशिश पर सिर पकड़कर बैठ जाता है, पूरी तरह अनदेखा करते हुए कि पीछे उसके पिता की आख़िरी साँसें थम चुकी हैं।

यह हास्यास्पद लेकिन गंभीर, यह विज्ञापन हमें एक बेहद अहम विषय की ओर ले जाता है – आपकी वसीयत। यह एक क़ानूनी रूप से बाध्यकारी दस्तावेज़ होता है, जिसमें स्पष्ट रूप से लिखा जाता है कि आपके जाने के बाद आपकी संपत्ति का प्रबंधन कौन और कैसे करेगा। यह ज़रूरी क्यों है, देखिए:

- **विवादों से बचाव:** साफ़ निर्देश उत्तराधिकारियों के बीच ग़लतफ़हमी और टकराव को कम करते हैं।
- **आपकी इच्छाओं का सम्मान:** बिना वसीयत के स्थानीय उत्तराधिकार

क़ानून तय करते हैं कि आपकी संपत्ति का क्या होगा, जो हो सकता है आपकी आशाओं और इच्छाओं से मेल न खाए।

- **प्रक्रिया को आसान बनाना:** संपत्ति के हस्तांतरण को सरल बनाकर आपके प्रियजनों का तनाव कम करता है।
- **निर्भर लोगों की देखभाल:** नाबालिगों, बुज़ुर्गों और अन्य आश्रितों की ज़रूरतें सुनिश्चित करता है।
- **दान का अवसर:** आप अपने दिल के क़रीब किसी भी उद्देश्य के लिए दान दे सकते हैं।

प्रभावी वसीयत चेकलिस्ट

- ☐ अपनी सारी संपत्तियों की सूची बनाएँ और लाभार्थियों को निर्धारित करें।
- ☐ अपने संपत्ति प्रबंधन के लिए एक निष्पादक (Executor) चुनें।
- ☐ ज़रूरत पड़ने पर नाबालिगों के लिए अभिभावक निर्धारित करें।
- ☐ जीवन में आए बदलावों के अनुसार नियमित रूप से अपडेट करें।
- ☐ क़ानूनी नियमों के पालन के लिए विशेषज्ञ से सलाह लें।

बिना ग़लती के ज़िम्मेदारी सौंपना

एक विरासत बनाना इस बात को सुनिश्चित करना है कि जब आप ख़ुद मौजूद न हों, तब भी आपकी संपत्ति सावधानी से सँभाली जाए। एक सुविचारित योजना ग़लतफ़हमियों को रोक सकती है, सुरक्षा प्रदान कर सकती है और आपके और आपके परिवार के मूल्यों को सही तरीक़े से दर्शा सकती है। अपनी सभी संपत्तियों जैसे ज़मीन, निवेश और क़ीमती सामान का रिकॉर्ड रखें और इसे केवल परिवार के विश्वसनीय सदस्यों के साथ साझा करें, ताकि किसी भी भ्रम से बचा जा सके। अपने वित्तीय योजनाओं पर खुलकर चर्चा करें, ख़ासकर वयस्क बच्चों के साथ, ताकि वे पूरी तरह से समझें और सहमति दें। यदि आपका कोई बच्चा विशेष

ज़रूरतों वाला है, तो वित्तीय योजनाकारों, संपत्ति वकीलों या विशेष ज़रूरतों के सलाहकारों की मदद से उनके लिए आजीवन सुरक्षा सुनिश्चित करने के वास्ते ट्रस्ट स्थापित करें।

आपकी विरासत आपकी संपत्ति से परे

आप जो धन संजोते हैं, उससे भी अधिक महत्त्वपूर्ण आपकी असली विरासत वे सभी सीख हैं, जो आप आने वाली पीढ़ियों को देते हैं–चाहे वह आर्थिक हों या अन्य। परिवार जीवन की यात्रा साथ-साथ तय करते हैं, चाहे वे एक-दूसरे के कितने भी दूर क्यों न रहें। किताब के अंत में मुझे सूरज बड़जात्या की फ़िल्म *हम साथ साथ हैं* (1999) याद आ रही है–भारतीय सिनेमा की सबसे प्यारी पारिवारिक कहानियों में से एक। और यह कोई आश्चर्य की बात नहीं! इस फ़िल्म का परिवार संपन्नता से पतन तक जाता है, लेकिन अंत में एक ख़ुशहाल वापसी होती है। जो परिवार साथ बैठकर खाना खाता है, वह साथ रहता है–और जो परिवार पैसों की बात खुले मन से करता है, वह साथ फलता-फूलता है।

तो शुभकामनाएँ, प्रिय पाठक! आपकी निवेश योजनाएँ संतुलित हों, आपके ख़र्च नियंत्रित रहें और आपकी पीढ़ियों तक चलने वाली संपत्ति सूरज बड़जात्या की फ़िल्मों के पारिवारिक बंधनों जितनी मज़बूत हो।

मुख्य सीख (Key Learnings)

- पैसों की बात करें, उलझनों से बचें। आर्थिक मामलों पर खुलकर चर्चा परिवार को सुरक्षित और तनावमुक्त रखती है।
- बचपन से सिखाएँ। जो बच्चे बचपन में पैसों के बारे में सीखते हैं, वे वयस्क होने पर धन को समझदारी से सँभालते हैं।
- बिना वसीयत की संपत्ति अंततः अव्यवस्था में समाप्त होती है।

अंत में

और एक नई शुरुआत

तो आपने यह किताब पढ़ ली, बधाई हो! आप कैसा महसूस कर रहे हैं–सारी जानकारी से उलझन में या पैसों की दुनिया के बारे में अब पहले से थोड़ा ज़्यादा जानकार? निवेश की यात्रा शुरू करने को लेकर उत्साहित हैं? सबसे महत्त्वपूर्ण बात, क्या आप तैयार हैं? अपना पहला निवेश करने, पहली एसआईपी शुरू करने, पहला स्टॉक ख़रीदने–या कम से कम अपने वित्तीय लक्ष्य लिखने के लिए तैयार हैं? हमें उम्मीद है कि हाँ, क्योंकि वित्तीय साक्षरता तभी मायने रखती है, जब इसे असल ज़िंदगी में लागू किया जाए। हम आप पर भरोसा करते हैं–आप यह कर सकते हैं!

इस किताब को पढ़ना आपके लिए एक लंबा सफ़र रहा होगा–कभी यह आपको आशा और प्रेरणा देने वाला लगा होगा, तो कभी अपने वित्तीय आदतों को स्वीकार करना, उनका सामना करना और तटस्थ दृष्टिकोण से देख पाना चुनौतीपूर्ण लगा होगा। वित्त पेशेवर होने के बावजूद–और भले ही हम इसी दुनिया में जीते और साँस लेते हों–इसे लिखना भी हमारे लिए उतना ही चुनौतीपूर्ण और अनुभव से भरा रहा। यह उतना ही चुनौतीपूर्ण था, जितना कि आनंददायक।

हमारे वर्षों के अनुभव और ज्ञान को सरल तरीक़े से आम लोगों के लिए समझाना आसान नहीं था। सही शब्द, सांस्कृतिक संदर्भ और उदाहरण ढूँढना, ताकि जटिल विचार सहज और स्पष्ट लगें, अपने आप में एक अनुभव था। हमें बहुत कुछ सीखने को मिला–लोगों की वित्तीय आदतें, उनकी कहानियाँ और मान्यताएँ अक्सर प्रेरित करतीं, लेकिन

कभी-कभी दुख और असहजता भी देतीं। इन सभी कहानियों ने एक सरल सत्य दोहराया: पैसा केवल संख्याओं तक सीमित नहीं है, बल्कि यह हमारे जीवन के चुनावों से जुड़ा है। अच्छा वित्तीय प्रबंधन सिर्फ़ स्टॉक्स की बातें करना या द *वुल्फ़ ऑफ़ वॉल स्ट्रीट* (2013) (मशहूर अमेरिकी फ़िल्म) की तरह ट्रेडिंग स्क्रीन के सामने बैठना नहीं है, बल्कि अच्छी आदतें अपनाना, अपने लक्ष्य और व्यक्तित्व को जानना और सरल सिद्धांतों को लगातार अमल में लाना है। यह किताब व्यक्तिगत वित्त को एक नए दृष्टिकोण से देखने में आपकी मदद करने के लिए लिखी गई है, ताकि आपको वित्त वास्तविक और सहज लगे, साथ में थोड़ा कम डरावना भी।

याद रखिए

- **पैसे से डरें नहीं।** अधिकतर वित्तीय तनाव इसलिए आता है, क्योंकि लोग निर्णय लेने से कतराते हैं। जितना आप पैसे के बारे में जानेंगे, उतना ही आप इसे अपने नियंत्रण में महसूस करेंगे।
- **यह किताब आपकी दोस्त है,** पाठ्यपुस्तक नहीं। चाहे बीमा हो, लोन हों या निवेश, ज़रूरत पड़ने पर किसी भी संबंधित अध्याय पर वापस जाने में संकोच न करें। आपको हर बात याद रखने की ज़रूरत नहीं–बस इतना याद रखें कि ज़रूरत पड़ने पर आप कभी भी इसे दोबारा देख सकते हैं।
- **ग़लतियाँ करना प्रक्रिया का हिस्सा है।** स्वाभाविक है कि कोई पहले दिन से सब कुछ सही नहीं कर सकता। ज़रूरी यह है कि आप सीखते रहें और बेहतर बनते जाएँ। छोटे क़दमों से शुरुआत करें, ग़लतियाँ करें, उनसे सबक़ लें और धीरे-धीरे गहराई में उतरें।
- **सबसे ख़राब वित्तीय निर्णय है डर की वजह से कुछ न करना।** और सबसे अच्छा निर्णय है शुरू करना, चाहे वह कितना ही छोटा क्यों न हो।

आख़िर में, हमारी आपसे एक छोटी-सी गुज़ारिश है। वित्तीय साक्षरता एक ऐसा उपहार है, जो बार-बार फल देता है–यह न सिर्फ़ किसी व्यक्ति, बल्कि पूरे परिवार, समुदाय और यहाँ तक कि राष्ट्र तक को बदलने की ताक़त रखता है। अगर यह किताब आपको थोड़ी भी उपयोगी लगी हो, तो कृपया इसे किसी ऐसे व्यक्ति को उपहार में दें, जिसे इससे लाभ मिल सकता है। दोस्तों, समावेशन और सशक्तिकरण की यह लहर हमारे लिए लेखकों के रूप में सबसे बड़ा इनाम और सच्ची ख़ुशी होगी।

आभार

किताब लिखना जितना व्यक्तिगत अनुभव है, उतना ही इसमें कई लोगों का सहयोग भी आवश्यक होता है। *मैंगो मिलियनेयर* को संभव बनाने वाले सभी लोगों के प्रति हम तहेदिल से आभारी हैं।

इस किताब के बीज सबसे पहले राशेष शाह ने बोए, जिन्होंने हमें भारत के लिए पर्सनल फ़ाइनैंस (Personal Finance) पर किताब लिखने के लिए प्रेरित किया। धन्यवाद, राशेष – हमें बार-बार अपनी सीमाओं से आगे बढ़ने के वास्ते उत्साहित करने के लिए।

एडेलवाइस म्यूचुअल फ़ंड के अपने सहयोगियों को–हमारा हार्दिक धन्यवाद। आपके काम, आपके विचार, अनुभव और कहानियों ने इस किताब को आकार दिया है। म्यूचुअल फ़ंड उद्योग और उसका सामान्य भारतीयों को शिक्षित और सशक्त बनाने का निरंतर प्रयास और उसे इतने बड़े स्तर पर हर दिन सफलतापूर्वक निभाना, हमें हमेशा प्रेरित करता है।

विशेष धन्यवाद हमारे वित्तीय मध्यस्थों (Financial Intermediaries) की सेना को – म्यूचुअल फ़ंड डिस्ट्रीब्यूटर और निवेश सलाहकार – हम जानते हैं कि करोड़ों निवेशकों के वित्तीय जीवन को बेहतर बनाने के लिए आप कितनी मेहनत करते हैं। और हमारे निवेशकों का भी आभार – अपने सवालों और अनुभवों को साझा करने के लिए, जिनकी वजह से हम इस किताब को व्यावहारिक और ज़मीनी बना पाए।

अंत में, अपने परिवारों के प्रति दिल से आभार। एक किताब तैयार करने का मतलब है सप्ताहांत की क़ुर्बानी देना, देर रात तक काम करना

और पारिवारिक यात्राओं से वंचित रहना। हमारा पूरा साथ देने और समझने के लिए दिल से धन्यवाद।

राधिका

हम पैसे के बारे में जो कुछ भी जानते हैं, उसका एक बड़ा हिस्सा हमारे आस-पास के लोगों से आकार लेता है। धन्यवाद माँ, जिन्होंने मुझे एक युवा महिला के रूप में आर्थिक स्वतंत्रता का महत्त्व सिखाया, पैसों की क़ीमत पहचानना और वह सरल सिद्धांत – 'सस्ता, सुंदर, टिकाऊ'। धन्यवाद पापा, जिन्होंने मुझे ज़िंदगी के बड़े आर्थिक फ़ैसले समझदारी से लेना सिखाया – चाहे वह शिक्षा हो, भविष्य की योजना, लक्ष्य तय करना या संतुलन बनाए रखना। और धन्यवाद मेरे भाई अनुभव, जिन्होंने यह एहसास दिलाया कि पैसा सिर्फ़ कमाने के लिए नहीं, बल्कि उसे ख़ुशी से जीने के लिए भी होता है!

मेरे पति नलिन – हमारे पैसों के सफ़र में मेरे सच्चे साथी बनने के लिए, साथ मिलकर एक सुंदर जीवन बनाने और समझदारी से योजना बनाकर हमारे साझा लक्ष्य पाने के लिए, और हाँ, बेहतरीन स्प्रेडशीट्स बनाने के लिए धन्यवाद!

आख़िर में, मेरे छोटे रेमी के लिए – जिसके अपने एसआईपी हैं और जो अपने गुल्लक में सिक्के जमा कर रहा है। मम्मा ने तुम्हारे साथ का कुछ समय छीन लिया – उन सभी रविवार की कॉल्स में, जिनमें कभी-कभी तुम भी मुस्कराते हुए नज़र आ जाते थे। धन्यवाद, मेरे छोटे निवेशक, इतने धैर्य से मम्मा का साथ निभाने के लिए!

निरंजन

बहुत कम उम्र में मैंने पैसे के बारे में एक बेहद अहम बात सीखी – आप उस पर तभी महारत हासिल कर सकते हैं, जब आप उसे सच्चे मन से सम्मान दें। धन्यवाद, माँ, मुझे यह सिखाने के लिए – यह था मेरा पहला

असली पैसों वाला सबक़। आपने जो कुछ भी था, वह मेरी सही शिक्षा में लगाया–जिसने मुझे मज़बूत नींव दी और अंततः इस किताब को लिखने तक पहुँचा दिया।

शर्वरी, शुक्रिया कि तुम हमेशा मेरा हौसला बढ़ाती रहीं और हर उतार-चढ़ाव में मज़बूती से मेरे साथ खड़ी रहीं। तुमने मुझे यह अनमोल सबक़ दिया–कि रिश्तों की क़ीमत किसी भी रक़म से कहीं ज़्यादा होती है। तुमने यह भी सिखाया कि सफलता तक पहुँचने का रास्ता सिर्फ़ अनुशासन से होकर जाता है। और अब मुझे एहसास है कि यही अनुशासन सही धन प्रबंधन की सबसे अहम कुंजी है।

आरोही और आरिव, तुम्हारी मुस्कराहट मुझे रोज़ याद दिलाती हैं कि हमें अपने पैसों और अपने भविष्य के प्रति सजग और ज़िम्मेदार रहना है। तुम मेरी ज़िंदगी को मायने देते हो और हर चीज़ – ख़ासकर पैसों – के बारे में मेरा सोचने का तरीक़ा तुम्हीं तय करते हो। यह किताब जितनी मेरी है, उतनी ही तुम्हारी भी है।

शब्दावली

स्पष्टीकरण

यह शब्दावली पाठकों की सुविधा के लिए तैयार की गई है। इसमें दिए गए शब्द और परिभाषाएँ केवल किताब के संदर्भ में सरल व्याख्या के लिए हैं। यह एक औपचारिक शब्दकोश नहीं है। कृपया ध्यान दें कि कुछ शब्द अध्यायों में दोहराए गए हो सकते हैं, ताकि उनकी प्रासंगिकता उस विशेष संदर्भ में भी स्पष्ट हो सके।

अध्याय 1: पैसे से आपका रिश्ता

SST (Sasta, Sundar, Tikau) : भारतीय मध्यमवर्गीय ख़रीद सिद्धांत: सस्ता, सुंदर और टिकाऊ होना चाहिए।

VFM (Value For Money) : ख़र्च किए गए धन के बदले अधिकतम मूल्य प्राप्त करने का सिद्धांत।

लाइसेंस राज (License Raj) : वह दौर जब व्यवसाय चलाने के लिए व्यापक सरकारी लाइसेंस/अनुमति अनिवार्य थी।

आर्थिक उदारीकरण (Liberalisation) : 1991 के आर्थिक सुधार– नियंत्रणों में ढील, आयात शुल्क में कमी और विदेशी निवेश को बढ़ावा।

जनरेशन X (Gen X) : लगभग 1965–1980 में जन्मी पीढ़ी; VFM सोच से जुड़ी।

जनरेशन Y (Gen Y) : लगभग 1981–1996 में जन्मी 'मिलेनियल' पीढ़ी।

जनरेशन Z (Gen Z) : लगभग 1997–2012 में जन्मी पीढ़ी।

जनरेशन अल्फ़ा (Generation Alpha) : 2010 के बाद जन्मी सबसे नई पीढ़ी।

YOLO (You Only Live Once) : यह विचार कि 'ज़िंदगी एक बार मिलती है', इसलिए वर्तमान अनुभवों पर अधिक ख़र्च की प्रवृत्ति।

पिंटरेस्ट (Pinterest) : विचार/डिज़ाइन/चित्र सहेजने और साझा करने का ऑनलाइन मंच।

डी-मार्ट (D-Mart) : किफ़ायती दामों और सीमित मार्जिन पर केंद्रित भारतीय रिटेल स्टोर चेन।

माल-सूची (Inventory) : किसी स्टोर/कंपनी के पास उपलब्ध वस्तुओं के स्टॉक का लेखा।

किंगफ़िशर एयरलाइंस (Kingfisher Airlines) : विजय माल्या द्वारा स्थापित एयरलाइन, जो वित्तीय संकट के कारण बंद हुई।

यूनाइटेड ब्रुअरीज़ ग्रुप (UB Group) : विजय माल्या का समूह; किंगफ़िशर बीयर सहित अन्य ब्रांड्स।

विदेशी भुगतान संतुलन (Balance of Payments) : किसी देश के विदेश के साथ सभी लेन-देन का समग्र लेखा-जोखा।

अध्याय 2: पैसा 101

म्यूचुअल फ़ंड्स (Mutual Funds) : निवेश साधन, जिसमें कई निवेशकों का पैसा मिलाकर विविध परिसंपत्तियों में लगाया जाता है।

एफ़डी (Fixed Deposit) : बैंक या वित्तीय संस्था में एक तय अवधि के लिए जमा की जाने वाली निश्चित ब्याज दर वाली योजना।

स्टॉक्स (Stocks) : किसी कंपनी में स्वामित्व का हिस्सा, जो शेयर बाज़ार में ख़रीदा-बेचा जाता है।

बॉन्ड्स (Bonds) : सरकार या कंपनी द्वारा जारी किए गए उधारी के काग़ज़, जिन पर निश्चित ब्याज दिया जाता है।

वित्तीय ज्ञान (Financial Knowledge) : पैसों से जुड़े निर्णय लेने में मदद करने वाला बुनियादी ज्ञान।

पोंज़ी योजना (Ponzi Scheme) : फ़र्जी निवेश योजना, जिसमें पुराने निवेशकों को नया पैसा लाकर भुगतान किया जाता है।

वित्तीय संकट (Financial Crisis) : ऐसी स्थिति, जब व्यक्ति, संस्था या देश आर्थिक दायित्व पूरे नहीं कर पाता।

वित्तीय समझ (Financial Awareness) : पैसों से जुड़े निर्णयों में धोखाधड़ी से बचने और सही विकल्प चुनने की क्षमता।

वित्तीय घोटाले (Financial Scams) : धोखाधड़ी योजनाएँ, जिनमें निवेशकों को ठगा जाता है।

भारतीय रिज़र्व बैंक (RBI) : भारत का केंद्रीय बैंक, जो मौद्रिक नीतियों और वित्तीय नियमन का ज़िम्मेदार है।

नेशनल साइबर क्राइम रिपोर्टिंग पोर्टल (NCRP) : भारत सरकार का ऑनलाइन पोर्टल, जहाँ साइबर अपराध दर्ज किए जाते हैं।

रिलेशनशिप मैनेजर (Relationship Manager) : बैंक/वित्तीय संस्था का कर्मचारी जो ग्राहकों को वित्तीय उत्पाद बेचने और सेवा देने का काम करता है।

जीवन बीमा पॉलिसी (Life Insurance Policy) : ऐसी योजना, जो बीमाधारक की मृत्यु की स्थिति में परिवार को आर्थिक सुरक्षा देती है।

स्टॉक मार्केट (Stock Market) : वह प्लेटफ़ॉर्म जहाँ कंपनियों के शेयर ख़रीदे और बेचे जाते हैं।

स्टॉक एक्सचेंज (Stock Exchange) : संगठित बाज़ार, जहाँ स्टॉक्स और अन्य वित्तीय साधन सूचीबद्ध और ट्रेड होते हैं।

इनोवेशन (Innovation) : नए विचारों, तकनीकों या प्रक्रियाओं को अपनाकर मूल्य निर्माण करने की प्रक्रिया।

वित्तीय साक्षरता (Financial Literacy) : पैसों की योजना, निवेश और प्रबंधन के लिए ज़रूरी ज्ञान और समझ।

पर्सनल फ़ाइनैंस (Personal Finance) : व्यक्तिगत पैसों के प्रबंधन की योजना और समझ।

ऋण (Loan) : उधार ली गई धनराशि, जिसे ब्याज सहित चुकाना होता है।

ब्याज (Interest) : ऋण या निवेश पर दिया जाने वाला अतिरिक्त पैसा।

चक्रवृद्धि ब्याज (Compound Interest) : ब्याज पर ब्याज मिलने की प्रक्रिया, जिससे निवेश समय के साथ तेज़ी से बढ़ता है।

इंडेक्स फ़ंड (Index Fund) : एक प्रकार का म्यूचुअल फ़ंड, जो किसी बाज़ार सूचकांक (Index) के प्रदर्शन को ट्रैक करता है।

जेंगा (Jenga) : एक खेल, यहाँ रूपक के तौर पर पैसों के प्रबंधन के संतुलन को दर्शाने के लिए प्रयोग।

नेशनल सेंटर फ़ॉर फ़ाइनैशियल एजुकेशन (NCFE) : भारत में वित्तीय साक्षरता बढ़ाने वाला संगठन।

डिजिटल वित्तीय साक्षरता (Digital Financial Literacy) : ऑनलाइन वित्तीय लेन-देन को सुरक्षित और समझदारी से करने की क्षमता।

नोटबंदी (Demonetisation) : 2016 में भारत सरकार द्वारा बड़े मूल्य के नोटों को अमान्य करने का क़दम।

सेबी (SEBI) : भारतीय प्रतिभूति और विनिमय बोर्ड, जो स्टॉक मार्केट का नियामक है।

सेबी इन्वेस्टर पोर्टल (SEBI Investor Portal) : निवेशकों के लिए जानकारी और सुरक्षा संबंधी ऑनलाइन प्लेटफ़ॉर्म।

रूल ऑफ़ 100 (Rule of 100) : सिद्धांत कि यदि आप हर हफ़्ते 100 मिनट किसी विषय पर सीखने में लगाते हैं, तो समय के साथ दक्षता हासिल होती है।

अध्याय 3: बचत बनाम निवेश

ईएमआई (EMI – Equated Monthly Installment) : ऋण की मासिक क़िस्त , जिसमें मूलधन और ब्याज दोनों शामिल होते हैं।

बचत (Savings) : कमाई में से भविष्य के लिए अलग रखी गई राशि।

निवेश (Investment) : बचत को इस तरह लगाना कि वह समय के साथ बढ़े और अतिरिक्त आय उत्पन्न करे।

फ़िक्स्ड डिपॉज़िट (FD – Fixed Deposit) : बैंक में निश्चित अवधि के लिए तय ब्याज दर पर जमा की गई राशि।

म्यूचुअल फ़ंड (Mutual Fund) : निवेश साधन, जिसमें कई लोगों का पैसा मिलाकर विविध संपत्तियों में लगाया जाता है।

एसआईपी (SIP – Systematic Investment Plan) : निवेश की एक योजना, जिसमें निश्चित अंतराल पर निश्चित राशि निवेश की जाती है।

रेकरिंग डिपॉज़िट (RD – Recurring Deposit) : बैंक जमा योजना, जिसमें हर महीने तय राशि जमा की जाती है और उस पर ब्याज मिलता है।

सेविंग्स डिडक्टेड ऐट सोर्स (SDS) – एक प्रस्तावित तरीक़ा, जिसमें वेतन से पहले ही बचत की राशि काटकर निवेश/बचत खाते में डाल दी जाती है।

सेविंग्स फ्रेमवर्क (Savings Framework) : 10-30-50 रूपरेखा, जिसमें आय का अलग-अलग प्रतिशत बचत के लिए निर्धारित किया जाता है।

इमरजेंसी फ़ंड (Emergency Fund) : वह राशि, जो अप्रत्याशित परिस्थितियों में छह महीने से एक साल तक के खर्चों को पूरा कर सके।

महँगाई (Inflation) : समय के साथ वस्तुओं और सेवाओं की क़ीमतों में बढ़ोतरी।

आकांक्षात्मक महँगाई (Aspirational Inflation) : जीवनशैली और इच्छाओं के बढ़ने से होने वाली महँगाई।

संपत्ति (Wealth) : समय के साथ अर्जित की गई कुल आर्थिक मूल्य या धन-दौलत।

RRR (Runway, Risk, Returns) : निवेश रणनीति समझाने वाला ढाँचा।

- **रनवे** (Runway) : लक्ष्य तक पहुँचने में उपलब्ध समय।
- **रिस्क** (Risk) : निवेश से जुड़े अनिश्चित परिणाम।

- **रिटर्न** (Return) : निवेश से होने वाला लाभ।

रिस्क टॉलरेंस (Risk Tolerance) : निवेश में उतार-चढ़ाव सहने की मानसिक क्षमता।

रिस्क कैपेसिटी (Risk Capacity) : आय और संपत्ति के आधार पर जोखिम उठाने की वास्तविक वित्तीय क्षमता।

डाइवर्सिफ़िकेशन (Diversification) : निवेश को विभिन्न साधनों में बाँटकर जोखिम कम करने की प्रक्रिया।

एसेट क्लास (Asset Class) : निवेश की श्रेणियाँ, जैसे स्टॉक्स, बॉन्ड्स, रियल एस्टेट आदि।

नाटू नाटू (Naatu Naatu) : ऑस्कर-विजेता गीत, यहाँ निवेश के RRR ढाँचे को याद रखने का रूपक।

अध्याय 4: क़र्ज़

क़र्ज़ (Debt) : उधार ली गई धनराशि, जिसे ब्याज सहित निर्धारित समय पर चुकाना होता है।

फ़्यूचर ग्रुप (Future Group) : किशोर बियानी द्वारा स्थापित भारतीय रिटेल समूह, जिसने बिग बाज़ार सहित कई ब्रांड्स चलाए।

बिग बाज़ार (Big Bazaar) : भारत की लोकप्रिय रिटेल स्टोर चेन, जो बाद में क़र्ज़ के बोझ से बंद हो गई।

एफ़डीआई (FDI – Foreign Direct Investment) : विदेशी कंपनियों द्वारा किसी देश में सीधे किया गया निवेश।

कोविड-19 (COVID-19) : वैश्विक महामारी, जिसने 2020 से विश्वभर की अर्थव्यवस्था को प्रभावित किया।

मदर इंडिया (Mother India) : 1957 की महबूब ख़ान द्वारा निर्देशित हिंदी फ़िल्म, जिसमें क़र्ज़ के शोषण को दिखाया गया।

आईफ़ोन (iPhone) : ऐपल कंपनी का स्मार्टफ़ोन, जिसे भारत में अधिकतर ईएमआई पर ख़रीदा जाता है।

अच्छा क़र्ज़ (Good Debt) : ऐसा क़र्ज़ जो संपत्ति निर्माण, शिक्षा या व्यवसाय जैसी दीर्घकालिक ज़रूरतों को पूरा करने में मदद करता है।

बुरा क़र्ज़ (Bad Debt) : ऐसा क़र्ज़, जो विलासिता या चाहतों के लिए लिया जाता है और आर्थिक स्थिरता को नुक़सान पहुँचाता है।

RATE **ढाँचा** (RATE Framework) : अच्छे और बुरे क़र्ज़ का मूल्यांकन करने का तरीक़ा:

- R (Rate of Interest : **ब्याज दर**): क़र्ज़ की लागत।
- A (Appreciation Potential : मूल्यवृद्धि की संभावना): संपत्ति या निवेश की भविष्य में बढ़ने की क्षमता।
- T (Term of Repayment : भुगतान की अवधि): क़र्ज़ चुकाने की समयसीमा।
- E (Earnings Potential : कमाई की संभावना): क़र्ज़ से भविष्य की आय बढ़ने की संभावना।

क़र्ज़ वहन करने का ढाँचा (Debt Affordability Framework) : व्यक्तिगत स्तर पर यह आकलन कि कोई व्यक्ति कितना क़र्ज़ आराम से सँभाल सकता है।

30:3:6 **ढाँचा** (30:3:6 Framework) : क़र्ज़ क्षमता का आकलन करने के तीन नियम:

- ईएमआई आय का 30% से अधिक न हो।
- कुल क़र्ज़ वार्षिक आय के 3 गुना से अधिक न हो।
- आपातकालीन निधि से 6 महीने की ईएमआई चुकाने योग्य राशि अलग रखें।

क्रेडिट स्कोर (Credit Score) : व्यक्ति की क़र्ज़ और भुगतान से जुड़ी आदतों का संख्यात्मक मूल्यांकन (300–900 तक), जो उसकी वित्तीय विश्वसनीयता दर्शाता है।

सिबिल स्कोर (CIBIL Score) : भारत में सबसे मान्यताप्राप्त क्रेडिट स्कोर, जिसे क्रेडिट ब्यूरो तैयार करते हैं।

शार्क टैंक इंडिया (Shark Tank India) : एक टीवी शो, जिसमें उद्यमी निवेशकों (शार्क्स) से अपने व्यवसाय के लिए पूँजी जुटाने की कोशिश करते हैं।

boAt : भारतीय उपभोक्ता इलेक्ट्रॉनिक्स ब्रांड, सह-संस्थापक अमन गुप्ता के साथ जुड़ा हुआ।

चक्रव्यूह (Chakravyuh) : महाभारत का युद्ध-क्रम, यहाँ क़र्ज़ के जाल का रूपक।

अध्याय 5: जोखिम

जोखिम (Risk) : निवेश में संभावित नुक़सान की संभावना।

जोखिम-समायोजित रिटर्न (Risk-adjusted Return) : ऐसा रिटर्न, जिसमें संभावित जोखिम को ध्यान में रखते हुए निवेश की वास्तविक गुणवत्ता आँकी जाती है।

अतरलता का जोखिम (Illiquidity Risk) : जब कोई संपत्ति ज़रूरत पड़ने पर आसानी से नक़दी में नहीं बदली जा सकती।

गेनबिटकॉइन (GainBitcoin) : भारत में चला एक फ़र्जी क्रिप्टो निवेश घोटाला (2016–2018), जिसमें लगभग ₹6,600 करोड़ का नुक़सान हुआ।

बाज़ार जोखिम (Market Risk) : निवेश के मूल्य में उतार-चढ़ाव का जोखिम, जैसे शेयर की क़ीमतों में गिरावट।

नकारात्मक वास्तविक रिटर्न (Negative Real Return) : जब महँगाई की दर निवेश पर मिलने वाले रिटर्न से अधिक हो, जिससे क्रय शक्ति घट जाती है।

क्रय शक्ति (Purchasing Power) : किसी व्यक्ति की आय या बचत से वस्तुएँ और सेवाएँ ख़रीदने की क्षमता।

काग़ज़ी नुक़सान (Paper Loss) : ऐसा नुक़सान, जो केवल रिकॉर्ड पर दिखता है और तब तक वास्तविक नहीं होता, जब तक निवेश बेचा न जाए।

इक्विटी (Equity) : किसी कंपनी में स्वामित्व हिस्सेदारी, जिसे शेयर के रूप में ख़रीदा-बेचा जाता है।

डेट इंस्ट्रूमेंट्स (Debt Instruments) : निश्चित आय वाले निवेश साधन, जैसे बॉन्ड या डिबेंचर, जिनमें ब्याज तय होता है।

गोल्ड (Gold) : सोना, निवेश का एक पारंपरिक साधन, जिसे महँगाई और बाज़ार उतार-चढ़ाव से बचाव के लिए इस्तेमाल किया जाता है।

पोर्टफ़ोलियो (Portfolio) : किसी निवेशक के पास मौजूद विभिन्न निवेशों का संग्रह।

तरलता की योजना (Liquidity Planning) : यह सुनिश्चित करना कि ज़रूरत पड़ने पर निवेश को आसानी से नक़दी में बदला जा सके।

अध्याय 6: रिटर्न्स

रिटर्न (Return) : निवेश से मिलने वाला लाभ या कमाई।

हाइब्रिड फ़ंड (Hybrid Fund) : ऐसा म्यूचुअल फ़ंड, जो इक्विटी और डेट दोनों में निवेश करता है, ताकि जोखिम और रिटर्न का संतुलन बना रहे।

डाइवर्सिफ़ाइड इक्विटी फ़ंड (Diversified Equity Fund) : ऐसा म्यूचुअल फ़ंड, जो विभिन्न क्षेत्रों और कंपनियों के शेयरों में निवेश करता है, ताकि जोखिम कम किया जा सके।

स्मॉल-कैप फ़ंड (Small-cap Fund) : ऐसा म्यूचुअल फ़ंड, जो छोटे आकार की कंपनियों में निवेश करता है, जिसमें जोखिम अधिक, लेकिन संभावित रिटर्न भी ऊँचे होते हैं।

ज़रूरी रिटर्न (Required Returns) : किसी वित्तीय लक्ष्य को पाने के लिए आवश्यक न्यूनतम निवेश रिटर्न।

नकारात्मक वास्तविक रिटर्न (Negative Real Return) : जब महँगाई दर निवेश पर मिलने वाले रिटर्न से अधिक हो, जिससे वास्तविक कमाई घट

जाती है। (पहले उल्लेखित, लेकिन यहाँ लक्ष्य-गणना के संदर्भ में दोबारा प्रयुक्त)

संपत्ति वर्ग (Asset Class) : निवेश की श्रेणियाँ जैसे इक्विटी, डेट और सोना, जिनके रिटर्न और जोखिम अलग-अलग होते हैं।

निफ़्टी 500 TRI (Nifty 500 TRI) : भारत का शेयर बाज़ार सूचकांक, जो शीर्ष 500 कंपनियों के कुल रिटर्न (डिविडेंड सहित) को मापता है।

क्रिसिल कंपोज़िट बॉन्ड इंडेक्स (CRISIL Composite Bond Index) : भारत का ऋण बाज़ार सूचकांक, जो विभिन्न बांड्स के प्रदर्शन को मापता है।

एलबीएमए एएम आईएनआर (LBMA AM INR) : लंदन बुलियन मार्केट एसोसिएशन द्वारा निर्धारित सोने की सुबह की दर, भारतीय रुपये में परिवर्तित।

चक्रवृद्धि (Compounding) : ब्याज या लाभ का मूलधन में जुड़ते जाना, जिससे समय के साथ निवेश कई गुना बढ़ जाता है।

डिस्टिलरी (Distillery) : शराब बनाने की फ़ैक्टरी, यहाँ चक्रवृद्धि के प्रभाव को समझाने के लिए रूपक के रूप में प्रयुक्त।

कॉपर स्टिल्स (Copper Stills) : ताँबे की भट्ठियाँ, व्हिस्की बनाने की प्रक्रिया का हिस्सा।

व्हिस्की (Whiskey) : एक मादक पेय, यहाँ लंबे समय के निवेश और चक्रवृद्धि प्रभाव का उदाहरण।

निफ़्टी 50 TRI (Nifty 50 TRI) : भारत का शेयर सूचकांक, जो शीर्ष 50 कंपनियों के कुल रिटर्न को दर्शाता है।

अध्याय 7: कर

कर (Taxes) : सरकार द्वारा लोगों और व्यवसायों से वसूली गई राशि, जिससे सार्वजनिक सुविधाएँ और सेवाएँ चलती हैं।

TDS (Tax Deducted at Source) : आय का वह हिस्सा, जो आपके पास पहुँचने से पहले ही काटकर सीधे सरकार को दिया जाता है।

इनकम टैक्स रिटर्न (Income Tax Return) : वह वार्षिक दस्तावेज़, जिसमें व्यक्ति या व्यवसाय अपनी आय और कर की जानकारी सरकार को देते हैं।

डायरेक्ट टैक्स (Direct Tax) : वह कर, जो सीधे आपकी आय या संपत्ति पर लगाया जाता है, जैसे इनकम टैक्स या कैपिटल गेन्स टैक्स।

इनडायरेक्ट टैक्स (Indirect Tax) : वस्तुओं या सेवाओं पर लगाया गया कर, जिसे उपभोक्ता क़ीमत में चुकाता है, जैसे GST।

गुड्स ऐंड सर्विसेज़ टैक्स (GST – Goods and Services Tax) : भारत में लागू व्यापक अप्रत्यक्ष कर, जो वस्तुओं और सेवाओं पर लगाया जाता है।

कैपिटल गेन्स (Capital Gains) : किसी पूँजीगत संपत्ति (जैसे शेयर, संपत्ति या पेंटिंग) को बेचकर कमाया गया मुनाफ़ा।

कैपिटल गेन्स टैक्स (Capital Gains Tax) : पूँजीगत संपत्ति की बिक्री से हुए मुनाफ़े पर लगाया गया कर।

शॉर्ट-टर्म कैपिटल गेन्स (STCG) : ऐसी पूँजीगत कमाई, जिस पर कर तब लगता है, जब संपत्ति को कम अवधि (जैसे 12 महीने से पहले) में बेचा जाता है।

लॉन्ग-टर्म कैपिटल गेन्स (LTCG) : ऐसी पूँजीगत कमाई, जिस पर कर तब लगता है, जब संपत्ति को लंबे समय (जैसे 12 महीने से अधिक) तक रखने के बाद बेचा जाता है।

इंडेक्सेशन (Indexation) : महँगाई को ध्यान में रखते हुए पूँजीगत लाभ की गणना करने की प्रक्रिया, जिससे टैक्स का बोझ घटता है।

पोस्ट-टैक्स रिटर्न (Post-tax Return) : निवेश से मिलने वाला असली रिटर्न, टैक्स घटाने के बाद।

टैक्स लॉस हार्वेस्टिंग (Tax Loss Harvesting) : निवेश पर हुए घाटे को लाभ के विरुद्ध समायोजित करके टैक्स देनदारी कम करने की रणनीति।

पब्लिक प्रॉविडेंट फ़ंड (PPF – Public Provident Fund) : 15 साल का सरकारी बचत खाता, जिसमें ब्याज और अंतिम भुगतान पूरी तरह टैक्स-फ़्री होते हैं।

एम्प्लॉई प्रॉविडेंट फ़ंड (EPF – Employee Provident Fund) : नियोक्ता और कर्मचारी दोनों के योगदान से बनने वाला रिटायरमेंट फ़ंड, जो तय शर्तों पर टैक्स-फ़्री निकाला जा सकता है।

नेशनल पेंशन स्कीम (NPS – National Pension Scheme) : एक निवेश योजना, जो इक्विटी और बॉन्ड्स में निवेश का विकल्प देती है और टैक्स छूट भी प्रदान करती है।

इक्विटी-लिंक्ड सेविंग स्कीम (ELSS – Equity-linked Saving Scheme) : टैक्स बचाने वाला म्यूचुअल फ़ंड, जिसका लॉक-इन पीरियड 3 साल होता है।

सेक्शन 80C (Section 80C) : आयकर अधिनियम की धारा, जिसके तहत कुछ निवेश और ख़र्चों पर कर छूट मिलती है।

सेक्शन 80CCD(1B) (Section 80CCD (1B)) : आयकर अधिनियम की विशेष धारा, जिसके तहत NPS में अतिरिक्त निवेश पर कर छूट मिलती है।

टैक्स प्लानिंग (Tax Planning) : क़ानूनी तरीक़ों से अपनी आय और निवेश को इस प्रकार व्यवस्थित करना कि टैक्स देनदारी कम हो सके।

अध्याय 8: बीमा (Insurance)

बीमा (Insurance) : वह अनुबंध, जिसमें बीमा कंपनी किसी अनहोनी या जोखिम की स्थिति में निश्चित आर्थिक सहायता देने का वायदा करती है।

टर्म इंश्योरेंस (Term Insurance) : निश्चित समय अवधि का जीवन बीमा, जिसमें कम प्रीमियम पर अधिक सुरक्षा मिलती है।

प्रीमियम (Premium) : बीमा पॉलिसी बनाए रखने के लिए नियमित रूप से दी जाने वाली राशि।

बीमित राशि/सम एश्योर्ड (Sum Assured) : वह निश्चित धनराशि, जिसे बीमा कंपनी किसी दुर्घटना या मृत्यु पर लाभार्थियों को देने का वायदा करती है।

एंडोवमेंट प्लान्स (Endowment Plans) : जीवन बीमा योजनाएँ, जो बीमा कवर के साथ-साथ मैच्योरिटी पर बोनस या रिटर्न भी देती हैं।

मैच्योरिटी (Maturity) : बीमा पॉलिसी की तय अवधि पूरी होने का समय, जब भुगतान किया जाता है।

यूलिप्स (ULIPs – Unit-Linked Insurance Plans) : बीमा और निवेश का मिश्रण, जिसमें प्रीमियम का एक हिस्सा बीमा में और बाक़ी हिस्सा बाज़ार-आधारित फ़ंड्स में निवेश होता है।

लायबिलिटीज़ (Liabilities) : व्यक्ति पर बक़ाया क़र्ज़ या देनदारियाँ, जिन्हें बीमा कवरेज़ में शामिल करना ज़रूरी होता है।

फ़ाइनैंशियल कमिटमेंट्स (Financial Commitments) : भविष्य की निश्चित वित्तीय ज़िम्मेदारियाँ, जैसे बच्चों की शिक्षा या शादी का ख़र्च।

प्रेज़ेंट वैल्यू ऑफ़ एन्युइटी (Present Value of Annuity) : भविष्य के वार्षिक ख़र्चों का आज की तारीख़ में गणना करने की विधि।

कवरेज़ (Coverage) : बीमा पॉलिसी द्वारा प्रदान की गई सुरक्षा की सीमा और दायरा।

एक्सक्लूज़न (Exclusions) : वे स्थितियाँ या ख़र्च, जो बीमा पॉलिसी में कवर नहीं किए जाते।

वेटिंग पीरियड (Waiting Period) : वह प्रारंभिक अवधि, जिसमें कुछ बीमारियों या स्थितियों पर दावा मान्य नहीं होता।

क्लेम सेटलमेंट रेशियो (Claim Settlement Ratio) : बीमा कंपनी द्वारा किए गए कुल दावों में से सफलतापूर्वक निपटाए गए दावों का प्रतिशत।

स्वास्थ्य बीमा (Health Insurance) : मेडिकल इमरजेंसी और इलाज के ख़र्च को कवर करने वाला बीमा।

फ़ैमिली फ़्लोटर बीमा (Family Floater Insurance) : ऐसा स्वास्थ्य बीमा, जिसमें कवरेज़ पूरे परिवार के बीच साझा होता है।

क्रिटिकल इलनेस इंश्योरेंस (Critical Illness Insurance) : गंभीर बीमारियों के निदान पर एकमुश्त राशि देने वाला बीमा।

टॉप-अप हेल्थ इंश्योरेंस (Top-up Health Insurance) : बेसिक स्वास्थ्य बीमा से ऊपर अतिरिक्त सुरक्षा देने वाला प्लान, जो तय डिडक्टिबल राशि पार करने के बाद सक्रिय होता है।

सुपर टॉप-अप हेल्थ इंश्योरेंस (Super Top-up Health Insurance) : पूरे साल में कई दावों पर कुल ख़र्च की गणना करके कवरेज़ देने वाला अतिरिक्त स्वास्थ्य बीमा।

डिडक्टिबल (Deductible) : वह निश्चित राशि, जिसे पॉलिसीधारक को अपनी जेब से चुकाना होता है, उसके बाद ही बीमा कवरेज़ शुरू होता है।

नो-क्लेम बोनस (NCB – No Claim Bonus) : वह अतिरिक्त लाभ, जिसमें दावा न करने पर बीमा कवरेज़ बढ़ता है, बिना प्रीमियम बढ़ाए।

अध्याय 9 : रियल एस्टेट (Real Estate)

रियल एस्टेट (Real Estate) : भूमि, इमारत या प्रॉपर्टी, जिसमें निवेश या रहने के उद्देश्य से ख़रीदी-बेची जाती है।

मेंटेनेंस (Maintenance) : प्रॉपर्टी के रख-रखाव और देखभाल पर होने वाला नियमित ख़र्च।

प्रॉपर्टी वैल्यू/प्राइस अप्रिसिएशन (Property Value/Price Appreciation) : समय के साथ संपत्ति की क़ीमत में होने वाली बढ़त।

रेरा (RERA – Real Estate Regulatory Authority) : रियल एस्टेट सेक्टर को नियंत्रित करने वाली नियामक संस्था, जो बिल्डर्स और ख़रीदारों दोनों के हितों की रक्षा करती है।

सीएजीआर (CAGR – Compound Annual Growth Rate) : निवेश पर हर साल की औसत वृद्धि दर, जिससे असली रिटर्न का आकलन किया जाता है।

एफ़डी (FD – Fixed Deposit) : बैंक में निश्चित समय के लिए जमा राशि, जिस पर तय ब्याज दर मिलती है।

म्यूचुअल फ़ंड (Mutual Fund) : सामूहिक निवेश साधन, जिसमें

कई निवेशकों का पैसा मिलाकर विभिन्न वित्तीय संपत्तियों में निवेश किया जाता है।

इलिक्विडिटी (Illiquidity) : किसी संपत्ति को जल्दी नक़दी में बदल पाने की कठिनाई।

रेंटल यील्ड (Rental Yield) : संपत्ति से सालाना मिलने वाला किराया, जो उसकी बाज़ार क़ीमत के प्रतिशत के रूप में मापा जाता है।

डिविडेंड (Dividend) : कंपनी के मुनाफ़े का वह हिस्सा, जो उसके शेयरधारकों को दिया जाता है।

प्रॉपर्टी टैक्स (Property Tax) : संपत्ति पर लगाया जाने वाला स्थानीय कर।

अध्याय 10: सोना (Gold)

सोना (Gold) : बहुमूल्य धातु, जिसे निवेश और आभूषण दोनों रूपों में सुरक्षा और संपन्नता के प्रतीक के रूप में ख़रीदा जाता है।

तोला (Tola) : सोना तौलने की पारंपरिक भारतीय इकाई; लगभग 11.66 ग्राम (आमतौर पर 10 ग्राम मान लिया जाता है)।

पोर्टफ़ोलियो (Portfolio) : किसी निवेशक द्वारा रखे गए विभिन्न निवेश साधनों का संग्रह।

आरबीआई (RBI – Reserve Bank of India) : भारत का केंद्रीय बैंक, जो देश के विदेशी मुद्रा भंडार और सोने को भी नियंत्रित करता है।

रिटर्न (Return) : निवेश पर समय के साथ प्राप्त लाभ या हानि।

तरलता (Liquidity) : निवेश को जल्दी और आसानी से नक़दी में बदलने की क्षमता।

डिविडेंड (Dividend) : कंपनी द्वारा मुनाफ़े का वह हिस्सा, जो शेयरधारकों को दिया जाता है (सोने पर यह उपलब्ध नहीं होता)।

गोल्ड ईटीएफ़ (Gold ETF – Exchange Traded Fund) : स्टॉक

एक्सचेंज पर सूचीबद्ध सोने से जुड़ा निवेश विकल्प, जिसे डिमैट और ब्रोकिंग अकाउंट के ज़रिए ख़रीदा-बेचा जा सकता है।

डिमैट अकाउंट (Demat Account) : निवेशक का इलेक्ट्रॉनिक खाता, जिसमें शेयर और ईटीएफ़ जैसी सिक्योरिटीज़ डिजिटल रूप में रखी जाती हैं।

सॉवरेन गोल्ड बॉन्ड्स (SGBs – Sovereign Gold Bonds) : भारत सरकार द्वारा जारी किए गए सोने से जुड़े बांड, जिनमें सोने की क़ीमत बढ़ने का लाभ और सालाना 2.5% निश्चित ब्याज मिलता है।

डिजिटल गोल्ड (Digital Gold) : ऑनलाइन माध्यम से ख़रीदा गया सोना, जो छोटी मात्रा में निवेश करने वालों के लिए आसान विकल्प है।

जीएसटी (GST – Goods and Services Tax) : वस्तुओं और सेवाओं पर लगाया जाने वाला अप्रत्यक्ष कर; डिजिटल या भौतिक सोना ख़रीदते समय भी लागू होता है।

दीर्घकालिक पूँजीगत लाभ कर (LTCG – Long-Term Capital Gains Tax) : सोने को दो साल से अधिक रखने पर मिलने वाले लाभ पर लगाया जाने वाला टैक्स, जिसकी दर लगभग 12.5% होती है।

अध्याय 11: स्थिर आय (Fixed Income)

डाकख़ाना/पोस्ट ऑफ़िस (Post Office) : भारत की पारंपरिक बचत योजनाओं जैसे NSC और KVP का भरोसेमंद केंद्र, जहाँ लोग निश्चित ब्याज पर निवेश करते हैं।

एनएससी (NSC – National Savings Certificate) : डाकघर की बचत योजना, जो 5 वर्षों के लिए निश्चित ब्याज और धारा 80C के अंतर्गत टैक्स लाभ देती है।

किसान विकास पत्र (KVP – Kisan Vikas Patra) : सरकार समर्थित योजना, जिसमें लगभग 120 महीनों (10 वर्षों) में निवेश दोगुना हो जाता है।

वरिष्ठ नागरिक बचत योजना (SCSS – Senior Citizens' Savings Scheme) : 60 वर्ष या उससे अधिक आयु वालों के लिए योजना, जो उच्च ब्याज दर और नियमित आय प्रदान करती है।

सुकन्या समृद्धि योजना (SSY – Sukanya Samriddhi Yojana) : बेटियों के लिए सरकारी योजना, जिसमें टैक्स लाभ और सुरक्षित, टैक्स-फ़्री रिटर्न मिलता है।

पब्लिक प्रोविडेंट फ़ंड (PPF – Public Provident Fund) : दीर्घकालिक सरकारी बचत योजना, जो टैक्स छूट, सुरक्षित ब्याज और चक्रवृद्धि लाभ देती है।

डाकघर मासिक आय योजना (POMIS – Post Office Monthly Income Scheme) : 5 साल की योजना, जो हर महीने निश्चित ब्याज देती है और सुरक्षित मासिक आय का स्रोत बनती है।

फ़िक्स्ड इनकम प्रोडक्ट्स (Fixed Income Products) : ऐसे निवेश साधन, जिनमें तय ब्याज और पूँजी की सुरक्षा होती है, जैसे बॉन्ड्स, एफ़डी या सरकारी योजनाएँ।

सरकारी प्रतिभूतियाँ (Government Securities) : सरकार द्वारा जारी ऋण पत्र, जो सुरक्षित निवेश और निश्चित ब्याज देते हैं।

कॉरपोरेट बॉन्ड्स (Corporate Bonds) : कंपनियों द्वारा जारी किए गए बॉन्ड; अपेक्षाकृत अधिक रिटर्न, लेकिन साथ ही क्रेडिट रिस्क भी ज़्यादा।

क्रेडिट रिस्क (Credit Risk) : यह संभावना कि उधार लेने वाला समय पर पैसा और ब्याज न लौटा पाए।

क्रेडिट रेटिंग (Credit Rating) : किसी बॉन्ड या ऋण साधन की सुरक्षा का आकलन; AAA सबसे सुरक्षित और D डिफ़ॉल्ट मानी जाती है।

CTRL (Control Framework) : निवेश मूल्यांकन का शॉर्टकट: C = Credit Risk, T = Tenure, R = Return, L = Liquidity।

लिक्विडिटी (Liquidity) : किसी निवेश को बिना नुक़सान और आसानी से नक़दी में बदलने की क्षमता।

एफ़डी लैडरिंग (FD Laddering) : निवेश को अलग-अलग अवधि की एफ़डीज़ में बाँटकर नियमित नक़दी और ब्याज दरों से अधिक लाभ लेने की रणनीति।

अध्याय 12: इक्विटीज़ (Equities)

इक्विटी / स्टॉक्स / शेयर्स (Equities / Stocks / Shares) : किसी कंपनी में मालिकाना हक़; शेयर ख़रीदने पर आप कंपनी के आंशिक मालिक (शेयरहोल्डर) बनते हैं।

मालिकाना हक़ (Ownership) : शेयर ख़रीदकर कंपनी में मिलने वाला आंशिक स्वामित्व।

प्राइस एप्रिसिएशन (Price Appreciation) : समय के साथ शेयर की क़ीमत में वृद्धि।

मल्टीबैगर्स (Multibaggers) : वे शेयर जिनकी क़ीमत समय के साथ कई गुना बढ़ जाती है।

महँगाई (Inflation) : वस्तुओं और सेवाओं की क़ीमतों में लगातार वृद्धि; इक्विटी लंबे समय में इसे मात देती है।

रिटर्न (Return) : निवेश पर होने वाला लाभ; इक्विटीज़ ने ऐतिहासिक रूप से लगभग 12% औसत रिटर्न दिया है।

वॉलेटिलिटी (Volatility) : शेयर बाज़ार की तेज़ी से ऊपर-नीचे होने वाली चाल।

मार्केट रिस्क (Market Risk) : जब पूरी अर्थव्यवस्था या पूरा शेयर बाज़ार गिरावट में जाता है।

डायवर्सिफ़िकेशन (Diversification) : अलग-अलग सेक्टर और कंपनियों में निवेश बाँटकर जोखिम कम करने की रणनीति।

डिमैट अकाउंट (Demat Account) : इलेक्ट्रॉनिक रूप में शेयर रखने के लिए आवश्यक खाता।

म्यूचुअल फ़ंड्स (Mutual Funds) : पेशेवरों द्वारा प्रबंधित निवेश साधन, जो कई निवेशकों का पैसा इक्विटी और अन्य एसेट क्लासेज़ में लगाते हैं।

फ़्यूचर्स और ऑप्शन्स – F&O (Futures & Options) : शेयर बाज़ार के हाई-रिस्क ट्रेडिंग साधन; अधिक मुनाफ़ा और भारी नुक़सान दोनों की संभावना।

आईपीओ (IPO – Initial Public Offering) : जब कोई कंपनी पहली बार जनता को अपने शेयर बेचकर पूँजी जुटाती है।

सेबी (SEBI – Securities and Exchange Board of India) : भारत की नियामक संस्था, जो शेयर बाज़ार की निगरानी और निवेशक सुरक्षा सुनिश्चित करती है।

कैपिटल गेन्स टैक्स (Capital Gains Tax) : शेयरों को बेचने पर हुए लाभ पर लगाया जाने वाला कर।

विविधता (Diversification) : अलग-अलग क्षेत्रों और कंपनियों में निवेश करके जोखिम घटाना।

अध्याय 13: म्यूचुअल फ़ंड्स I (Mutual Funds I)

म्यूचुअल फ़ंड्स (Mutual Funds) : निवेशकों से पैसा इकट्ठा करके विभिन्न एसेट क्लासेज़ (जैसे इक्विटी, डेट, सोना, REITs/InvITs) में लगाया जाने वाला सामूहिक निवेश साधन।

फ़ंड मैनेजर (Fund Manager) : म्यूचुअल फ़ंड का प्रबंधन करने वाला पेशेवर, जो निवेश रणनीति तय करता है।

यूनिट्स (Units) : म्यूचुअल फ़ंड में निवेशकों को उनके निवेश के अनुपात में मिलने वाला स्वामित्व।

एसेट क्लासेज़ (Asset Classes) : अलग-अलग निवेश वर्ग, जैसे इक्विटी (शेयर), डेट (बॉन्ड), कमोडिटीज़ (सोना), रियल एस्टेट आदि।

इक्विटी फ़ंड्स (Equity Funds) : मुख्य रूप से शेयरों में निवेश करने वाले फ़ंड।

डेट फ़ंड्स (Debt Funds) : बॉन्ड, सरकारी प्रतिभूतियों और अन्य ऋण साधनों में निवेश करने वाले फ़ंड।

हाइब्रिड फ़ंड्स (Hybrid Funds) : इक्विटी और डेट का मिश्रण, संतुलित रिटर्न और स्थिरता के लिए।

पैसिव फ़ंड्स (Passive Funds) : किसी इंडेक्स (जैसे निफ़्टी 50) को ट्रैक करने वाले फ़ंड, जिनमें शेयर चयन का सक्रिय निर्णय नहीं होता।

इंडेक्स फ़ंड्स (Index Funds) : ऐसे फ़ंड जो सीधे किसी मार्केट इंडेक्स को फ़ॉलो करते हैं।

ईटीएफ़ (ETF – Exchange Traded Funds) : इंडेक्स आधारित फ़ंड जिन्हें शेयरों की तरह एक्सचेंज पर ख़रीदा-बेचा जा सकता है।

लार्ज-कैप फ़ंड्स (Large-Cap Funds) : टॉप 100 कंपनियों में निवेश करने वाले इक्विटी फ़ंड।

मिड-कैप फ़ंड्स (Mid-Cap Funds) : 101–250 रैंक वाली कंपनियों में निवेश करने वाले इक्विटी फ़ंड।

स्मॉल-कैप फ़ंड्स (Small-Cap Funds) : 251 और उससे नीचे रैंक वाली कंपनियों में निवेश करने वाले इक्विटी फ़ंड।

फ्लेक्सी-कैप फ़ंड्स (Flexi-Cap Funds) : सभी मार्केट कैप में लचीले रूप से निवेश करने वाले इक्विटी फ़ंड।

मल्टी-कैप फ़ंड्स (Multi-Cap Funds) : लार्ज, मिड और स्मॉल-कैप स्टॉक्स में कम से कम 25% निवेश करने वाले इक्विटी फ़ंड।

वैल्यू फ़ंड्स (Value Funds) : कम मूल्यांकित कंपनियों में निवेश करने वाले फ़ंड।

फोकस्ड फ़ंड्स (Focused Funds) : अधिकतम 30 स्टॉक्स में केंद्रित निवेश वाले फ़ंड।

डिविडेंड यील्ड फ़ंड्स (Dividend Yield Funds) : लगातार डिविडेंड देने वाले शेयरों में निवेश करने वाले फ़ंड।

कोंट्रा फ़ंड्स (Contra Funds) : विपरीत निवेश रणनीति अपनाने वाले फ़ंड (जैसे कमज़ोर प्रदर्शन वाले सेक्टरों को सस्ते दाम पर ख़रीदना)।

सेक्टोरल फ़ंड्स (Sectoral Funds) : किसी विशेष सेक्टर (जैसे आईटी, बैंकिंग, हेल्थकेयर) में निवेश करने वाले फ़ंड।

थीमैटिक फ़ंड्स (Thematic Funds) : किसी विशेष थीम (जैसे ESG, ग्रामीण विकास) से जुड़े शेयरों में निवेश करने वाले फ़ंड।

ईएलएसएस (ELSS – Equity Linked Savings Scheme) : टैक्स बचत वाला इक्विटी फ़ंड, 3 साल की लॉक-इन अवधि के साथ।

लिक्विड फ़ंड्स (Liquid Funds) : बहुत कम अवधि (91 दिन तक) के डेट इंस्ट्रूमेंट्स में निवेश करने वाले फ़ंड।

अल्ट्रा-शॉर्ट ड्यूरेशन फ़ंड्स (Ultra Short Duration Funds) : 3–6 महीने की परिपक्वता वाले डेट इंस्ट्रूमेंट्स में निवेश करने वाले फ़ंड।

गिल्ट फ़ंड्स (Gilt Funds) : सरकारी प्रतिभूतियों में निवेश करने वाले फ़ंड।

डायनामिक बॉन्ड फ़ंड्स (Dynamic Bond Funds) : ब्याज दरों के अनुसार अवधि बदलने वाले डेट फ़ंड।

टारगेट मैच्योरिटी फ़ंड्स (Target Maturity Funds) : तय अवधि तक के बॉन्ड्स में निवेश करने वाले पैसिव डेट फ़ंड।

क्रेडिट रिस्क (Credit Risk) : बॉन्ड जारीकर्ता द्वारा ब्याज या मूलधन न चुका पाने का जोखिम।

ब्याज दर जोखिम (Interest Rate Risk) : ब्याज दर बढ़ने पर बॉन्ड की क़ीमत घटने का जोखिम।

लिक्विडिटी जोखिम (Liquidity Risk) : निवेश को जल्दी नक़द न कर पाने का जोखिम।

रीइन्वेस्टमेंट जोखिम (Reinvestment Risk) : गिरती ब्याज दरों में पुनर्निवेश पर कम रिटर्न मिलने का जोखिम।

आर्बिट्राज फ़ंड्स (Arbitrage Funds) : कैश और फ़्यूचर्स बाज़ार के दामों के अंतर से लाभ कमाने वाले फ़ंड।

बैलेंस्ड एडवांटेज फ़ंड्स (Balanced Advantage Funds) : बाज़ार की स्थिति के अनुसार इक्विटी और डेट का अनुपात बदलने वाले फ़ंड।

एग्रेसिव हाइब्रिड फ़ंड्स (Aggressive Hybrid Funds) : 65–80% तक इक्विटी और शेष डेट में निवेश करने वाले फ़ंड।

इक्विटी सेविंग्स फ़ंड्स (Equity Savings Funds) : इक्विटी, डेट और आर्बिट्राज का मिश्रण करने वाले फ़ंड।

मल्टी-एसेट फ़ंड्स (Multi-Asset Funds) : कम से कम तीन अलग संपत्ति वर्ग (इक्विटी, डेट, सोना आदि) में निवेश करने वाले फ़ंड।

अंतरराष्ट्रीय फ़ंड्स (International Funds) : विदेशी बाज़ारों में निवेश करने वाले फ़ंड।

फ़ंड ऑफ़ फ़ंड्स (Fund of Funds) : अन्य म्यूचुअल फ़ंड्स में निवेश करने वाले फ़ंड।

अध्याय 14: म्यूचुअल फ़ंड्स II (Mutual Funds II):

रोलिंग रिटर्न (Rolling Return) – किसी फ़ंड के अलग-अलग ओवरलैपिंग समय-खंडों में औसत रिटर्न, जो उसकी स्थिरता और दीर्घकालिक प्रदर्शन को दर्शाता है।

पॉइंट-टू-पॉइंट रिटर्न (Point-to-Point Return) : किसी तय शुरुआती और अंतिम तिथि के बीच निवेश का रिटर्न, जो अक्सर भ्रामक हो सकता है।

फ़ंड मैनेजर (Fund Manager) : वह पेशेवर जो म्यूचुअल फ़ंड के निवेश निर्णय और रणनीति को संचालित करता है।

एग्ज़िट लोड (Exit Load) : निवेश की निर्धारित अवधि से पहले पैसा निकालने पर फ़ंड द्वारा लगाया गया शुल्क।

एक्सपेंस रेशियो (Expense Ratio) : फ़ंड मैनेजमेंट और संचालन पर लगने वाली वार्षिक लागत, जो आपके निवेश से काटी जाती है।

पैसिव फ़ंड्स (Passive Funds) : ऐसे फ़ंड जो किसी इंडेक्स (जैसे निफ़्टी 50 या सेंसेक्स) को ट्रैक करते हैं और कम लागत पर बाज़ार जैसा रिटर्न देते हैं।

एक्टिव फ़ंड्स (Active Funds) : फ़ंड मैनेजर द्वारा सक्रिय रूप से चुने गए शेयरों और रणनीतियों से चलने वाले फ़ंड, जो बाज़ार से बेहतर प्रदर्शन का लक्ष्य रखते हैं।

ट्रैकिंग एरर (Tracking Error) : किसी इंडेक्स फ़ंड/ETF के रिटर्न और उसके बेंचमार्क रिटर्न में अंतर।

ट्रैकिंग डिफरेंस (Tracking Difference) : इंडेक्स फ़ंड/ETF और उसके बेंचमार्क के औसत प्रदर्शन में दीर्घकालिक अंतर।

नेट एसेट वैल्यू (NAV – Net Asset Value) : म्यूचुअल फ़ंड की प्रति यूनिट क़ीमत, जो उसकी कुल संपत्ति और निवेशकों की यूनिट्स पर आधारित होती है।

फैक्टशीट (Factsheet) : फ़ंड का मासिक रिपोर्ट कार्ड जिसमें उसकी होल्डिंग्स, प्रदर्शन और लागत का सारांश होता है।

स्कीम इन्फ़ॉर्मेशन डॉक्यूमेंट (SID – Scheme Information Document) : फ़ंड का आधिकारिक दस्तावेज़ जिसमें उद्देश्य, रणनीति, जोखिम और अन्य नियम बताए जाते हैं।

बेंचमार्क (Benchmark) : मानक इंडेक्स जिससे किसी फ़ंड के प्रदर्शन की तुलना की जाती है (जैसे निफ़्टी 50, निफ़्टी मिडकैप 150)।

ग्रोथ विकल्प (Growth Option) : फ़ंड में होने वाला मुनाफ़ा दोबारा निवेश होता है, जिससे लंबी अवधि में पूँजी वृद्धि होती है।

IDCW विकल्प (Income Distribution cum Capital Withdrawal Option) : फ़ंड के मुनाफ़े का समय-समय पर निवेशक को भुगतान, जिसे पहले डिविडेंड विकल्प कहा जाता था।

रिस्क-ओ-मीटर (Risk-o-meter) : फ़ंड से जुड़े जोखिम का पैमाना (कम, मध्यम, अधिक, बहुत अधिक)।

फ़्यूचर्स और ऑप्शन्स (F&O – Futures and Options) **:** शेयर बाज़ार के डेरिवेटिव टूल्स, जिनसे कम पूँजी में बड़ी ट्रेडिंग की जा सकती है, लेकिन इनमें भारी जोखिम भी होता है।

लिवरेज (Leverage) – कम पूँजी लगाकर बड़ी पोज़िशन लेना, जिससे लाभ और हानि दोनों बढ़ जाते हैं।

डेड-ऐंड फ़ंड (Dead-end Fund) – लगातार कई सालों तक बेंचमार्क और साथियों से कम प्रदर्शन करने वाला म्यूचुअल फ़ंड।

रेगुलर प्लान (Regular Plan) – म्यूचुअल फ़ंड का वह संस्करण जिसमें सलाहकार/डिस्ट्रिब्यूटर शामिल होता है और ख़र्च अधिक होता है।

डायरेक्ट प्लान (Direct Plan) – बिना किसी मध्यस्थ के सीधे खरीदा गया म्यूचुअल फ़ंड, जिसमें ख़र्च कम होता है लेकिन रिसर्च और ज़िम्मेदारी निवेशक की होती है।

अध्याय 15: पोर्टफ़ोलियो बनाना (Portfolio Building)

पोर्टफ़ोलियो (Portfolio) – आपके सभी निवेशों का संग्रह, जिसमें स्टॉक्स, बॉन्ड्स, सोना आदि संपत्तियाँ शामिल होती हैं।

एसेट एलोकेशन (Asset Allocation) – यह तय करना कि आपके निवेश का कितना प्रतिशत किस संपत्ति वर्ग (जैसे इक्विटी, डेट, सोना) में लगाया जाएगा।

एसेट क्लास (Asset Class) – निवेश की प्रमुख श्रेणियाँ, जैसे स्टॉक्स (इक्विटी), बॉन्ड्स (डेट), सोना, रियल एस्टेट।

कोर पोर्टफ़ोलियो (Core Portfolio) – आपके पोर्टफ़ोलियो का स्थायी और मज़बूत हिस्सा, जो लंबे समय तक स्थिरता और विकास सुनिश्चित करता है (जैसे मल्टी-कैप या इंडेक्स फ़ंड्स)।

सैटेलाइट पोर्टफ़ोलियो (Satellite Portfolio) – पोर्टफ़ोलियो का छोटा हिस्सा जो उच्च रिटर्न के अवसरों (जैसे सेक्टर फ़ंड्स, इंटरनेशनल स्टॉक्स) पर केंद्रित होता है, पर अधिक अस्थिर होता है।

बकेट अप्रोच (Bucket Approach) – निवेश लक्ष्यों को समय सीमा (शॉर्ट, मीडियम, लॉन्ग-टर्म) के अनुसार अलग-अलग हिस्सों या "बकेट्स" में बाँटने की रणनीति।

लिक्विड फ़ंड्स (Liquid Funds) – म्यूचुअल फ़ंड्स का प्रकार जो अल्पकालिक और सुरक्षित उपकरणों (जैसे ट्रेज़री बिल्स) में निवेश करता है, ताकि त्वरित निकासी संभव हो।

बैलेंस्ड एडवांटेज फ़ंड्स (Balanced Advantage Funds / BAFs) – ऐसे फ़ंड जो बाज़ार की स्थिति के अनुसार इक्विटी और डेट का अनुपात लचीले ढंग से बदलते हैं।

मल्टी-कैप फ़ंड्स (Multi-Cap Funds) – ऐसे इक्विटी फ़ंड्स जो लार्ज-कैप, मिड-कैप और स्मॉल-कैप कंपनियों में संतुलित निवेश करते हैं।

स्मॉल-कैप फ़ंड्स (Small-Cap Funds) – इक्विटी फ़ंड्स जो छोटी कंपनियों में निवेश करते हैं, उच्च रिटर्न की संभावना के साथ पर अधिक जोखिम के साथ।

रीबैलेंसिंग (Rebalancing) – समय-समय पर अपने पोर्टफ़ोलियो का अनुपात (जैसे इक्विटी बनाम डेट) दोबारा लक्ष्य के अनुरूप लाना।

टारगेट एलोकेशन (Target Allocation) – आपका निर्धारित निवेश अनुपात (जैसे 60% इक्विटी, 40% डेट) जिसे बनाए रखना ज़रूरी होता है।

डिविएशन-बेस्ड रीबैलेंसिंग (Deviation-based Rebalancing) – जब वास्तविक निवेश अनुपात तय सीमा (जैसे ±5–10%) से हटने लगे तो दोबारा संतुलन बनाना।

बुल रन (Bull Run) – वह अवधि जब शेयर बाज़ार लगातार ऊपर की ओर जाता है और निवेशकों को तेज़ी से लाभ मिलता है।

शॉर्ट-टर्म डेट फ़ंड्स (Short-Term Debt Funds) – 1–3 साल की परिपक्वता वाले बॉन्ड्स या उपकरणों में निवेश करने वाले फ़ंड्स, मध्यम जोखिम और स्थिर रिटर्न के लिए।

इक्विटी सेविंग्स फ़ंड्स (Equity Savings Funds) – इक्विटी, डेट और आर्बिट्राज का मिश्रण, मध्यम जोखिम और नियमित आय के लिए।

एग्रेसिव हाइब्रिड फ़ंड्स (Aggressive Hybrid Funds) – ऐसे फ़ंड जिनमें अधिकांश निवेश (65–80%) इक्विटी में होता है और शेष डेट में।

अध्याय 16: फ़ाइनैंशियल टूल्स और फ़ीचर्स (Financial Tools & Features)

स्टेप-अप एसआईपी (Step-up SIP) – ऐसा एसआईपी जिसमें निवेश राशि हर साल आपकी आय में बढ़ोतरी के अनुपात में अपने-आप बढ़ती है।

पॉज़ एसआईपी (Pause SIP) – अस्थायी वित्तीय आपात स्थिति में कुछ समय के लिए एसआईपी को रोकने की सुविधा, बिना योजना बंद किए।

वैल्यू/पावर एसआईपी (Value/Power SIP) – मार्केट की स्थिति के अनुसार निवेश राशि को एडजस्ट करने वाली एसआईपी, ताकि गिरावट में ज़्यादा यूनिट्स खरीदी जा सकें।

ईएमआई (EMI – Equated Monthly Installment) – हर महीने समान किश्तों में ऋण चुकाने की विधि, जो एसआईपी से अलग होती है क्योंकि इसमें देरी पर पेनल्टी लगती है।

रुपया लागत औसत (Rupee Cost Averaging) – निश्चित अंतराल पर समान राशि निवेश करने की रणनीति, जिससे लंबे समय में निवेश की औसत लागत संतुलित रहती है।

एसडब्ल्यूपी (SWP – Systematic Withdrawal Plan) – म्यूचुअल फ़ंड्स से तय अंतराल पर नियमित राशि निकालने की योजना, जो रिटायरमेंट के बाद नियमित नक़दी प्रवाह देती है।

कॉर्पस (Corpus) – निवेशक द्वारा संचित की गई कुल राशि, जिसका उपयोग भविष्य की ज़रूरतों या निकासी योजनाओं में किया जाता है।

कर दक्षता (Tax Efficiency) – ऐसी रणनीति जिसमें निवेश पर कम कर लगने से अधिक लाभ बचता है।

लैडरिंग (Laddering) – निवेश राशि को अलग-अलग अवधि (जैसे 1 साल, 2 साल, 3 साल) की एफ़डी या बॉन्ड्स में बाँटकर नियमित नक़दी प्रवाह और ब्याज दरों से सुरक्षा पाना।

टारगेट मैच्योरिटी फ़ंड्स (Target Maturity Funds) – निश्चित परिपक्वता तिथि वाले डेट फ़ंड्स, जो सरकारी या पीएसयू बॉन्ड्स में निवेश करके स्थिर रिटर्न देते हैं।

तरलता (Liquidity) – किसी निवेश को बिना नुक़सान और आसानी से नक़दी में बदलने की क्षमता।

आपातकालीन कोष (Emergency Fund) – वह बचत जो अप्रत्याशित परिस्थितियों (जैसे नौकरी छूटना, बीमारी) में 6–12 महीनों के खर्च पूरे करने के लिए रखी जाती है।

डिजिटल एनालिटिक्स (Digital Analytics) – डिजिटल डेटा का विश्लेषण करके व्यावसायिक या मार्केटिंग निर्णय लेने का आधुनिक कौशल।

एन्युटीज़ (Annuities) – बीमा/निवेश उत्पाद जो निवेशक को तय अंतराल पर निश्चित आय देते हैं, अक्सर रिटायरमेंट योजना के हिस्से के रूप में।

अध्याय 17: मनी हाइजीन (Money Hygiene)

डेवऑप्स इंजीनियर (DevOps Engineer) – सॉफ़्टवेयर विकास और आईटी संचालन के बीच समन्वय करने वाला तकनीकी विशेषज्ञ।

प्रोबेट ऑफ़ अ विल (Probate of a Will) – वसीयत को अदालत से मान्यता दिलाने की कानूनी प्रक्रिया, जिससे संपत्ति का बँटवारा किया जा सके।

एडमिनिस्ट्रेशन लेटर (Letter of Administration) – अदालत द्वारा नियुक्त कानूनी दस्तावेज़, जिससे उत्तराधिकारी को मृतक की संपत्ति का प्रबंधन करने का अधिकार मिलता है।

उत्तराधिकार प्रमाण पत्र (Succession Certificate) – अदालत द्वारा जारी दस्तावेज़, जो किसी व्यक्ति को मृतक के वित्तीय संपत्ति पर अधिकार देता है।

वित्तीय स्वच्छता (Financial Hygiene) – पासवर्ड, दस्तावेज़, नामांकन

और रिकार्ड को व्यवस्थित और अद्यतन रखने की आदत, ताकि वित्तीय ज़िंदगी साफ़ और सुचारू रहे।

केवाईसी (KYC – Know Your Customer) – बैंक और वित्तीय संस्थानों द्वारा ग्राहक की पहचान और पते का सत्यापन करने की प्रक्रिया।

नामांकन (Nomination) – वह प्रक्रिया जिसमें आप किसी व्यक्ति को अपने बैंक खाते, निवेश या लॉकर का नामित उत्तराधिकारी बनाते हैं।

पता अपडेट (Address Update) – वित्तीय संस्थानों में अपने वर्तमान पते और संपर्क विवरण को नियमित रूप से अद्यतन रखना।

टैक्स रिटर्न (Tax Return) – सरकार को आय, खर्च और कर का विवरण जमा करने की वार्षिक प्रक्रिया।

टैक्स रसीदें (Tax Receipts) – कर भुगतान का प्रमाण देने वाले दस्तावेज़, जिन्हें कम से कम छह साल तक सुरक्षित रखना आवश्यक होता है।

निवेश ट्रैकर (Investment Tracker) – ऐसा टूल या दस्तावेज़ जिसमें निवेशों की पूरी जानकारी (जैसे तिथियाँ, राशि, खाता विवरण) व्यवस्थित रखी जाती है।

कंबाइंड अकाउंट स्टेटमेंट (CAS) – NSDL द्वारा जारी एक समेकित विवरण, जिसमें सभी डिमैट और म्यूचुअल फ़ंड निवेशों की जानकारी होती है।

ई-इंश्योरेंस अकाउंट (eIA) – बीमा पॉलिसियों का इलेक्ट्रॉनिक रिकॉर्ड रखने वाला खाता, जिससे सभी पॉलिसियों को एक जगह ट्रैक किया जा सकता है।

डिजिटल गोल्ड (Digital Gold) – ऑनलाइन प्लेटफ़ॉर्म पर खरीदा गया सोना, जो सुरक्षित रूप से डिजिटल रूप में रखा जाता है।

गोल्ड ETF (Gold Exchange Traded Fund) – सोने की क़ीमत पर आधारित म्यूचुअल फ़ंड, जिसे स्टॉक मार्केट में शेयरों की तरह खरीदा-बेचा जा सकता है।

पर्सनल फ़ाइनैंशियल लॉग (Personal Financial Log) – व्यक्तिगत दस्तावेज़ जिसमें सभी वित्तीय खातों, पॉलिसियों और निवेशों का विवरण सुरक्षित रखा जाता है।

अध्याय 18: पैसों का व्यवहार (Money Behaviour)

एनएवी (NAV – Net Asset Value) – म्यूचुअल फ़ंड की प्रति यूनिट क़ीमत, जिससे निवेश और रिडेम्पशन की राशि तय होती है।

निफ़्टी 50 (Nifty 50) – भारत का प्रमुख शेयर बाज़ार सूचकांक, जिसमें 50 बड़ी कंपनियों के शेयर शामिल होते हैं।

लाइफ़स्टाइल इन्फ़्लेशन (Lifestyle Inflation) – आय बढ़ने पर जीवनशैली और ख़र्चों का अनुपातहीन रूप से बढ़ जाना।

ट्यूलिप मेनिया (Tulip Mania) – 17वीं सदी का डच निवेश बुलबुला, जहाँ ट्यूलिप बल्बों की क़ीमतें अवास्तविक रूप से बढ़ीं और अचानक गिर गईं।

एफ़ओएमओ (FOMO – Fear of Missing Out) – किसी अवसर या ट्रेंड से चूक जाने का डर, जो अक्सर अव्यवस्थित निवेश निर्णयों को प्रेरित करता है।

इन्फ़्रा स्टॉक (Infra Stock) – इन्फ्रास्ट्रक्चर कंपनियों के शेयर, जिनमें 2007–08 के दौरान अत्यधिक सट्टेबाज़ी हुई थी।

आईपीओ (IPO – Initial Public Offering) – वह प्रक्रिया जिसमें कोई कंपनी पहली बार अपने शेयर आम जनता को ऑफ़र करती है।

नैस्डेक (NASDAQ) – अमेरिका का प्रमुख इलेक्ट्रॉनिक शेयर बाज़ार, जहाँ कई टेक और इंटरनेट कंपनियाँ सूचीबद्ध हैं।

रीसेंसी बायस (Recency Bias) – हाल की घटनाओं या रिटर्न को देखकर भविष्य का आकलन करने की प्रवृत्ति, जो गलत निवेश निर्णयों को जन्म देती है।

एएमसी (AMC – Asset Management Company) – वह कंपनी जो निवेशकों की ओर से म्यूचुअल फ़ंड्स का प्रबंधन करती है।

बेंचमार्क (Benchmark) – मानक सूचकांक, जिससे किसी फ़ंड के प्रदर्शन की तुलना की जाती है (जैसे निफ़्टी 50, सेंसेक्स)।

क्रिप्टोकरेंसी (Cryptocurrency) – डिजिटल मुद्रा, जो ब्लॉकचेन तकनीक पर आधारित होती है और जिसकी क़ीमतें अत्यधिक अस्थिर हो सकती हैं।

अध्याय 19: वित्तीय सलाह (Financial Advice)

म्यूचुअल फ़ंड (Mutual Fund) – निवेशकों का पैसा इकट्ठा करके शेयर, बॉन्ड और अन्य संपत्ति वर्गों में निवेश करने वाला सामूहिक निवेश साधन।

पोर्टफ़ोलियो (Portfolio) – किसी निवेशक द्वारा रखे गए सभी निवेशों (शेयर, बॉन्ड, म्यूचुअल फ़ंड आदि) का संग्रह।

एफ़आईआरई (FIRE – Financially Independent, Retired Early) – ऐसा वित्तीय आंदोलन जिसमें व्यक्ति जल्दी से जल्दी वित्तीय स्वतंत्रता हासिल कर समय से पहले रिटायर होना चाहता है।

फ़्यूचर्स और ऑप्शन्स (F&O – Futures & Options) – डेरिवेटिव बाज़ार के उत्पाद, जिनका उपयोग निवेशक हेजिंग या सट्टा लगाने के लिए करते हैं।

वित्तीय मध्यस्थ (Financial Intermediaries) – निवेशकों और वित्तीय बाज़ारों के बीच काम करने वाले पेशेवर या संस्थान, जैसे वितरक या सलाहकार।

आरआईए (RIA – Registered Investment Advisor) – सेबी (SEBI) द्वारा पंजीकृत पेशेवर, जो शुल्क लेकर निवेश सलाह और योजना प्रदान करता है।

एएमएफ़आई (AMFI – Association of Mutual Funds in India) – संस्था जो म्यूचुअल फ़ंड वितरकों (MFDs) का नियमन और पंजीकरण करती है।

एमएफ़डी (MFD – Mutual Fund Distributor) – निवेशकों को म्यूचुअल फ़ंड स्कीमें बेचने वाला पंजीकृत वितरक, जिसे फ़ंड हाउस से कमीशन मिलता है।

वेल्थ फ़र्म्स (Wealth Firms) – बड़ी वित्तीय संस्थाएँ जो उच्च आय वर्ग के निवेशकों को निवेश और धन प्रबंधन सेवाएँ प्रदान करती हैं।

डीआईवाई (DIY – Do It Yourself) – बिना पेशेवर सहायता के निवेश या वित्तीय योजना को स्वयं बनाने का तरीका।

अध्याय 20: अर्थव्यवस्था और पैसा (Economy and Money)

ट्रेनी (Trainee) – किसी संगठन में शुरुआती प्रशिक्षण प्राप्त करने वाला नया कर्मचारी।

लोन (Loan) – उधार ली गई राशि, जिसे ब्याज सहित निश्चित समय में वापस चुकाना होता है।

रेपो रेट (Repo Rate) – वह दर जिस पर आरबीआई (भारतीय रिज़र्व बैंक) बैंकों को अल्पकालिक ऋण देता है; इससे लोन की ब्याज दरें तय होती हैं।

राजकोषीय घाटा (Fiscal Deficit) – सरकार के कुल ख़र्च और कुल आय के बीच का अंतर, जिसे क़र्ज़ से पूरा किया जाता है।

गोरमेट फ़ूड स्टोर (Gourmet Food Store) – उच्च गुणवत्ता और विशेष खाद्य पदार्थ बेचने वाली दुकान।

जीडीपी (GDP – Gross Domestic Product) – किसी देश में एक निश्चित समय अवधि में उत्पन्न सभी वस्तुओं और सेवाओं का कुल मूल्य।

सप्लायर्स (Suppliers) – वे प्रदाता जो व्यवसायों को वस्तुएं या कच्चा माल उपलब्ध कराते हैं।

महँगाई (Inflation) – वस्तुओं और सेवाओं की औसत क़ीमतों में समय के साथ लगातार वृद्धि।

स्टैगफ्लेशन (Stagflation) – अर्थव्यवस्था में एक साथ उच्च महँगाई और धीमी या शून्य वृद्धि की स्थिति।

ब्याज दरें (Interest Rates) – उधार लिए गए पैसे पर चुकाया जाने वाला प्रतिशत खर्च।

स्टॉक्स (Stocks) – किसी कंपनी में स्वामित्व दर्शाने वाले हिस्से या शेयर।

रियल एस्टेट (Real Estate) – भूमि, इमारतों और संपत्ति में निवेश।

सोना (Gold) – एक पारंपरिक निवेश साधन, जिसे अनिश्चित या अस्थिर समय में सुरक्षित विकल्प माना जाता है।

बॉन्ड्स (Bonds) – कंपनियों या सरकार द्वारा लिया गया ऋण, जिसमें निवेशक को निश्चित ब्याज मिलता है।

संकुचन (Contraction) – आर्थिक चक्र का वह चरण जब आर्थिक गतिविधियाँ धीमी हो जाती हैं और मांग घटने लगती है।

मंदी का निचला दौर / ट्रफ़ (Trough) – आर्थिक चक्र का सबसे निचला बिंदु, जहाँ से नया विकास चरण शुरू होता है।

एसेट क्लास (Asset Class) – निवेश की श्रेणी, जैसे शेयर, बॉन्ड, सोना, रियल एस्टेट आदि।

अध्याय 21: पैसा और परिवार (Money and Family)

उद्यमी (Entrepreneur) – नया व्यवसाय या स्टार्टअप शुरू करने वाला व्यक्ति, जो जोखिम लेकर अवसरों का लाभ उठाता है।

इंटीरियर डिज़ाइनर (Interior Designer) – घर या दफ़्तर की आंतरिक सज्जा और कार्यात्मकता की योजना बनाने वाला पेशेवर।

मैनेजमेंट एक्ज़िक्यूटिव (Management Executive) – किसी कंपनी के प्रशासनिक व प्रबंधकीय कार्यों को देखरेख करने वाला कर्मचारी।

शेयर बाज़ार (Stock Market) – वह स्थान/प्रणाली जहाँ कंपनियों के शेयर खरीदे और बेचे जाते हैं।

रियल एस्टेट (Real Estate) – भूमि, भवन और संपत्ति में निवेश की श्रेणी।

एसआईपी (SIP – Systematic Investment Plan) – म्यूचुअल फ़ंड्स में एक निश्चित राशि को नियमित अंतराल पर निवेश करने की विधि।

जनरेशन एक्स (Generation X) – लगभग 1965 से 1980 के बीच जन्मी पीढ़ी, जिसने बचत और किफ़ायत को जीवन का हिस्सा माना।

जनरेशन अल्फ़ा (Generation Alpha) – 2010 के बाद जन्मी वर्तमान डिजिटल युग की पीढ़ी, जो अधिक अवसरों और समृद्ध जीवनशैली के बीच बड़ी हो रही है।

ऑनर्स (Honours) – विश्वविद्यालय की डिग्री का विशेष स्तर, जो उच्च शैक्षणिक प्रदर्शन दर्शाता है।

वसीयत (Will) – कानूनी दस्तावेज़ जिसमें व्यक्ति अपनी मृत्यु के बाद संपत्ति के वितरण और प्रबंधन के निर्देश देता है।

निष्पादक (Executor) – वसीयत में नामित वह व्यक्ति जो संपत्ति वितरण और अन्य कानूनी कार्यवाही का ज़िम्मेदार होता है।

लाभार्थी (Beneficiary) – वह व्यक्ति/संस्था जिसे वसीयत या वित्तीय योजना के तहत संपत्ति या लाभ मिलना तय होता है।

ट्रस्ट (Trust) – कानूनी व्यवस्था जिसमें संपत्ति एक न्यासी (Trustee) द्वारा किसी लाभार्थी के हित में प्रबंधित की जाती है।

अनुवादक के बारे में

असीम चाँदना लेखक, संपादक और अनुभवी अनुवादक हैं। आपने स्टीफ़न आर. कवी और जोसेफ़ मर्फ़ी जैसे प्रख्यात लेखकों की अंतरराष्ट्रीय बेस्टसेलर पुस्तकों के हिंदी संस्करणों पर काम किया है। आप मुंबई में निवास करते हैं।